【项目资助】

1. 新疆维吾尔自治区"十三五"重点学科建设项目资助

2. 新疆维吾尔自治区研究生教育教学改革项目

　"新疆大学中国语言文学研究生'课程思政'建设的探索与实践"（编号：XJ2020GY03）

邹　赞　朱贺琴　等／著

泅渡者 的探索

中国语言文学学术名家访谈录

社会科学文献出版社
SOCIAL SCIENCES ACADEMIC PRESS (CHINA)

目 录

CONTENTS

代 序
从文化理论到田野民族志实践[*]
——答《社会科学家》副主编阳玉平问

阳玉平（以下简称"阳"）： 您曾经深入系统研究过英国伯明翰学派文化理论，著名的马克思主义文化批评家斯图亚特·霍尔（Stuart Hall）在《文化研究：两种范式》一文中，对英国文化研究的发展阶段、主要范式和理论方法做了精辟的阐述。一般认为，英国文化研究经历了"文化主义""结构主义""葛兰西转向"等几个阶段，"文化主义"阶段凸显英国本土哲学的"经验"主义特色，"理论"的维度明显欠缺，甚至被后来者指责为"理论的贫困"（the poverty of theory）。您为何选择英国文化主义作为研究对象？

邹赞（以下简称"邹"）： 应当说，中国大陆学者对英国文化研究的译介和研究始自 20 世纪 90 年代中后期，学界在对大众文化以及方兴未艾的消费文化现象展开分析时，惊喜地邂逅了伯明翰学派文化理论。随着"知识分子图书馆丛书""先锋译丛""当代学术棱镜译丛""传播与文化译丛"等西方文化研究理论著作的译介，中国大陆在新世纪之交迎来了所谓"文化研究热"。"文化研究"以其实践性、当代性、政治性、开放性、边缘性、跨学科性的学术品质，成为人文社会科学领域格外受宠的研究课题。与此同时，以批判理论为特色的"文化研究"在欧美学院内部开始全面走向衰落，"文化研究"的发祥地英国伯明翰大学当代文化研究中心

---

[*] 本文精编版载《社会科学家》2019 年第 2 期。

[**] 邹赞，新疆大学中国语言文学学院教授、博士生导师；阳玉平，《社会科学家》杂志副主编，浙江大学文艺学专业在读博士。

（CCCS）也在 2002 年被撤并重组。由于欧美国家遭受金融海啸的巨大冲击，加之新自由主义的全面抬头，因此在这样的历史语境下，有着粉红底色的"文化研究"逐渐丧失了赖以支撑的政治经济动力。① 劳伦斯·格罗斯伯格（Lawrence Grossberg）、道格拉斯·凯尔纳（Douglas Kellner）、约翰·哈特利（John Hartley）、本·卡林顿（Ben Carrington）等人开始反思文化研究，尤其是对文化研究与政治经济学、文化研究与马克思主义的关系以及文化研究的"盎格鲁中心主义"进行重新评估，尝试结合新的历史语境激活"文化研究"的发展动能。

21 世纪以降，中国大陆的文化研究在蓬勃兴起的同时，也遭遇多重困境，北京大学戴锦华教授、上海大学王晓明教授都曾经专门撰文分析。② 这些困境大致包括以下四个方面。首先，"文化研究"强调理论的语境化（contextualization），西方文化研究的理论与方法并不具有普适性，正如斯图亚特·霍尔的忠告，"你们要研究自己的问题，从中国现实中提取问题"③；那么，"中国化"或本土的文化研究应当从西方文化研究汲取什么样的价值内涵、理论资源和操作方法？其次，无论是"研究'文化研究'"（the research for Cultural Studies）还是"做'文化研究'"（do Cultural Studies），我们都存在一种"浅学术"甚至"伪学术"的误区。当大多数专业从事文化研究的学者尚未透彻地理解和把握文化研究的发展脉络和理论特质时，学界就涌动着种种"做'文化研究'"的热潮，催生出一大批以半生不熟的西方文化研究理论套解当代中国文化现象的快餐式"文化批评"，由此，如何妥善处理"研究'文化研究'"和"做'文化研究'"之间的关系，成为当下中国大陆文化研究学者迫切需要解决的问题。再次，中国大陆的文化研究学者大多活跃在高校文艺理论界和中国当代文学界，因此，如何看待文化研究与文学批评之间的张力关系，一直是争论不休的

① 详细分析，可参见邹赞《文化的显影：英国文化主义研究》，暨南大学出版社，2014，绪论。

② 参见戴锦华《文化研究的困惑和可能》，载孙晓忠主编《方法与个案：文化研究演讲集》，上海书店出版社，2009；王晓明《文化研究的三道难题——以上海大学文化研究系为例》，《上海大学学报》（社会科学版）2010 年第 1 期，第 5~17 页。

③ 金惠敏：《听霍尔说英国文化研究——斯图亚特·霍尔访谈记》，《首都师范大学学报》（社会科学版）2006 年第 5 期，第 43 页。

话题。"文化诗学"、"文化批评"与"文化研究"等概念常常被彼此混用，那么，是否可以从文化研究的缘起来反观当前文学批评与文化研究的关系？这些都是值得深入探究的课题。最后，文化研究张扬批判姿态，尤其是随着后现代主义的屡入，文化研究的"解构"面向充分呈现，而"建构"的维度显著缺失，由此导致文化分析容易流于一种情绪性表达，对社会重大问题的建言资政功能发挥不足。

阳：您对英国文化主义的研究，主要是从文学批评的学科出发阐明文化研究与文学研究的合理关联，还是基于反思当下中国大陆文化研究的现状？这种研究的理论价值和现实意义是什么？

邹："文化研究"的特色和优势就在于理论与实践的高度统一，所以说我对英国文化主义的思考，既是为了从学术史梳理层面厘清文学研究和文化研究的关系，尤其是文化研究对于媒体文化时代文学批评生态的影响，也是为了回应当下中国大陆的文化研究"为何""如何""向何处去"等现实问题。相比较而言，后者应该是更为直接的动力。

我选择以"英国文化主义"为研究对象，尝试借用知识社会学的研究方法，对英国文化主义从"传统"到"范式"的动态生成过程进行深度阐释。主要的问题意识集中在：其一，英国文化主义传统与英国古典人文主义传统的关系。其二，英国经验主义和文化主义传统与欧陆理性主义的对话，此处可以卡尔·曼海姆和考德威尔为例，曼海姆从20世纪30年代从德国移居英国，将关注视线投向工人阶级成人教育协会的活动。汤姆·斯蒂尔（Tom Steele）这样评价："曼海姆将批判的社会哲学输入更为经验主义的英国学术界。"[①] 考德威尔的《幻象与现实》则尝试立足英伦文学批评实践，建构一种马克思主义的文学理论。其三，英国文化主义所表现出的文学与文化之间的互动关系。其四，英国文化主义与马克思主义之间的关联，尤其是英国文化主义在吸收欧陆结构主义等思潮之后的发展走向。这种研究并不是以历史线性叙述为逻辑的"事件"连接，而是着重突出关涉文化主义的几次论争，比如以考德威尔为代表的英国马克思主义与利维斯

---

① 详见 Tom Steele, *The Emergence of Cultural Studies: Adult Education, Cultural Politics and the English "Question"*, London: Lawrence & Wishart Limited, 1997。

主义之间的激烈论争，汤普森/帕尔默与斯图亚特·霍尔/理查德·约翰逊就《英国工人阶级的形成》究竟是否归入"文化主义"的论争，英国两代新左派代表人物 E. P. 汤普森与佩里·安德森围绕"经验"与"理论"之争，还有伯明翰大学当代文化研究中心与"银幕理论"之间的论争，等等。

这项研究是对英国文化主义的一次深度考察，有着较为重要的学术史价值。首先，它超越了以往相关研究对文化主义的简略化理解，明确将英国文化主义区分为"文化主义思潮"与"文化主义范式"两个阶段，有助于厘清前英国文化研究时期（或曰"英国文化研究前史"）"文化"观念的变迁、"文化—文明"传统与文化主义范式之间的内在关联等；它既是一个文化研究的基础理论问题，也是一次关于英国文化主义、经验主义和欧陆思想文化间的对话的全面梳理。其次，本研究着重关注了国内学界尚未充分重视的面向，比如英国古典人文主义传统与英国文化主义、英国文化研究的源起与马克思主义的关系、英国文化研究内部的几次论争，并且公允地评价文化主义范式对于当下文化研究的启示意义。① 最后，本研究虽然以英国文化主义为对象，但是凸显本土意识，尝试以批判借鉴的态度，通过重返伯明翰，以期为我们当下的文化研究提供某些可资参考的资源。

阳：学界通常以"英国文化马克思主义"来指称英国文化研究学派，比如美国历史学家丹尼斯·德沃金撰写的《战后英国的文化马克思主义》已经成为文化史和文化政治学领域的经典之作。英国文化马克思主义和欧陆结构马克思主义都是西方马克思主义的重要系脉，也是当代批判理论的大本营。如果将英国文化主义区分为文化主义思潮与文化主义范式，文化主义思潮比较容易理解，也鲜明反映出英国文化研究和文学批评之间的亲缘关系。至于文化主义范式，它在结构主义范式甚至"葛兰西转向"之后是否还继续存在？

邹：事实上，对英国文化主义作"文化主义思想传统"和"文化主义研究范式"的划分，只是为了研究的便利。20 世纪 70 年代，更准确地说

---

① 可参见邹赞《英国文化主义研究述论》，《社会科学家》2011 年第 10 期。

是斯图亚特·霍尔担任伯明翰大学当代文化研究中心主任期间，英国文化研究主动吸收欧陆结构主义、后结构主义、后现代主义理论资源，由原先侧重工人阶级日常生活与民族志研究转向以话语分析和症候阅读为主要模式的意识形态批评。斯图亚特·霍尔有一句广为征引的表述，大意是宣称自己是"情感上的人道主义和理论上的反人道主义"，这里提到的"人道主义"是一个文化理论关键词，千万不能作庸俗化理解。所谓"情感上的人道主义"，也就是始终坚持草根立场，关注工人阶级等大众的日常经验，不断发掘并彰显工人阶级的主体位置和能动性（agency）；而"理论上的反人道主义"则是霍尔对英国文化主义者过于夸大工人阶级能动性，过于浪漫化、理想化的批评。人既是个体的存在也是社会的存在，任何个体都处于形形色色的关系网络和权力网络之中，个体的自我塑造、发展走向和未来选择都不是随意可选择的，因为个体时刻处于家庭、学校、大众传媒等意识形态国家机器的询唤之中，通过一系列询唤机制，个体转变为主体。从这一意义上，过于夸大个体的自主性和能动性只是一种不切实际的幻想，个体的身份认同和主体建构，都必须被放置于社会历史情境和政治经济结构当中，才能被发掘隐含其间的意识形态运作机制。

如果我们将马修·阿诺德、T. S. 艾略特、F. R. 利维斯一脉归为英国文化主义思想传统，那么英国文化主义的研究范式，除了指向雷蒙·威廉斯、理查德·霍加特、E. P. 汤普森三位"文化研究的祖父"，还应该包括后续保罗·威利斯和托尼·本内特的部分研究。保罗·威利斯的《日常文化》通过对"工人阶级飞车族和嬉皮士"两种亚文化进行民族志分析，重视发掘亚文化的激进潜能；后来出版的《学会劳动：工人阶级子弟如何继承父业》旨在揭示亚文化是如何被挪用的，尝试以主观经验为依托，阐释亚文化的情感结构。从整体上看，威利斯的青年亚文化研究凸显人道主义，自觉借鉴了战后英国新社会史派"自下而上"的工人阶级历史文化研究路径，注重对日常生活经验的民族志分析，呈现出相当浓厚的文化主义色彩。托尼·本内特也是国际文化研究的领军人物之一，曾经被认为是澳大利亚文化研究的代表，后来又成为英国文化研究的翘楚。本内特的研究专长集中在文化政策研究，其最显著的优点在于能够实现双向多边思维，既能理解福柯提出的"权力来自下方"，也敏锐吸收了威廉斯的著名论断

"文化是普通的",并且批判性地融入布尔迪厄的社会学理论和福柯后期提出的"治理(管理)术"(governmentality),认为"存在着各种各样的日常问题,它们属于政府和政府计划中的文化管理,并且的确属于对文化资源的利用,解决这些问题会影响到我们的整个生活方式……只有认识到文化在这种意义上是普通平常的,才有可能在理论和实践上重视这一事实:日常问题的未来,大部分要由日常提出和解决文化政策的此类实际问题的方式来决定"①。我接下来会在《文化的显影:英国文化主义研究》的基础上,花时间专门研究保罗·威利斯和托尼·本内特的文化理论,以期为英国文化主义画出比较完整的图谱。

阳:您对文化研究的关注是从英国文化主义开始的,也就是上面所提到的"研究'文化研究'"。但我发现您编著的《思想的踪迹:当代中国文化研究访谈录》的目录编排耐人寻味:该书共分为四编,分别为"在地经验与本土实践""理论旅行与他者镜像""焦点论争与方法问思""比较文学与文化研究",很明显英国文化研究被放置在第二编,第一编处理的议题是文化研究在中国大陆的兴起,这种安排是出于什么样的考虑?

邹:感谢您的敏锐观察。这本访谈录是我个人多年来研习文化研究的见证,该书尝试以专题访谈的形式,邀请海峡两岸暨香港十几位文化研究知名学者聚焦若干重要面向展开深度对话,话题涉及"伯明翰学派与中国文化研究""媒介、美学与文化研究""跨文化研究范式及其方法论反思""民族志与日常生活理论""全球化、本土性与当代西方民族主义理论""文学研究与文化研究的关系""比较文学的文化转向""文化诗学与文化研究""当代中国大众文化""后冷战时代的全球思想图景""空间政治与都市文化""文化研究的区域经验"等方面,受访专家包括乐黛云、童庆炳、戴锦华、汪晖、陶东风、黄卓越、陈清侨、金惠敏、陆扬等学界尊宿。②

至于为何将"理论旅行和他者镜像"放到第二编,这主要是因为我个

---

① 参见本内特《走向文化研究的语用学》,阎嘉译,载陶东风主编《文化研究读本》,南京大学出版社,2013。笔者此处参照原文,对原译文有所改动,特此说明。

② 参见邹赞编著《思想的踪迹:当代中国文化研究访谈录》,黑龙江教育出版社,2014,前言。

人对文化研究的认知。说实话我对"文化研究的中国化""文化研究的本土化"之类的提法保持高度警惕，因为这种判断很粗暴地将当代中国文化研究直接理解为一种思想资源和理论话语的舶来品，是在西方文化研究理论的影响下催生出来的。值得注意的是，比较文学也好，文化研究也好，很多"概论""导论"之作热衷于对学术史和学科史的追溯，但是这种追溯在自觉和不自觉的过程中，沦为兜售西方理论话语的学术商贩，并在不同程度上忽视了对中国传统文化、中国思想史和文化史的细致研读，这种现象值得深思！客观地说，比较文学和文化研究有着清晰的中国故事背景，中国古代早就存在跨文化交流传播的历史事实，"格义之法"与"况义之道"不就是典型例证吗？20世纪八九十年代之交，随着经济体制改革的持续推进，人们的思想观念、生活方式和审美趣味都在发生不同程度的变化，再加上大众文化和媒体工业的勃兴，传统意义上精英文学、大众文化的区隔越来越模糊，大众文化甚至消费文化登堂入室，真真切切影响到大众的日常生活与情感结构。一些敏锐的知识分子如戴锦华、王一川、张颐武等开始对这些新兴文化现象展开严肃分析，虽然当时操持的理论话语基本上是文化社会学与法兰克福学派的"文化工业论"，但是这种从知识分子立场出发对于大众文化和消费文化的理性思考，尤其是尝试发掘文化产业运作过程中资本与市场、媒介与权力的博弈和共谋，显然是一种典型意义上的文化研究。当然，由于传播和译介英国文化研究相关重要论著，学者们很自然地发现自己已经开展的研究实践和英国文化研究有着高度契合之处，于是借用"文化研究"的命名，用来指称这种与传统文学批评有着明显差异的研究模式。所以说，如果要追溯当代中国文化研究的学术史，就必须立足本土视野，从中国现当代思想史、文化史的丰厚土壤中去捕获理论探索与社会实践。

阳："文化"在当下已经成为一个最热门的关键词，作为文化研究学者，您认为我们应该从哪些方面去理解"文化"？

邹：我特别赞同英国马克思主义文化理论家特里·伊格尔顿有关"文化的观念"（the idea of culture）的提法，它比"文化的定义"或"文化的概念"更加贴切。文化关系到日常生活的方方面面，任何一个学科都有可能对"文化"作出属于本学科范畴的界定，但是很难为"文化"下一个放之四海而皆准的定义。总的来看，我们可以从以下几方面去认识和了解文化。其一，要自觉突破精英主义的局限，文化不仅包括那些被奉为经典的典籍，也指向现代社会大工业批量生产出来的大众文化，比方说影视剧、科幻小说，还包括民众喜闻乐见、积极参与的群众文化，等等。其二，应当结合现代社会的具体特征，立足经典马克思主义理论，以辩证法的态度深刻思考文化、政治、经济等社会结构性因素之间的关联，不能简单套用"经济决定论"模式，"文化经济""创意产业""文化政治"等已然成为关键词，越来越凸显出文化的能动性与建构潜能。其三，文化已经走向日常生活，渗透在芸芸大众的日常行为规范与情感结构当中，文化悄然褪去神秘的光环，成为一种极其普通和平常的事情。

阳：我关注到您近年来主编的"比较文学与文化研究丛书"，其中《中国新时期文艺学家美学家专题研究》已经出版，该书主要内容是以文论家专论的形式构建起某种意义上的当代中国文艺思潮，这种安排与您此前从事的文化研究有着什么样的内在关联？

邹：这本书缘于前两年为《新疆大学学报》策划的一个专栏，全书共分为"诗学之阈、思想史与文化研究、美学与日常生活"三编。我们知道，新疆地处古丝绸之路要冲，自古以来就是中西文明的交汇之地，在国家深入推进西部大开发和"一带一路"倡议的历史背景下，新疆地区的文化艺术获得了长足发展，成为中华民族文化版图中的一片靓丽景致。但客观地说，新疆地区的文艺批评相对滞后，未能很好地发挥指导、引领文艺生产与文艺消费的功能。另一个值得关注的现象是，伴随着消费主义意识形态与大众传媒的勃兴，以影视为主要表征形式的视觉文化占据大众日常生活的核心位置。文化概念的外延急剧扩张，日常生活的文化地形图经历着前所未有的变迁与重构，社会文化转型促使文艺批评必须及时回应批评对象的变化，进而转换批评模式与理论话语，真正实现文艺批评的"在地性"与"介入性"。作为一种思想话语资源，或曰一个跨学科的研究领域，"文化研究"以其对大众文化、文化工业（尤其是影视产业）、身份认同、亚文化、日常生活等领域的直面与深入研究，迅速成为思想学术的前沿阵地，也由此成为中国文艺理论界应对当代文化问题的有效阐释工具，为当代审美文化、文化政策、文化创意产业等研究领域提供了新颖的观照视角和理论资源。新疆的文艺创作与文艺批评也呈现出上述趋势，近年来非虚构文学备受瞩目，少数民族题材和兵团屯垦题材影视剧形成集群效应，成为建构新疆区域形象、展示新疆各民族文化多样共生、传播富有现代意识的新疆精神的重要载体。

鉴于此，新疆的文艺理论和比较文学界有责任及时作出回应，坚持以马克思主义为指导，充分挖掘各种文化样式的审美意蕴和深层内涵，注重新疆各民族的文学交流与文化互动，紧紧把握丝绸之路经济带核心区建设的历史契机，视域关涉马克思主义文艺理论在新疆的传播与发展、新疆汉语文学文献整理、新疆近现代红色文化的形成发展、中国与中亚国家之间的文学文化关系、新疆少数民族题材和屯垦题材影视剧的创作、发行、受众分析和文化批评，争取摸索出一条既具有新疆本土特色，又能跟得上国际、国内潮流的比较文学和文化研究之路，为新疆区域文化发展战略提供决策参考和智力支持。

2012 年 12 月，我们在新疆大学人文学院的大力支持下挂牌成立"新疆大学比较文学与文化研究中心"，本中心坚持"走出去"与"引进来"相结合，牢固坚持"中国历史、中华民族、中华文化、中国文学"的整体视野，注重提炼本土经验，积极借鉴外来经典个案，立足新疆本土的历史情境与文化发展现状，在确保新疆的文艺批评与外界接轨的同时，凸显新疆的地域文化和多民族文化特色。本中心先后三次主办全国性学术会议，其中 2014 年主办的"文化记忆、历史书写与民族叙事"学术研讨会专门开辟"英国伯明翰学派文化研究 50 周年暨纪念斯图亚特·霍尔"专场，该环节具有十分重要的学术史意义，也是国内迄今唯一一次相关主题的专题研讨，在学界产生了广泛影响。除此以外，本中心在 2016 年开启了两套丛书计划，一是"新疆大学比较文学与文化研究丛书"，二是"口述新疆丛书"。

作为"新疆大学比较文学与文化研究丛书"的第一本，《中国新时期文艺学家美学家专题研究》尝试结合新时期以来中国社会结构的变迁，以思想史、文化史的发展为基本脉络，以中国新时期以来在文艺理论与美学研究领域做出显著贡献的著名学者为研究对象，引入中国当代思想文化领域的核心论争，旨在厘清当代中国文艺理论、文化研究及美学思潮的基本问题。本书的创新点主要体现在以下几个方面。（1）深入总结重要理论家的学术贡献，寄望以理论家专题研究的路径，形成某种意义上的学术史。本书所选择的研究对象包括乐黛云、钱中文、杨义、童庆炳、曾繁仁、顾祖钊、汪晖、叶舒宪、戴锦华、周宪、陶东风、董学文、饶芃子、赵毅衡、申丹、朱立元、赵宪章、王晓明、王一川、王岳川、刘再复、南帆、鲁枢元、吴炫、冯宪光、余虹、耿占春、姚文放、徐岱、黄卓越、李春青、汪民安、金惠敏、周启超、殷国明等著名学者。（2）本书收录的论文作者均为具有博士学位或副教授以上职称的中青年学者，他们在相关领域有着较深厚的积累，视野开阔敏锐，问题意识鲜明，能够恰到好处地将学术思想述评与社会现实关注的面向结合起来，行文中保持一种质询与批判的张力，与那种传统意义上的"应景式"批评写作判然而别。（3）本书特别注重思想交锋与文化论争，自觉突破任何形式的学术话语霸权，将文艺理论及美学界的重要论争交叉互现，拒绝任何简单粗暴的结论，力求还原丰富的思想文化面向。（4）注重学术性和可读性的良好结合，每位学者专论均附加一个"学者小传"，为读者提供更加充分的背景信息。

阳：除了系统梳理和介绍英国文化马克思主义理论以外，您近年来还特别关注新疆生产建设兵团文化实践，这种研究和一般意义上从政治学、社会学、历史学角度切入的分析显然不同，鲜明凸显跨学科性，视角触及兵团文学、新疆军垦题材影视剧、兵团口述史、军垦博物馆等文化文本，取得了一系列令人瞩目的成果。我们知道，兵团作为新疆的重要组成部分，成立时间已经60多年，在稳边固疆、兴边富民的历史过程中发挥着无可替代的重要作用。兵团的特殊作用在于发挥稳定器、大熔炉和示范区作用，您认为兵团在"一带一路"倡议的历史语境下，应该如何发挥文化示范区作用？

邹：新疆生产建设兵团是中国现存唯一集党政军企职能于一体的屯垦戍边社会组织，也是世界上独一无二的特殊建制。① 习近平总书记在视察新疆时明确提到国家要大力扶持兵团、推进兵团各项事业的跨越式发展。

---

① 参见邹赞《政治文化视域下的新疆屯垦历史变迁与兵团人身份认同》，《浙江学刊》2015年第4期，第129～133页。

中共中央、国务院、中央军委致新疆生产建设兵团成立六十周年的贺信中指出："希望新疆生产建设兵团始终牢记党和人民重托，在以习近平同志为总书记的党中央坚强领导下，把思想和行动统一到中央决策部署上来，坚持国家利益就是兵团利益、新疆大局就是兵团大局，紧紧围绕维护新疆社会稳定和实现长治久安这个总目标，扭住发挥维稳戍边特殊作用这个关键，处理好屯垦和维稳戍边、特殊管理体制和市场机制、兵团和地方的关系。"① 兵团现在承载着"稳定器""大熔炉""示范区"三重职能，就"文化示范区"而言，可以从以下几方面发挥作用。

首先，兵团文化鲜明体现红色文化、革命文化和社会主义先进文化的基本特征，凸显艰苦创业、屯垦戍边的无私奉献精神，大力弘扬"爱国爱疆、无私奉献"的思想正能量，自觉抵制享乐主义、拜金主义等不良习气，成为社会主义精神文明建设的范例。

其次，兵团文化呈现为多民族、跨地域之间的文化交流与互动，要结合新的时代语境筑牢兵团文化认同，就不能盲目照搬西方的多元文化主义，尤其要旗帜鲜明地批驳历史虚无主义、新自由主义等错误思潮，而应该在倡导"一体多元"文化格局的前提下，坚守以中华文化为整体视野和基本前提，以屯垦戍边精神为内核的主体文化。

再次，兵团人的身份认同是筑牢边疆多民族地区中华民族共同体意识的重要力量，关系到边疆文化安全和国家的总体安全战略。兵团文化发展应当首先服从并服务于国家认同和中华文化认同的现实目标，聚焦新疆社会稳定与长治久安的总目标，为构筑中华民族共有精神家园提供思想资源和精神动力。

最后，兵团文化发展应当与时俱进，自觉适应新媒体新技术的更新，积极发掘屯垦历史文化资源，讲好兵团故事，塑造和传播良好的兵团形象，形成经济效益和社会效益双赢的红色文化创意产业链条。

阳： 我关注到，您近年来重视田野实践，带领团队辗转天山南北，完成了大量珍稀口述文献的搜集整理工作。《穿过历史的尘烟：新疆军垦第

---

① 中共中央文献研究室、中共新疆生产建设兵团委员会编《新疆生产建设兵团工作文献选编（一九四九——二〇一四年）》，中央文献出版社，2014，第340页。

一代口述史（一）》已经出版，汪晖先生为该书作序，这本书浓缩了新疆兵团军垦老战士的个体记忆与家国情怀，是一份具有特殊意义的记忆档案。您是如何从文化理论研究转到口述史实践的？

邹：这个问题提得很好，我院民俗学研究生巴燕曾经采访我，也提了这个问题。我对口述史的介入应该说有四方面的机缘。第一个机缘来自一种对自我科研方向定位的焦虑感。我的专业领域是比较文学与世界文学，基本上是以外国文学和西方文论为基点，由此辐射比较文学、文化研究等跨学科领域。我在从事传统的文学批评乃至"文化研究"时，常常会不自觉地反思"批评的范式""理论的功用""批判的有效性"等命题。不妨以"文化研究"为例吧，这里所讲的"文化研究"是 Cultural Studies，不是 the study of culture，从狭义上讲它是二战后在英国兴起的一种特定的社会思潮或研究范式。"文化研究"以英国伯明翰学派为原点逐渐向英语世界播撒，后来经过美国学术界的包装和分销，蔚成一大全球性的显学。前面已经提到，中国当代文化研究可以分为两个系脉，一脉是"研究'文化研究'"，侧重于对西方文化理论的译介，即从学术史角度梳理"文化研究"的源起与发展；另一脉是"做'文化研究'"，这类学者立足中国本土文化问题，结合对近现代中国思想史/文化史的细察，研究林林总总的当代文化现象。应当说，"做'文化研究'"越来越成为当代中国文化研究的主要趋势，也就是说，我们可以对一种文化现象展开症候式阅读（symptomatic reading），借助于文本细读、话语分析、意识形态批评等路径，发掘出那些隐含在文化文本背后的错综复杂的权力机制，最后得出的结论无外乎遮蔽了什么、隐藏了什么、遗忘了什么，但是反过来想一想，当我们把一种文化现象解读得非常深刻以后，我们基本上还是停留在解构的层面上运作，那么它究竟能对现实产生多大的意义呢？这就牵涉如何从解构到建构的议题，既要追求批判的力道和效应，也不能忽视文化建构对于社会发展的巨大推动作用。

基于这种考虑，说得更准确点，基于我个人对纯粹的意识形态批评的不满足，我尝试把文本细读、话语分析、意识形态批评、政治经济学视野、田野民族志等多维元素结合起来，希望能摸索出一种具有新疆地域特色并且凸显田野工作的文化研究模式。这里我想强调一点：文化研究是一项高难度的思想游戏和智力挑战，一位优秀的文化研究学者必须具备自觉的政治经济学视野，也就是说，你对于全球化、后冷战、新自由主义、金融海啸这样最基本的国际政治经济参数必须有清晰深入的认知。我本人带领的"文化研究"团队正在以"阅读工作坊"的模式细读马克思主义的经典著作，对《资本论》《1844 年经济学哲学手稿》等展开谱系细读，我希望通过这种方式帮助同学们建立起一种最基本的全球政治经济学视野，后续我们还计划阅读中国思想史，阅读中国现代思想文选，阅读迈克·哈特、阿兰·巴迪乌、大卫·哈维、齐泽克和哈维尔。我相信这种系统化的阅读比任何一本"概论""导论"式的文化研究教材都更为有效。此外，我在尝试展开文化研究的个案实践时发现：一个人文学者要想获得某种有深度的见解，要想对社会文化的发展贡献一点点真知灼见，就绝对不能回避田野民族志，要将自己的身份从 outsider 变成 insider，也就是要从"局外人"变成"局内人"，在某种意义上与你所要研究的对象共享"情感结构"。我自己目前主要是在两个层面开展工作：一个是影视受众分析，另一个就是新疆军垦第一代口述史。

　　第二个机缘是我近期关注到文学人类学领域正在讨论的一个热点话题，所谓"重估大小传统"。"大小传统"是由美国人类学家芮德菲尔德在《农民社会与文化——人类学对文明的一种诠释》一书中提出的概念，大致的意思就是，生活在都市社会的知识阶层的文化传统叫"大传统"，而那些生活在乡村的农民群体所拥有的文化形式则是一种"小传统"①。这组著名的"二元对立"概念后来经过欧洲知识分子的演绎，变成了精英文化与大众文化的对立。近年来，中国著名的人类学者叶舒宪教授借用"大小传统"的提法，将这组概念改写为："大传统"指向一种口头传统，就是人类在文字产生之前所拥有的口述文化传统；有文字记录之后的可以归入"小传统"。②叶舒宪教授的创造性阐释尽管引发一些争议，但是旗帜鲜明地反驳了文字中心主义，重新派定了口头传统、活态文化的重要地位。这

---

① 〔美〕罗伯特·芮德菲尔德：《农民社会与文化——人类学对文明的一种诠释》，王莹译，中国社会科学出版社，2013。

② 参见叶舒宪、阳玉平《重新划分大、小传统的学术创意与学术伦理——叶舒宪教授访谈录》，《社会科学家》2012 年第 7 期，第 13 ~ 17 页。

一点对我的启发非常大。

第三个机缘来自自己对跨学科研究的热情。我希望在立足"本业"的基础上，尝试在交叉学科的视野下提炼研究课题的问题意识。我的"新疆军垦第一代口述史系列"就是在这样的背景下产生的，它推动着我从口述史的理论进入口述史实践。这是一个口述史系列，我们已经完成两本书，积累了大量的音像和视频素材，第一本是《穿过历史的尘烟》，主要以北疆的石河子、奎屯、五家渠、伊犁，还有东疆的哈密为中心，访谈对象涉及的面比较广，他们都是20世纪五六十年代由于各种原因、从各种渠道来到新疆，有王震率领的解放军进疆部队和九二五起义的国民党老兵，有内地支边青年，有西上天山的湖湘、齐鲁女兵，还有自流来疆人员，等等。第二本将视线移向广袤的南疆，名字叫《激情燃烧的年代》。虽然访谈对象和调研地点有所不同，但基本宗旨都是弘扬兵团精神，以"老兵精神"激励今天的年轻人①，成为红色文化教育的重要资源。

最后一个机缘是我有幸参加了重庆大学人文社会科学高等研究院主办的"第二届中国公众（公共）史学高校师资培训班"，研修班围绕"公众（公共）史学与城市文化"这一主题，以主题讲座、研讨及实地参访结合的形式，介绍公众史学的主要理论、实践、教学方法及课程设计，包括公众史学与城市环境、口述史的理论与实践、景观、建筑、纪录片、文化遗产、博物馆、大数据等板块，旨在为高校提供合格的跨学科教学科研人员。为切实提高研修效果，重庆大学人文社会科学高等研究院提供了极其优越的学习环境，专门请来口述史专家 Philip Scarpino 教授、何蜀先生、陈新教授、李娜研究员、杨祥银博士，文化遗产保护专家 Rebecca Conard 教授、博物馆研究专家 Allison Marsh 教授等知名学者。主办方还组织学员赴重庆抗战遗址、三峡博物馆、湖广会馆、中国民主人士纪念馆、重庆电视台纪录频道实地参访，与相关科研人员展开深度对话。应当说，我对口述史的基本认知，主要来源于这次研修，尤其受惠于 Philip Scarpino 教授、

---

① 习近平总书记对新疆兵团九位老战士的来信作出重要批示，强调"以老兵精神激励更多年轻人为祖国边疆作出贡献"。参见中共中央文献研究室、中共新疆生产建设兵团委员会编《新疆生产建设兵团工作文献选编（一九四九——二〇一四年）》，中央文献出版社，2014，第 328 页。

何蜀先生、李娜研究员、杨祥银博士的专题讲座。

阳：口述史是田野民族志工作的一种样式，特别注重实践调查，通过这种方式获取的经验，对于文化研究个案的深度开展具有重要意义。最后请您分享一些口述史的操作技能。

邹：好的。我觉得大家在介入一个崭新的研究领域时，首先应当进行本体论意义上的追问。具体到口述史，就是要根据国际上通用的惯例，给口述史列出一个基本的描述。我们知道"口述史"主要属于历史研究范畴，所有的口述史专家都应该是历史学家，这是最基本的前提，从这个意义上说，口述史研究和实践者必须具备丰富的历史专业素养，并非人人都能做口述史。历史地看，最传统的口述史是采用笔录的方式，比如哥伦比亚大学口述史中心的早期研究工作，后来科技发展了，随着录音设备的出现和录音技术的渐趋成熟，人们往往采取录音的方式来记录口述内容，再后来就是影像记录，比如说中国传媒大学崔永元口述史研究中心采录了大量的口述影像。当下，口述史研究的跨学科趋势越来越明显，并且与大数据技术密切结合。

"口述史"的兴起以"新史学"为基本前提。顾名思义，"新史学"是对传统史学的反驳，其主要特征包括"自下而上"的史学观照视角、个人性与地方性的显影、"大众记忆"成为可能等方面。[1]"新史学"注重把草根的声音和生存状态反映出来。这里我举个例子，英国文化研究的先驱人物 E. P. 汤普森既是历史学家，也是文化研究者。汤普森的代表作《英国工人阶级的形成》第一次把视角转向工人，研究工人阶级的社会意识是如何形成（how to make）的，他尤其注重从文化意识角度讨论英国工人阶级的显影之途。"个人性"与"地方性"也影响了口述历史的发展，因为只有融入口述对象的人生命运故事，以小历史的丰富细节才能真正打动人。地方性也很重要，它为口述历史的实践提供了一个约定俗成的共用空间。除此以外，20 世纪七八十年代兴起的"记忆研究"[2] 也将口述史推向

---

① 本人对口述史理论和实践的初步认知，主要来自 2015 年 7 月在重庆大学参加"第二届中国公众（公共）史学高校师资培训班"的课程学习，特此说明并致谢。

② 有关"记忆研究"，可系统研读皮埃尔·诺拉、莫里斯·哈布瓦赫、扬·阿斯曼、阿莱达·阿斯曼等人的著作。

了前台，"记忆研究"中最时髦的话题就是文化记忆、社会记忆、大众记忆，旨在考量记忆的生产与再现、记忆的可靠性、记忆与遗忘等议题。以上因素的共同作用推动了"口述史学"的兴起与发展。

至于口述史学的学科化进程，它和公众（公共）史学在美国的兴起息息相关。公众（公共）史学在美国大学的学科化，主要缘于传统的历史系毕业生往往研究的是古代史，所学知识与社会相脱节，这种矛盾在西方愈演愈烈的功利主义教育观念模式下显得十分尖锐。在现实因素的催逼下，他们开始重新定位历史学这门学科，认为历史学应当与社会接轨，与公共事务、遗产保护和社区工作等挂起钩来。目前公众（公共）史学也受到越来越多中国高校的青睐，浙江大学、中山大学、中国社会科学院大学、华东师范大学、温州大学等机构都设有专门的科研院所和课程体系。

口述史特别注重操作实践，在选题方面要以问题为导向，注意选择时代感强、具有鲜明地方特色、受访群体相对具体（最好具有独特性）的选题。我们当初选择开展"新疆军垦第一代口述史"，核心问题意识聚焦如何有效激活"军垦第一代"艰苦创业的历史记忆，通过文化再现等形式，让今天的人们真正了解兵团军垦文化，增强兵团文化认同，为稳边固疆服务。在具体执行步骤方面，口述历史访谈过程也可遵循"事前事中事后"三部曲原则，在访谈前期准备、访谈现场调度和访谈之后的补充联络工作上下功夫。这里不妨以"如何联系受访者"为例，我个人最认可"滚雪球"的方式，就是通过受访者介绍受访者，前提是你一定要认真准备每一次访谈，让受访者充分认可你的工作，信任并且愿意推荐合适的受访对象加入进来。Philip Scarpino 教授提醒我们在联系受访者的时候，需要先介绍我们的身份、解释清楚口述历史项目的基本宗旨和要求、明确希望对方接受采访的原因。在具体的提问环节，有很多技巧需要掌握，比方说要尽量避免"结构性提问"，因为这种提问方式虽然操作起来比较便捷，但是过于机械，容易忽略受访者自身的差异性。值得推荐的做法是在前期准备工作的基础上，为每位受访者量身打造一个问题清单。在执行具体的访谈过程中，必须充分尊重口述史的伦理道德，一定要在受访者讲述之前签署"知情同意书"和"使用协议书"。访谈的提问技巧非常关键，我很愿意推荐大家使用 Philip Scarpino 教授介绍的两句式提问法："第一个句子作陈述，第二个句子是提问。"此外在开启一个新的话题时一定要注意承接，最好从一个相对宽泛的议题开始提问。我们在采访军垦第一代时，往往会提到他（她）们在垦荒过程中遇到的危险，这时候一定要注意提问技巧，比较妥当的问题是："您当时在垦荒劳动中遇到过什么危险吗？"不太适宜的问题则是："您遇见过狼吗？"为什么呢？因为后者的导向性太明确。新疆兵团军垦第一代在艰苦创业的过程中，遇到种种危险和困难，其中与动物发生了各种各样惊心动魄的故事，这些动物有狼、有蛇，还有被称为"革命虫"的大蚊子。倘若问题直接指向"狼"，就极有可能遮蔽了关于蛇、关于蚊子的故事。此外还要注意避免"连珠炮式"提问，等等。

马克思主义基本原理告诉我们：实践是检验真理的唯一标准。口述史尤其如此，只有在掌握口述史的基本技巧和道德伦理的基础上，聚焦某个特定的社会群体，持续深入开展口述实践，才能真正提炼出一套行之有效的方法。

阳：非虚构写作（nonfiction writing）近年来成为一种时尚风潮，您如何看待这种文化现象？

邹：2016年我曾经参加过《山花》杂志组织的"历史语境中的'非虚构'：理论与实践"笔谈，就"非虚构写作"提出过一些比较浅显的看法。[①] 作为当下创意文学的重要组成部分，"非虚构写作"已成为文学生产与文学消费领域的一道景观。恰如《开始写吧！非虚构文学》一书的作者雪莉·艾力斯所言，"写作是可以培养的"。诚然，写作不再是"躲进小楼成一统"，它鼓励创作者走出书斋，告别苍白无力的胡思乱想，认真观察日常生活的微观情境，用一种"实录"而非"虚构和想象"的方式把生活景片记录下来。同时，它也提倡"人人都可以成为他自己的作家"，写作是没有界限的，普罗大众只要愿意，皆可拿起笔来书写记录。应当说，"非虚构写作"并非完全意义上的"现代的发明"，它对现实元素的借重在很大程度上与"史传写作""报告文学""新闻式写作"有叠合之处，但"非虚构"更加强调写作主体的能动性介入，从写作主体的观照视角出发，

---

① 参见邹赞《"西部"景片与非虚构写作》，《山花》2016年第3期，第119~122页。

记录下个体所处的社会环境及其自身的生活体验，在微观视角的棱镜下适度融入写作主体客观理性的思考，既不渲染汪洋恣肆的宏大叙事，也不苛求营建某种公共话语，它只是安安静静地观察，心无旁骛地书写，将一种"草根情结"倾注在全媒体时代的写作行动中。

"非虚构"自作为一种创意实践被引进华语写作圈以来，就一直遭遇着种种误读，常常被认为边界不清、创作者过于张扬自我的主体性、叙述技巧缺乏特色，有人甚至将"非虚构"和报告文学等纪实性文学类型直接等同起来。但不管如何，"非虚构"契合了文学大众化、审美泛化的时代语境，让更多具备基本教养的个体有机会分享书写的权力，为社会转型时期林林总总的微观事件架起了一面面明察秋毫的摄影镜片，在某种程度上搭建了各种意识形态话语协商交流的特定场域。

2010 年，《人民文学》设置"非虚构"专栏，启动了一个名为"人民大地·行动者"的"非虚构写作计划"，推出了《中国在梁庄》《词典：南方工业生活》《拆楼记》《女工记》等一批引起广泛关注的优秀作品。《人民文学》的这项举措颇具深意，一方面表达了主流话语对于"非虚构"创作类型的承认和接纳；另一方面指向传统文学写作面临的重重困境，提倡作家积极介入生活实践，在丰富多元的现实世界汲取第一手资料，以直视甚至批判质疑的姿态读解日常生活的文化现象，将一些隐匿在"月亮背面"的事实原貌揭示出来，让那些边缘的、不可见的声音重新发声，是文化游击战术的有效场域之一。无独有偶，一些报纸、杂志和网络媒体也纷纷加入非虚构写作的队伍中，或组织专家开展理论探讨，或特设专栏邀请名家新秀创作，或以主题书写的形式推出"在场主义"专辑。在以"非虚构"为名的创作图谱中，西部作家的身影浮出地表，他们以广袤的地理环境为空间，借助"行走文学"抑或"流浪汉叙事"模式，将奇谲多姿的西部自然风情、多元文化共存的文化生态淋漓尽致展现出来。

阳：您一直关注西部文学，在我们的印象中，以西部为文化空间的纪实文学兼具丰厚的历史意蕴与美学价值，成为人们了解西部文化生态的重要路径，比如我们通过阅读杨镰的散文，得以形成有关新疆的初步印象。

邹：西部独特的自然地理与文化生态为纪实文学提供了极为理想的土壤，这片文学的风土既孕育出了重大历史题材纪实小说和"革命回忆录式"军旅散文，比如王玉胡的《边陲纪事》《北塔山风云》《司马古勒阿肯》，碧野的《阳光灿烂照天山》，周非的《多浪河边》，邓普的《军队的女儿》；也促成了报告文学的高度繁荣，涌现出一大批脍炙人口的作品，代表性的有刘肖无的《从天山脚下开始》，孟驰北的《塞外传奇》，丰收的《绿太阳》《蓝月亮》《西上天山的女人》，等等。应当说，西部具有"纪实文学"的基因，也为"非虚构"写作奠定了厚实的经验积淀和审美基础。从严格的意义上说，有影响的西部"非虚构写作"有三个脉络：一是携带西部文化基因，从西部到沿海发达城市的创作者，比如女诗人丁燕；二是游走在草原和戈壁深处的原生态写作者，比如李娟；三是口述史编撰者，他们尝试以口述实录的方式倾听过去的声音、激活历史的记忆，比如新疆生产建设兵团口述史系列。

　　先谈丁燕的非虚构写作。丁燕是土生土长的新疆作家，曾出版诗集《午夜葡萄园》、随笔集《饥饿是一块飞翔的石头》及《王洛宾音乐地图》，有"葡萄诗人"的美誉。2010 年，丁燕举家迁往广东东莞，开始尝试非虚构写作。为了获得珠三角工厂女工日常生活的最直接体验，丁燕隐姓埋名，先后在东莞三家工厂打工，真正做到与工厂女工的零距离接触，"将自己的肉身作为楔子，深深地插入生活底部"。丁燕将自己的打工经历记录下来，完成了非虚构作品《工厂女孩》，这本书之所以具有感人肺腑的艺术魅力，首先根源于创作者选定的独特叙述视角。丁燕远离故乡与亲情，以一个外来者的身份卷入现实，"迁徙对于一些作家意味着死亡，而对另一些作家，则是重生"。她是一个旁观者，却杜绝做"俯瞰东莞"的宏大叙事，而是试图以保持身体温度的"当事人"身份亲历打工现场。她拒绝携带摄像机做预设性的新闻采访，也不愿意对珠三角庞大的打工群体做任何猎奇夸张的渲染。这种"局外人"和"局内人"相结合的杂糅视角赋予了叙事别样的张力：她感受着电子厂这个阴性帝国的爱恨情仇，目睹贫富差距，以艺术审美的方式勾勒出现代性语境下的"另一种生活，另一面中国"。

　　再来看李娟的非虚构写作。李娟的成名无疑带有某种传奇色彩，这位长年生活在阿勒泰草原的女裁缝也许从未想过有一天会浓墨重彩地登上中国文坛，她以清新隽永的笔触描绘生活中的点点滴滴，那是夏牧场上的骏马奔驰，是阿尔泰山深处的白桦林，是散落在林间空地的野蘑菇，是深夜醉归的哈萨克牧民，是转场时节悠悠走过的羊群，是浅唱低吟的额尔齐斯河，是春日里穿过荒野的摩托车，是空旷草地上的乡村舞会……李娟以不事雕琢的文风真实记录着哈萨克牧场上的人与事，她的书写远离工业文明的气息，浑然天成却又精灵有趣，这种被称为"原生态"的写作方式给羸弱多病的中国文坛带来了惊喜。从《九篇雪》到《我的阿勒泰》、从《阿勒泰的角落》到《走夜路请放声歌唱》，李娟频频受到文坛前辈刘亮程、董立勃、王安忆的高度赞赏。她的文字再度证明了新疆作为地理文化符号对于文学书写的巨大魅力，她长期远离尘嚣、返璞归真的生活状态赋予她的作品陌生化的审美效果。在那些"久在樊笼里"的都市现代人看来，生命的真谛莫过于重返自然，重返"物我一体、超然于外"的本真状态。李娟是幸运的，因为她在遥远的阿勒泰草原体验着大多数人无法企及的原生态生活，也因为她用敏锐的眼光捕捉到生活中的平常交往、悲欢离合，善于将一种陌生化的感悟倾注于文字，成就了 21 世纪之初中国文坛上的"阿勒泰神话"。从比较的角度看，李娟在成名以后离开了阿勒泰，开始借助博客等网络渠道推介文学创作，虽然还是"非虚构"，但这种以回忆为主的创作无形中缺少了许多自然的灵气。我们还是期待那个在草原上当裁缝、跟着牧民转场的李娟在阿勒泰的白桦林里再次传来天籁之音。

阳：就现状而言，中国大陆的文化研究集中在北京、上海和南京等地，主要研究对象为都市文化、消费文化和大众文化，对边疆多民族地区和农村地区的关注度不够。您近期还有哪些研究计划？

邹：客观地讲，当代中国大陆的文化研究也有一个关注"三农"问题的清晰脉络，比如乡村建设研究、"返乡书写"现象，等等。作为在边疆多民族地区工作的文化研究学者，我更多关注的是新疆的文化发展问题，尝试在"一带一路"倡议的历史背景下开展一些专题研究。目前所做的工作主要包括三个方面：一是对马克思主义文学批评和文化理论的探讨，我们团队正在编辑一本《英国文化研究读本》，尝试对 20 世纪 90 年代以来中国大陆学界对伯明翰学派、银幕理论的译介和研究成果，进行阶段性总结。二是持续推进新疆兵团文化的跨学科研究，在两部口述史的基础上，完成专著《新疆兵团屯垦戍边的历史记忆与当代文化生产研究》。三是密切结合"一带一路"倡议、乡村振兴战略和新疆旅游大发展等时代命题，组织团队开展"中亚电影研究""风景诗学与新疆旅游文化研究"，尝试对文化研究做一些创新性思考和实践。2019 年 4 月中旬，我们组织了一场名为"风景文学、植物美学与文化旅游"的学术论坛，尝试通过论坛提炼出一些接地气的新颖的研究课题。

自觉·交流·互鉴[*]

——关于文化理论与文化自信的对话

◉ 邹　赞　金惠敏^{**}

【导言】通过对"文化"观念的知识考古，阐释当代文化理论有关文化在后工业社会、信息社会乃至人工智能社会的结构性位置变迁的表述，凸显文化的自主性和建构潜能。文化自觉是文化自信的基本前提，说到底就是要解决"认同谁""向谁认同"的根本问题，同时还需要理性思考人与自然、人类生存文明体之间的关系。文化自信是对包含传统文化及其新变的"中国特色社会主义文化"的自信，它以推动构建人类命运共同体为旨归，强调不同文化之间的交流互鉴。对于一个现代国家而言，构建完整系统的知识体系显得尤其重要。中国传统文化知识体系是建构中国知识体系的前提和基础，同时还要立足中国经验与中国现实社会，重视当代文化经典的传播价值，以推动构建"人类命运共同体"为总体目标，以"世界"为底色和基调，由特定区域间的协作推动多边对话交流，走一条由区

本文原载《文艺研究》2019 年第 8 期。"编者按"指出：近年来，中国在国际政治经济格局中的地位发生了重大变化，并在各个领域面临着新的机遇与挑战。在这一现实语境下，中国知识界不能满足于借助来自异域的理论工具，思考和解决中国现实，而是要坚持中华文明的主体地位，紧密结合改革开放和社会主义现代化建设的鲜活实践，努力建构扎根于本民族传统与现实的知识体系，在与其他国家、文化的知识体系进行交流与对话的过程中，讲好中国坚持和平发展、合作共赢的故事。围绕着文化理论、文化自信以及不同文化在交流过程中的基本原则等问题，邹赞和金惠敏展开了深入的对话，提出了一些富有启发性的看法。他们认为，在国际文化传播场域，只有真正放弃带有殖民主义和后殖民主义色彩的差异思维，把差异理解为对话，倡导"星丛对话主义"，才能在全球文化交往的过程中讲好中国故事，传播良好的国家形象。同时，讲好中国故事不是讲好中国文化的特殊性，而是讲好中国文化对于世界的意义，讲好中国文化对于推动建构人类命运共同体的特殊价值，使中国文化在世界文化"星丛"中获得较高的辨识度，易于为其他文化所辨认、选择和接纳。我们将邹赞和金惠敏的对话放在本期醒目位置刊发，希望引发学界对这一问题的思考和讨论，进一步推动中国知识体系的建设。

^{**} 金惠敏，四川大学文学与新闻学院教授、博士生导师。

域共同体到"人类命运共同体"的发展之路。

一

邹赞：您长期关注国际文化理论的前沿动态，近些年在《批评艺术》（*Critical Arts*）、《目标》（*Telos*）、《哲学研究》等国内外重要期刊发表了一系列从被您更新了的对话主义角度探讨"文化自信"的文章，在学界引起强烈反响。这次借您来新疆大学讲学之机，我想从文化研究的学术视域出发，结合我个人的一些学习体会，围绕"文化理论新视野和文化自信"这一主题，展开交流对话。我们在做文化研究时，需要对"文化"这个关键词进行细致的知识考古，于此通常会涉及两种提法：一种是"文化的概念/定义"（the concept/definition of culture）；另一种是"文化的观念"（the idea of culture），英国马克思主义文化理论家伊格尔顿就以此为题写过一本书。很明显，"概念/定义"和"观念"并非完全等同的指称，雷蒙·威廉斯曾立足文化唯物主义角度对此详加辨析，即"概念/定义"强调由百科全书、字典或辞典给定的阐释，凸显稳定性和权威性，是经过经典化之后的意义表述；"观念"在更大程度上则强调一个建构的过程，凸显意义与特定社会、历史、文化等因素之间的相互关联。

美国人类学家阿尔弗雷德·克洛依伯（Alfred Kroeber）和克莱德·克拉克洪（Clyde Kluckhohn）合作撰写的《文化：概念和定义批判分析》一书，试图对文化的定义作出全面梳理、归纳，两位学者以现代学科分类为基本依据，"归类的结果是得出九种基本文化概念：它们分别是哲学的、艺术的、教育的、心理学的、历史的、人类学的、社会学的、生态学的和生物学的"。[①] 这些定义涵盖了现代人文社会科学乃至自然科学的许多分支，它们之间息息相关，构筑起一张斑斓多姿的关于文化的意义之网。比如，马修·阿诺德认为"文化是所思所言最美好的东西，是对光明和甜美的追求"，它能够"使世界上最优秀的思想和知识传遍四海，使普天下的人都生活在美好与光明的气氛之中，使他们像文化一样，能够自由地运用

---

① 陆扬、王毅：《大众文化与传媒》，上海三联书店，2000，第3页。

思想，得到思想的滋润，却又不受之束缚"。① 弗·雷·利维斯对于文化的界定，更多是指英国精英文学序列，他以此建构起大众文明与少数人文化之间的区隔。在雷蒙·威廉斯看来，"文化是一种整体的生活方式"。② E. P. 汤普森认为，"文化是不同生活方式的斗争"。③ 斯图亚特·霍尔明确地把文化界定为一种话语协商的场域，一种表征的意指实践。可见，在文化研究学术史内部，关于文化是什么，到底怎么去看待文化，有着一个相当清晰的思考脉络。

金惠敏："文化的概念"是对文化下定义，等于说有意识、有规划地去界定文化。界定文化固然是在描述、归类人类的某种活动，但更重要的是在完成一项文化使命：我们通过界定文化为未来的文化制作蓝图。我们在介入和干预一种文化的进程，修正或扭转其发展方向，甚至也可以说是在创造一种新的文化。界定是一种解释活动，马克思批评过去的哲学家只知道解释世界，而忘记了改造世界。其实这样的哲学家过去或现在都不多见，他们大多具有入世情怀，通过解释世界改变人们的世界"观"，从而曲折地实现其改造世界的远大抱负。康德、费希特、谢林、黑格尔、叔本华、费尔巴哈、施蒂纳以及尼采等人，哪个不是这样？英国文化研究的那些领袖何尝不是如此？他们反对阿诺德的精英主义文化定义，绝非为学术而学术，绝非为了寻找一个更准确的指称，而是希望通过对文化的重新界定，为工人阶级或底层人民的精神生活和日常实践争得一席之地。他们试图证明，不只是贵族、资产阶级才有文化，人民大众同样有自己的文化，后者在道德、精神境界上绝不逊色于前者。

每一种对文化的定义都会带来一个新的文化场域，这是一个视角或视点的问题，同时也是一个价值问题。视点总是有偏向和立场的。至于"文化的观念"，我认为当研究者对别人进行研究和评价时，一定是先入为主地有了确定的"文化的观念"，有了何谓"文化"之标准，不然就无法判断别人的文化是否称得上"文化"。套用伊格尔顿的话，如果没有一套关

---

① 〔英〕马修·阿诺德：《文化与无政府状态》，韩敏中译，三联书店，2008，第 34 页。

② Raymond Williams, *The Long Revolution*, New York: Columbia University Press, 1961, p. 46.

③ Dennis Dworkin, *Cultural Marxism in Postwar Britain: History, the New Left, and the Origins of Cultural Studies*, Durham, NC: Duke University Press, 1997, p. 102.

于"文化"的理论，就根本不可能进行"文化"研究，因为你不知道该去研究什么。进一步说，"文化的概念/定义"是从研究者的角度有意识地界定文化，具有很强的主观性，对此我们一定要保持警惕。后结构主义将作为事物本身的对象虚化，有人批评它陷入能指虚无主义，似乎放任"言说"、怎么都行，但殊不知它正是通过对能指与所指的切割而将人们引向对话语的怀疑和批判，让人们看透话语的权力本质，而从前话语一直是以真理自居的。后结构主义的话语批判肇始于索绪尔的一个革命性假说："语言符号连结的不是事物和名称，而是概念和音响形象。"① 这颠覆了人们对语言的理解。

如果梳理一下文化的几百种定义，我感觉有两种是最主要的：一种是把文化作为精神和观念性的东西；另外一种是把文化作为实践与日常生活，是人类学意义上的文化。这两种文化定义都很流行，人们常常既说"文化知识"，也说"文化习俗"。我查阅了一下习近平总书记系列重要讲话中对"文化"一词的使用情况，两种意义上的文化概念其实都在使用，没有西方学界那种犹豫不决或非此即彼之争。我们拿什么来建立和加强我们的文化自信？文化自信要想变成一种更基础、更深沉、更持久的力量，必须以我们对文化传统的清晰认识、明确估价为前提。文化自信是对本民族文化的执着、迷恋、自豪，是文化爱国主义，但同时也是对本民族文化与其他文化进行比较、审视、定位的结果，是文化理性主义、文化世界主义。许多人认为，先有文化自觉，然后才能有文化自信，文化自觉是文化自信的前提。这当然没有错，但更精确地说，作为一种情感牵系的文化自信本身便包含作为一种理性的文化自觉，没有文化自觉的文化自信只是脆弱、不牢靠的激情。自信作为一种正面的情感、积极的力量，一定有自觉的成分内含其中。

邹赞：二十多年前，费孝通先生针对全球化浪潮下的文化身份认同和文化"寻根"问题，提出了"文化自觉"这个概念。② "文化自觉"涉及"古今中外、四方对话"，说到底就是要解决"认同谁""向谁认同"的根

---

① 〔瑞士〕索绪尔：《普通语言学教程》，高名凯译，商务印书馆，2001，第 101 页。
② 费孝通：《反思·对话·文化自觉》，《北京大学学报》1997 年第 3 期。

本问题，同时还需要理性思考人与自然、与人类生存文明体之间的关系。如果我们回溯历史，会发现中外文化交流始终在一种俯/仰交替的状态下延展，不管是仰视还是俯瞰姿态，也不管是乌托邦还是意识形态叙事策略，其背后都蕴含着特定社会历史语境下的科技革新、思想启蒙乃至社会心态变迁。五四以来，中国知识界在汲取民主、科学等现代思想话语的同时，要深入思考如何对待"现代性"与中华传统文化之间的关系，如何在保持历史继承性的基础上有限度地汲取某些西方现代文化元素，如何妥善处理乡土文化与都市文化之间的关系，如何在坚持中华民族多元一体格局的整体背景下推动构建文化共同体意识，等等。只有把这些问题厘清了，才能准确回答"我是谁""我们是谁""我们的文化为何"等深层次议题。此外，习近平总书记关于"两个共同体"（一是人与自然之间的"生命共同体"，二是人类不同文明和文化之间的"命运共同体"）的重要论述也为我们思考文化自觉提供了重要依据。只有真正理顺这两组关系，才能以"互为主体、平等对话"的心态在国际文化交流场域中处于有利位置。

金惠敏：我们所说的文化自信，是对包含传统文化及其新变的"中国特色社会主义文化"的自信。中国特色社会主义是一种极为复杂的理论体系，只有对其进行理性认识，才能使人们认同它、信仰它、践行它。人类学家往往过分夸大文化"习得"（acquisition）的自然属性。所谓习得其实包含家庭、社会和国家对人的引导、劝诫和说服。文化习得并非一个全然自然的过程，而是一个貌似自然的教化过程。耳濡目染中有来自外部的教诲和主体自主的学习、汲取。所以，不要以为一说到文化，就是没有理性指导或参与的生活过程。同理，说到文化"观念"，其中也有文化的"概念化"过程。

受伯克、赫尔德、艾略特以及威廉斯等人的影响，伊格尔顿在其新著《论文化》中认为，文化可以被视为一种"社会无意识"（social unconsciousness），但对他来说，这只是文化某个方面的性质，它在其他方面总包含一定的理性规划。[①] 文化就是这么奇妙：人们要在文化内部对文化做超越性的规划。作为一种生活实践的文化，不能排斥认识，而作为一种认

---

① 参见 Terry Eagleton, *Culture*, New Haven: University Press, 2016, pp. VIII, 92-95。

识的文化，也不能排斥生活实践，二者实际上是相互包含的。卢卡奇对海德格尔"环视"文化观的批判，哈贝马斯对伽达默尔"前见"解释学的抨击，可谓一针见血，具有重要的启示价值。

二

邹赞： 文化作为一个结构性因素，与经济、政治放到一起，在社会的核心层面发挥作用。我们都知道经典马克思主义有一个命题：经济基础决定上层建筑。如果我们对马克思的论著作整体观照，就不难发现：对于文化到底在社会结构中处于什么位置，马克思本人也在不断地进行自我修正、自我完善，他从来都是以一种辩证的、联系的、发展的观点看问题，而不是那种被误读的本质主义阐释。在文化研究的学术史上，尤其是早期英国文化研究，很多学者曾批判"经济决定论"，提倡既要重视生产的维度，但也不应忽视文化消费的意义。作为文化理论研究者，您认为自"消费社会""后工业社会""后福特主义"等命名被提出以后，文化在社会结构中的位置发生了怎样的变化？

金惠敏： 这个问题特别棘手，存在根本性的争议。我们先谈文化的重要性。亨廷顿在 20 世纪 90 年代中期出版了《文明的冲突与世界秩序的重建》，他注意到西方社会的一个发展趋势：随着苏联的解体和柏林墙的倒塌，全球范围内的意识形态二元划分格局终于走向终结。在这一历史语境下，国际社会的主要矛盾由阶级、意识形态、政治的冲突转向文化、文明之间的冲突。亨廷顿在书中将世界文明形态分为若干类型，认为世界的未来走向将取决于世界各大文明如何和平共处。该书中文版序言以及原书最后一段讲得很清楚，亨廷顿期待重建我们现在所说的"文化共同体"。该书开篇即提到"文化是至关重要的"（culture counts）。如果再往前推进一些，西方社会在 50 年代末期 60 年代初发生急剧转型，阶级冲突不再是社会的主要矛盾形态，文化间的区隔逐渐成为社会生活的中心议题，诸如族裔文化、性别文化、大众文化、青年亚文化等凸显出来，形塑了一个国家内部的文化多样性。因此，文化分析取代阶级分析而成为学术研究的新范式。

在 2016 年出版的《论文化》中，伊格尔顿明确宣称自己坚持马克思主义，从唯物主义角度评论当代的文化论争。其《理论之后》中的"理论"就特指"文化理论"，尤其是法国后结构主义理论。这种理论特别注重文本性、话语性，但不太考虑社会实践。后结构主义理论受索绪尔符号概念的影响，讨论文化现象时多从抽象的文化观念亦即文化文本、社会文本入手，不关心文化背后的斗争。在伊格尔顿看来，如果说在理论的"黄金时代"谈理论漠视现实，那么"理论之后"不是不要理论，而是要关注、介入有指涉的理论，也就是理论必须有伦理关切，关切那些被全球资本主义剥夺、损害和侮辱的弱势人群。伊格尔顿的《论文化》延续了犀利的批判锋芒，该书十分尖锐地指出："战争、饥荒、毒品、军备、种族屠杀、疾病、生态灾难，所有这一切都具有文化的方面，但文化绝不是它们的核心。如果谁不靠吹涨文化就无法谈论文化，那么对他们来说可能还是以保持不则声为妙。"① 伊格尔顿的意思是，相对于更本质的现实问题，文化并不怎么重要。此言针对的论敌大概不是亨廷顿，而是法国后结构主义、后现代主义及其影响下的文化研究。伊格尔顿指出，虽然资本主义生产形式有所变化，即文化和美学的因素被融合进来，但其资本主义本质未曾稍变。伊格尔顿以文化产业为例，认为："文化产业并未怎么证明文化的中心性，倒是更多地证明晚期资本主义体系的扩张野心。从前这个资本主义体系是殖民肯尼亚和菲律宾，现在则是殖民幻想和娱乐，且其强度丝毫未减。"② 作为马克思主义批评家，伊格尔顿关心的是文化产业和文化消费背后所隐藏着的阶级关系和剥削关系。

伊格尔顿的文化观呈现出鲜明的马克思主义理论色彩，以下两点尤为突出。其一，物质第一性，文化第二性。马克思指出："物质生活的生产方式制约着整个社会生活、政治生活和精神生活的过程。不是人们的意识决定人们的存在，相反，是人们的社会存在决定人们的意识。"③ 针对有人夸大道德对社会的影响，马克思坚持"首先是经济的"影响，而道德的影

---

① 参见 Terry Eagleton, *Culture*, New Haven: University Press, 2016, pp. Ⅷ, p. 162。
② 参见 Terry Eagleton, *Culture*, New Haven: University Press, 2016, pp. Ⅷ, p. 151。
③ 马克思:《〈政治经济学批判〉序言》，载《马克思恩格斯选集》第 2 卷，人民出版社，2012，第 2 页。

响不过是"派生的，第二性的"，它"决不是第一性的"。① 其二，社会存在主要表现为阶级的存在，因而文化便天然地具有阶级性。资本主义文化当然根本上是资本主义性质的，为资本家服务的。

西方学术思潮越来越强调文化的作用，而在当代社会发展中文化也的确发挥着越来越重要的作用。我们不能否定社会学家对社会嬗变的描述和概括，如费瑟斯通的"日常生活审美化"、贝尔的"后工业社会"或"信息社会"、波德里亚的"消费社会"等。至于文化化、审美化、信息化、符号消费能否改变资本主义剥削关系、压迫关系，那是另外的问题。说文化重要与不重要涉及两种议题：前者是从唯物主义的决定论或制约论的视角出发；而后者则认为虽然文化、审美或信息没有改变资本主义的性质，但它凸显了资本主义的新变化。如果固守前一视角，就看不到资本主义的新变化。这是一个充满辩证法色彩的议题，即没有任何一种话语能够穷尽事物，话语总是囿于一条进路，投身其中，同时亦失去其外。辩证法包括事物的辩证法和理论的辩证法。进入辩证法的各方没有胜利者，结果总是相互修正，达致"间性"，不过"间性"不等于儒家的"中庸之道"。

邹赞： 除了亨廷顿大肆鼓吹的"文明冲突论"，值得警惕的还有弗朗西斯·福山的"历史终结论"。福山在《历史的终结及最后之人》一书中指出，随着全球化进程的不断深入，西方现代性理念/模式蔓延扩散到全球各个角落，这就必然会导致文化习俗，包括人的一些思维方式，甚至日常生活趋同。对于这个观念，第三世界国家的知识分子进行了激烈论争，批评福山的观点暴露出清晰的西方中心主义痕迹。前几年福山应邀来中国讲学，亲身感受到中国近年来发生的翻天覆地变化。福山的演讲中修正了自己的观点，承认"历史终结论"是存在明显缺陷的，应当结合新的历史情境予以修正。② 需要指出的是，中国特色社会主义取得的成就绝不是按照"历史终结"的轨道来进行的，中国经验鲜明驳斥了"历史终结论"的荒谬之处。

---

① 马克思：《亨利·萨姆纳·梅恩〈古代法制史讲演录〉（1875年伦敦版）一书摘要》，载《马克思恩格斯全集》第45卷，人民出版社，1985，第646页。
② 参见石岸书《弗兰西斯·福山清华对话：中美政治的未来》，《中华读书报》2015年11月25日。

丹尼尔·贝尔曾试图阐明文化在后工业社会所处的特定位置。贝尔在解读马克思主义的基础上，结合以美国为代表的后工业社会的特点，认为不能仅仅看到经济或政治决定文化，还应注意文化在后工业社会愈益突出的位置，文化是漂浮在经济和政治之上的，比如说我们现在讲经济，肯定会涉及文化产业，谈论政治也会涉及政治文化。这样一来，文化的自主性和能动性就被充分释放出来。因此立足当下语境讨论文化议题，不可避免的一环就是要认真思考"文化的位置"，从知识社会学角度厘清文化在社会结构中扮演什么样的角色。这对于我们立足当前中国社会整体状况来思考文化，是十分必要的。

金惠敏：我们现在使用"文化"这一概念，通常指的是其无意识的方面，然而无意识并非说其中没有意识。比如，人们在日常生活中虽然没有明确的意识，但不能设想那就是浑浑噩噩的、没有反思的生活。只要人们在日常生活中，其生活就一定是被引导、被规训、被意识形态化的。人们既可能在生活中有自觉的判断和选择，也可能是不经独立思考、简单地遵从他人的。无论如何，举凡人的生活，就一定是编码的，否则生活就无法"进行"下去。如同霍尔所说，故事如果不被编码，便根本不能讲述、传播。对人来说，生命的历程就是故事书写的历程，以生命冲动为其素材，以理性为其叙事学。

现象学、精神分析、存在主义等西方哲学思潮都曾就文化问题进行深刻阐释。胡塞尔辟出的"生活世界"大可不同于、对立于甚至绝缘于科学主义、理性世界或工具理性，但不能因此斥之为非理性，实际上是理性与生活水乳交融，不分彼此。它是生活理性，而非纯粹理性。康德的"纯粹理性"只是一种抽象存在，是对人的活动的认识性分解、提取。抽掉了理性，生活就成了生命冲动，成了叔本华的"意志"或弗洛伊德的"本能"。为了突出理性对人的生活的潜在的组织功能，生活可以称为"生活实践"。"实践"即人的自由、自觉的活动，大的社会实践如此，小的个人生活亦复如是，因为人只能在与社会的关系中生活。

海德格尔和伽达默尔从无意识和非认识论的角度理解文化概念。很少有人将海德格尔对凡·高《农鞋》的评论与文化相关联，但在我看来，海德格尔其实是在描述一种整体意义上的文化。其文化指涉有以下几个方面：

第一，从鞋子的使用价值而非对鞋子的观看和反思中寻找其本质的显现；第二，将作为器具的鞋子与其附着的意义（农妇的生命悲欢）联系起来，器具从而不再是单纯的器具、机械，而是进入一个有情感、有意义的人的世界，成为其中不可分割的部分；第三，当海德格尔这样描述说，农妇黄昏时回家脱下鞋子，早上又穿起鞋子或节假日将其弃置一旁，但鞋子并未逃离她的世界，她对这鞋子的态度是"听之任之"（Verläßichkeit，有学者翻译为"可靠性"），他在说的是，农妇与其鞋子的关系不是主奴关系，不是主客体关系，而是两者共处于一个"环境"（Umwelt），在同一水平线上。通过对鞋子的实用化、意义化和环境化，海德格尔完成了一个"文化"概念的创构过程。我们过去习惯于将艺术的功用理解为"寓教于乐"和"兴、观、群、怨"等，但受海德格尔的启发，我们似乎应该修正说，艺术的功用就是文化的功用，即文化整体的功用，每一种功用都是在文化整体之内发挥出来的，而非单独发挥作用。"寓教于乐"的缺陷不在于捆绑艺术与说教，而在于它假定教诲的先在性，仿佛教诲从天而降，不得已地落入艺术，自信可以赤裸裸地行使自己的功能。"寓教于乐"将教诲分离于生活，将艺术作为工具，其实教诲、言传身教本来就是人类生活的一部分。当然，我们也不能反过来宣称"寓乐于教"，因为虽然它给了娱乐以荣耀，但与"寓教于乐"一样是存在偏颇的，仍然是将娱乐和教诲分裂开来。

按照伽达默尔的说法，如果我们要做出判断，就必须站在自己的出发点和文化传统上。我们身处传统之中，它是先在的、先验的，不受制于个人的主观意愿。这就是"文化无意识"的观念，或者叫"无意识文化"的观念。如果说笛卡尔以来的哲学主流是心物二元论，是主体性哲学，那么伽达默尔所选择的哲学则是胡塞尔在"意向客体"中找到的现象学哲学，即有现象则必有显现者，有意识则必有客体（没有空无一物的意识）。当然，伽达默尔所使用的"哲学"概念更接近海德格尔关于"此在"或"在世之在"的"基础本体论"。以此为原则的哲学解释学肯定人的存在的本体性而非主体性。这种解释学以人的生活存在、以人的不经反思的存在为其出发点。聚焦文化议题，不经反思意味着文化就是不经反思、不接受主体控制的一种绝对存在，而传统就是典型的不经反思的文化。伽达默尔并非完全反对人的反思和批判能力，但遗憾的是，他坚持认为人对传统和文化所做的一切批判和反思都必须在传统和文化之内进行，都必须诉诸其所反思和批评的传统和文化。有学者对此观点提出批评，认为它是"以牺牲一切个体的或集体的主体性而建立起来的思维，它最终否定了主体可以表达和独立行动的真正可能性"①。主体之所以堪称主体，不仅是它能为客体做主、为自然立法，也包括它能为将自身作为客体而予以观照和超越，如局外人般洞若观火。

邹赞：霍尔曾对英国文化研究做过范式区分，认为在文化主义阶段，以威廉斯和 E. P. 汤普森为代表的英国本土学者过分强调"文化即日常生活"和"文化是平常的"，刻意夸大个体的能动性和文化的"诗意"维度，未能充分关注到文化文本的话语褶皱及其意识形态，缺少一种批判的间性思维。后来随着文化研究对阿尔都塞、葛兰西等理论的吸纳，逐渐凸显文化的权力机制与意识形态运作，进入"结构主义"和"葛兰西转向"阶段。总的来看，早期文化研究学者批驳机械的"经济决定论"，强调要从整体视野发掘经典马克思主义的思想内涵，即"经济"的基础性地位是在人类社会发展的总体进程中体现出来的，这与马克思所论"物质生产和艺术生产的不平衡关系"存在一致性。因此，"生产"处于基础性地位，但这种位置并不能遮蔽其他结构性因素对于文化的意义。文化研究从反思"经济决定论"开始，强调文化的独立自主，这与二战后的欧美社会情势是高度契合的。但后来在费斯克等伯明翰学派传人那里，文化研究再度陷入"修正主义"的窠臼，即完全脱离生产维度去鼓吹文化消费的抵抗价值，走向了又一极端。所以说，文化研究一定要注重对文化间性的考察，既要重视生产机制分析，也要纳入文化消费框架。

金惠敏：解除主体性哲学，那么"文化即日常生活"这样的文化观念，其根本错误便是缺乏批判的维度。哈贝马斯倚重"交往理性"，认为文化除了作为无意识的社会本体论存在外，还是积极的建构过程。也就是说，我们通过反思生命、社会存在、族群共同体、人类共同体的历史和运命，弄清楚什么样的文化观念有益于个体生命、社会交往和全社会文明的

① 〔美〕理查德·帕尔默：《诠释学》，潘德荣译，商务印书馆，2012，第283页。

进步。我倡导一种建构的、积极的文化观，旨在推动社会进步、增进人类福祉、促进社会和谐发展。对文化观的建构实际上是一种理性行为，举凡进行一项社会实践，都必须以理性为指导，这时候文化就凸显其精神方面的价值了。所以说，文化绝不是一种糊里糊涂的盲目跟从，而必须是一种积极的、有意识的建构。

当然，我们绝不是要完全否定将文化作为传统、作为无意识这样一种本体论、人类学的文化观念或定义，而是强调文化既是一种决定性的潜在力量，是"前见"（Vorsicht）和传统，也是一种积极主动的建构力量，是"预见"（Vorsehen）和筹划。

三

邹赞：知识不是截然孤立、相互隔绝的携带信息的原子，而是遵循某种内在逻辑构建起来的框架体系，这些携带信息的原子以各种形式建立关联，形成一组组符号，由此产生意义，并且在特定语境的唤起和挤压下，产生隐喻、象征、寓言等修辞效果。零散的、碎片化的信息往往难以经受时间的淘洗，无法超越表象形成扎根心灵深处的个体记忆，更谈不上形塑为社会记忆和文化记忆了。因此，对个体乃至对国家来说，构建完整系统的知识体系显得尤其重要。

近年来，随着中国经济 GDP 总量稳居世界第二，中国国际地位的显著提升已是不争的事实。与此同时，国外敌对势力对中国和平发展的大好局势充满忧虑和敌视，"中国威胁论"沉渣泛起，甚嚣尘上，文化霸权主义和新型帝国主义的真正面目暴露无遗。从文化叙事和意识形态表述的层面上说，某些敌对势力在言说中国问题时，除了继续搬用"考古学的放大镜"和"意识形态的哈哈镜"[1]，不断重演充斥着偏见和嘲讽的叙事滥套，还别出心裁安排了一面爱丽丝梦游仙境的"奇幻之镜"，一方面刻意夸大中国经济崛起的历史事实，另一方面有意遮蔽中国知识体系和话语框架与

---

[1]　陈跃红、邹赞：《跨文化研究范式与作为现代学术方法的"比较"——北京大学博士生导师陈跃红教授访谈》，《社会科学家》2010 年第 11 期。

经济发展不对称、不平衡的矛盾现状。这面"奇幻之镜"犹如精神麻醉剂，不但导致了中国形象和中国表述在国际话语场域中遭遇消极误读，而且使部分中国本土学者在跨文化交流中丧失警惕性，沦为极端文化民族主义的拥趸。

因此，我们应当自觉拨开"奇幻之镜"投射的意识形态迷雾，清醒认识到中国知识体系的建构是一项任重而道远的时代使命，无法回避也不应回避。不问来路无以晓归途，不忘历史根脉才能传承和弘扬中华优秀传统文化。如果要建构中国知识体系，其前提和基础就是构建中国传统文化知识体系。中华传统文化博大精深，儒释道相互渗透，和而不同，形成了中华文化的元话语和关键词，呈现出多元、包容、开放的理论品性。中华民族历史发展的独特性决定了中国梦与欧洲梦、美国梦具有本质的不同。构建中国传统文化知识体系是圆满实现中国梦的重要前提，一方面要处理好中华民族多元一体格局内在的文化多样性和丰富性，充分考量基于地域、族群等客观因素形成的文化差异；另一方面详细梳理思想史和文化史知识谱系，重估经典（canon）并结合时代需求构建新的"经典序列"。既要承认《论语》《孟子》《诗经》《史记》等文化经典经过漫长岁月的检视和考验，具有超越时空的经典价值；又要有意识地将经典的"过去时"与"现在时"相统一，践行一种建构的、流动的"经典观"，根据新时代的社会发展实践，不断更新、遴选经典序列，让文化经典尊重历史、映照现实，以人民为中心，讲好中国人民圆梦奋斗的故事。

金惠敏：习近平总书记在哲学社会科学工作者座谈会上的讲话中，要求加快中国特色学科体系、学术体系和话语体系三个体系建设。我认为，这同时也是要求我们尽快形成中国本土知识体系。三个体系与中国知识体系之间是什么关系呢？依我不成熟之见，前者是方式，后者是结果。这就是说，我们的知识是经由学科、学术、话语三个体系而生产出来的。其中，学科、学术体系偏重于客观知识的获取，而话语体系则有主观性在里面，但是必须声明，由话语体系所生产的知识并非主观随意、经不起科学验证的，而是说：这样的知识具有民族性、文化性、阶级性和意识形态性；虽如此，但它们同样来自一定历史和现实的吁求，具有高度的合理性；进一步说，如果这样的知识能够以"人民性"为中心，并兼以世界主义的胸怀和视野，中国的或文化的知识体系就不会与其他知识体系相冲突，而是相互镜鉴、相互补充、相互得益，形成一种以差异为基础的知识共同体。

　　三个体系或中国知识体系建设对于文化自信有什么作用呢？换言之，哲学社会科学的文化作用是什么呢？习近平总书记高度肯定了哲学社会科学对于文化建设的作用："面对世界范围内各种思想文化交流交融交锋的新形势，如何加快建设社会主义文化强国、增强文化软实力、提高我国在国际上的话语权，迫切需要哲学社会科学更好发挥作用。"[①] 这里是在一般意义上指明了哲学社会科学对于文化建构的作用。丹尼尔·贝尔曾探讨过文化作为一种解释系统或价值系统是怎样建立起来的："对文化传统的了解，对艺术的鉴赏（以及教育本身的连贯课程），是要通过学习加以掌握的。于是权威——在学术、教育和专门技术方面的精通者——就成了迷惘者必要的向导。而这种权威的形成靠的不是搬弄口舌，它是长期钻研的结果。"[②] 不错，文化传承靠的是习得，靠的是无意识模仿，但这只是其一个方面，而另一方面，至少同等重要的（如果不是更重要的话）是要经过刻苦的学习和训练，借助系统的知识传授和正规的学校教育。在很大程度上，文化是教育的结果，不是先天的遗传，不是寄身于生物基因而传之后代。如果参照贝尔的论述，会发现哲学社会科学与文化发展二者之间的关系：其一，哲学社会科学本就是文化之传统定义所包含的核心部分，本就是文化生产的一个最重要的部分；其二，若是采用扩大了的文化定义，即文化作为日常生活方式，那么哲学社会科学的研究成果或一种知识体系的获得和普及又可以为"移风易俗"（李斯）发挥积极作用。在某种意义上，知识生产对于一种文化的形成、发展和变化具有决定性的意义。知识塑型文化！因为，人毕竟是理性动物，听从理性的告知和劝说。

　　目前学术界还很少有人将三个体系或中国知识体系建构与文化，特别是与文化自信建构联系起来。不过由北京大学中文系 2019 年 4 月 11 日主办的"面向未来：中文学科建设与学术创新"研讨会，却透露了这方面的

---

① 习近平：《在哲学社会科学工作座谈会上的讲话》，人民出版社，2016，第 7 页。
② 〔美〕丹尼尔·贝尔：《一九七八年再版前言》，《资本主义文化矛盾》，赵一凡等译，三联书店，1992，第 24 页。

一些信息。据了解，与会者多为各高校中文学科负责人，他们在会上达成如下共识："中文学科发展必须服务于国家文化繁荣和发展，服务于国家文化自信建设；中国语言文学基础学科重大问题的研究，将会极大促进中国语言文学发展繁荣和国家文化自信建设；呼吁相关部门将中文学科发展和基础性建设、投入、架构放在国家文化发展之要，母语纯正创新关系国家文化自信安全，国家文化自信安全关系国家文化之安全。"① 这个宣言初读起来有些拗口，怎么句句不离文化自信呀，而细看原来"文化自信"乃关键词，是重要的事情，应该反复讲。这个信息或重点是：在当今技术功利主义大潮中日益边缘化，以至于被社会视为可有可无的中文学科终于找到了自己的特殊使命：中文教育对于增强国人的文化自信具有不可取代的重要作用，这是一项事关国家文化安全的事业！

国外有个术语叫"文化素养"（cultural literacy），英国 Routledge 出版的《批评艺术》（*Critical Arts*）杂志给我发来征稿函，主题就是"文化素养"，其意简单说就是对于某种文化的知识，但这份约稿函还强调，在全球化时代，文化素养应该既包括对本土文化的了解，也包括对其他文化的了解。现在一个人如果只是知道自己的文化，很难说他具有健全的"文化素养"。中文教育首先是培育国民对于自身文化传统的"文化素养"，此外也要传授国外文化知识，如国内中文专业设置有"比较文学与世界文学"二级学科，在美国大学的一些英文系也有类似的学科，教授被翻译为英语的其他国家的文学。其世界文学就是翻译文学。

为什么要学习和教授文学以及艺术呢？因为，一个民族那些最经典的文艺作品总是体现了该民族最核心的文化价值观，反过来说，一个民族的核心文化价值观总是落实在具体的文本之中（包括口头的和书写的）。在这个意义上，传习民族经典作品就是维护和发展民族文化价值观。也是在这个意义上，黑格尔称文学艺术是"人民的教师"。② 他举例说，这样的教师有荷马和赫西俄德，他们为希腊人制定神谱，"把所得来的（不管是从什么地方得来的）现成的混乱的与民族精神一致的观念和传说加以提高，

① 参见北京大学新闻网，2019 年 4 月 15 日消息。
② 〔德〕黑格尔：《哲学史讲演录》第一卷，北京大学哲学系外国哲学史教研室译，三联书店，1956，第 69 页。

加以固定，使之得到明确的意象和观念"①。孔子编辑《诗经》，作为其教学内容之一，毫无疑问，也是出于传承文化价值的考虑。他深知，诗可以兴、观、群、怨。

邹赞：构建中国知识体系要立足中国经验与中国现实社会，以推动构建"人类命运共同体"为总体目标，在具体的实践过程中可以根据历史交往的经验、近现代以来相似的历史命运、社会发展目标、共同应对的外部压力和国家外交战略，以"世界"为底色和基调，由特定区域间的协作推动多边对话交流，走一条由区域共同体到"人类命运共同体"的发展之路。

这里不妨以文学和影视产业为例。在"一带一路"倡议提出的背景下，文化成为激活丝路历史记忆、达成丝路沿线国家民心相通的重要载体和纽带。其中影视文化和产业的区域互动发挥着重要作用，随着"丝绸之路影视桥工程"的不断推进，中国和中亚、西亚诸国的影视交流日益频繁，人们通过影视媒介，了解对方的历史文化与发展现状，为文化互信、合作互动奠定良好基础。中国政府本着"共建共商共享"的原则，积极主动加强与中亚、西亚国家之间的文化对话，助力哈萨克斯坦、乌兹别克斯坦等国家电影产业由"中亚电影"走向"亚际电影"（Inter – Asian Cinema）发展模式。② 客观地说，中亚电影在世界电影史的版图上基本处于无言和无声状态，制作模式上主要模仿好莱坞和宝莱坞，对民族风情和地域风情的呈现拘囿于类型电影的叙事惯例。近年来，乌兹别克斯坦等中亚国家注重与中国、韩国、日本等东北亚国家加强影视产业交流合作，发展模式有意识突破好莱坞或宝莱坞框架，显现出蓬勃的生机活力。比较文学也是如此。作为比较文学发展第三阶段（"亚洲阶段"）的代表，中国比较文学从诞生之初就突破学院藩篱，与民族和国家命运息息相关。如果说法国学派和美国学派更倾向于寻找"同源性"与"类同性"，以"求同"为重心；中国比较文学则自觉摒弃西方中心主义的逻辑与方法，倡导关注东方

---

① 〔德〕黑格尔：《哲学史讲演录》第一卷，北京大学哲学系外国哲学史教研室译，三联书店，1956，第 69 页。
② 邹赞、孙勇：《从中亚电影走向"亚际电影"——图绘乌兹别克斯坦电影》，《当代电影》2018 年第 8 期。

文学尤其是第三世界国家文学，为那些与欧美文学存在明显差异的"异质性"文学寻找合法位置。因此中国比较文学强调的是以"差异"为特征的异质性，凸显文本/理论在跨域旅行中的变异。这种特质性在某种程度上决定了中国文学与欧美文学在交流对话过程中会遇到很多困难，相比之下，中国与亚洲其他国家同属儒家文明圈，跨文化对话存在较深厚的融通基础，有利于创建文化话语的"共用空间"（shared space）。因此，在"亚洲命运共同体"构建的框架下，思考"亚际电影"或"亚际比较文学"（Inter‑Asian Comparative Literature），坚守中华文化的主体性，由本土走向区域，由区域走向有中国声音参与的世界电影和世界文学新型图景，或可为一种可资参照的路径。

金惠敏：无论是电影研究还是比较文学，或者说区域电影和文学，最终走向都是"世界电影"或"世界文学"。我很赞同您的这一观点及相关的展望。是的，我们必须坚持区域共同体只是全球共同体的一个组成部分，否则将会形成扩大了的自我和排外意识，造成更大规模的全球对抗与分裂。

关于怎样在理论上正确认识和处理卷入全球化的各个国家之间的关系，我想通过对英国社会学家罗兰·罗伯森的一个自造术语的分析和批评来说明。为了避免将全球化理解为帝国化、殖民化，避免将其理解为单向的摧毁和重建，罗伯森生造了一个术语"球域化"（glocalization），意在突出地方对全球的改造，或者反过来说，突出全球之不得不适应地方语境。全球并非那么所向披靡，地方亦并非那么不堪一击，全球必须屈服于地方的要求。

这样说来，罗伯森仿佛是一个本土主义者，为第三世界发声，但仔细揣摩，该词仍然残留着帝国主义的霸权思维：究竟谁代表"全球"、谁代表"普遍性"呢？其全球显然是指那些跨越疆界的资本及其文化，但是，难道"率先越界"就等于具有普遍性吗？我们认为，全球化过程中无论谁主动、谁被动，实质都是双向的，你进入我的内部，而我亦同时包围了你。因此，全球化就是"西方与他方"（West‑Rest）、主体与客体之间的互动，是地方间性，是地方之间的相互作用。以互动视之，那么西方与他方、主体与客体之间的统御和被统御关系则立刻就会变成地方间性、主体间性的平等关系。原先作为主动的、征服的、普遍的"全球"将不复存在。当然，如果我们仍然愿意保留"全球"一语的话，那么此时的"全球"则不代表任何单独的一方，或由若干方所结成的集团，它甚至也不代表任何具体有形的东西，它是各方之间的一种关系、一种链接、一种协商的空间。或者仍以实体思维而论，此时的"全球"是各方相互作用的一个结果，是巴赫金意义上的"事件"，各方都获得了自身从前所没有的东西。

"地方化"或"本土化"也存在同样的理论混乱，即也隐含着主体强势，深陷于主客体二元对立思维的沼泽之中。在取消"全球化"的同时，也应同时取消"地方化"，而代之以"地方间性"（interlocality，interlocalization），将所有的地方或地方性并置，不允许任何一方有特权凌驾于另一方之上。在各方的互动和角力中，如果说本土通常具有相对的强势，那是因为它具有更多的物质性和身体性，而外来方则因其漂洋过海、长途转运的"途耗"而于此相对较少一些，它更多地以话语的面貌呈现在本土面前，但并非说这些话语就是无源之水、无本之木，与其本土全然脱节。因此，无论地方和外方孰强孰弱，都不会改变它们之间的关系性质，仍旧是互动，是相互作用，是两个主体（个体）之间的相遇。

以上是说，"球域化"这个术语很尴尬，它既不能主张"全球"，也不能卫护"地方"，而要想达到其原初设定的意指目标，则必须更换新词，我的建议是"地方间性"：在"地方"中地方仍然作为个体而存在，而且是作为平等之个体；"间性"是所有地方共同创造出来的"全球性"。没有全球化，也没有本土化，在理论和事实上，都只有"地方间性"或"地方之间的互动"。在哲学上，"全球化"实乃一种"间性"。顺便可以说，以前所称的"普遍性""整体性""共性""世界文学"等也都是"间性"。①

以"地方间性"为框架，那么中国与西方、与"一带一路"相关的所有国家之间就是平等的关系，就是走亲戚、串朋友之类的关系，是和而不同的天下大同。需要正名，"大同"不是全面的同质化，而是各种差异彼此之间的"大相与／遇"（great with – ness）。

---

① 金惠敏、王福民主编《间文化·泛文学·全媒介》，中国社会科学出版社，2019，前言第2页。

邹赞： 近来中国政府同俄罗斯和中亚五国间的高层互访频繁，"一带一路"倡议务实落地，国际地缘政治格局的发展变化推动人文学科学术研究适时调整问题导向，比如有关构建"俄罗斯学"和中亚研究知识共同体的呼声日益高涨。在"亚洲命运共同体"构建的框架下，中国知识体系不仅关涉本土话语，还需要考虑到中国同丝路沿线国家的历史文化交往事实，在有效发掘历史记忆的基础上，筑构话语共享的"共用空间"。新疆地处丝绸之路经济带核心区，在"一带一路"倡议背景下开展中亚文学、中亚电影以及中国与中亚诸国间的文化交流，具有得天独厚的优势。"亚际电影"或"亚际比较文学"作为一种全球某个区域间的跨文化流通现象，应当说具有重要的理论价值和现实意义。因此从整体上看，无论是电影研究还是比较文学，最终走向都是"世界电影"或"世界文学"。区域共同体只是全球共同体的一个组成部分。

马兹·罗森达尔·汤姆森在测绘世界文学的地形图时指出："当一个民族的文学由于其当代文学而奠定了世界文学地位的时候，其历史也有更多机会获得本民族之外的认可。"[①] 汤姆森的观点颇具启发意义，启示我们不仅要注重建构中国传统文化知识体系，还应当注重发掘当代文学经典，翻译推介一批当代文学精品，使之汇入"世界文学"的洪流之中。由于当代文学产生于当代文化的土壤之中，是对当代社会和人类生存体验的反思和呈现，因此在母题、意象、形象乃至情感表达等层面更容易引起他者文化背景下受众的关注，继而有望产生"溯源效应"，引起世界范围内更多受众主动关注中华优秀传统文化。您如何看待汤姆森的论断？

金惠敏： 汤姆森道出了文学接受过程中的一种常见事实或规律，因而我们也可以遵循这一规律来做好自己的文学和文化传播。我接触的外国学者倒是反过来的居多，他们知道中国的一些文化经典，如《老子》《论语》等，但他们认为那是过去时代的中国，他们迫切想了解当前中国的意识和经验，比如剑桥大学约翰·汤普森教授，他在主持 Polity 出版社，他很希望我能为他编选一套多卷本的当前中国思想家的选集。由对当代的兴趣而

---

① 〔美〕大卫·达姆罗什、陈永国等主编《新方向：比较文学与世界文学读本》，北京大学出版社，2010，第 262 页。

及古代，那是为了更深入地知悉当代，因为当代是从古代来的嘛，当然也可能是一种好奇心在背后起作用，即有兴趣了解其感兴趣的对象的一切方面，包括其同代人和历史传统。这是一种历史主义的意识，一种互系性思维。莫言荣获诺贝尔文学奖以及其他作家在国外获得各种奖项，乃至网络文学在欧美被追捧阅读，这些反过来肯定都有助于中国古代文学的传播。这也是出自一种文化的整体观，即认为，中国文学无论从古到今如何变化，但它仍是中国文学而非其他民族的文学。

　　说到从 1978 到今天这 40 年间的中国文学与外国文学的关系，我多次说过，有两个明显不同的阶段，一是前 20 年的翻译引进阶段，二是后 20 年的翻译输出阶段，翻译是两个阶段共同的标志，但一个是翻译进来，一个是翻译出去。文学输入或译入对于中国在 21 世纪顺利挺进并在某种程度上引领全球化做了知识和情感上的准备。但应该意识到，如果说前一阶段的译入是国外学者对于推介我们的文化做出了贡献，那么在下一个阶段则是我们应该如何贡献于世界。这也许根本不涉及什么多么高尚的动机，而是我们"不得不"贡献于世界。甚至构建"人类命运共同体"也不是出自我们多么美丽的例如与人为善的心灵，而是我们必须胸怀这样的理念。全球化把所有国家、民族和文化的命运结成一体，一个命运共同体，我们在其中做的任何事情都具有对他人的意义和后果，我们也同时可以感受到自己所作所为的反作用。因而合作共赢是我们唯一的选择！过去学术界总爱讨论中国古代经典的现代性价值，如文论界的话题"中国古代文论的现代性转换"，而今天我认为，我们应当同时或更多地关注中国经典的全球性转换，检查一下我们的文化家底对于解决人类问题将发挥什么样的作用。

　　回到历史不是我们的目的，也不是国外对我们的历史发生窥测冲动的目的，其真实的目的，尽管有时披着纯粹求知的外衣，乃在于了解当今的中国人及其文化，这才是实实在在的看得见、摸得着的对象。他们对中国的经典了解得再多，与之打交道的仍是当代的中国人，而非古代的中国人。历史知识只有在有助于了解当代时才有意义。我们不是不关心中华文化的整体性传播，但我们更在意国外对于我们"当代文化"和"现实文化"（习近平语）的理解和回应。我和汤姆森若有什么不同的话，那么可以说，他是文本主义者，而我是现实主义者。

四

邹赞：党的十八大以来，习近平总书记多次强调"四个自信"（道路自信、制度自信、理论自信和文化自信），后来在哲学社会科学工作座谈会和文艺工作座谈会上的重要讲话中又深刻阐述了坚持"四个自信"的重要意义，在这四个自信当中，文化自信是更基础、更广泛、更深厚的自信。针对哲学社会科学的发展方向，习近平总书记明确指示："要按照立足中国、借鉴国外，挖掘历史、把握当代，关怀人类、面向未来的思路，着力构建中国特色哲学社会科学，在指导思想、学科体系、学术体系、话语体系等方面充分体现中国特色、中国风格、中国气派。"① 对于在坚持文化自信的人文社会科学发展道路上，要牢固坚守中华文化的主体位置，凸显中华优秀传统文化的当代价值，您如何看待？

金惠敏："文化自信"这个术语前面有一个不言而喻的定语，就是"中国特色社会主义"。我们谈论文化自信，其确切的含义就是对"中国特色社会主义文化"的自信。从"四个自信"之间的关系上说，我们感到自信的"文化"是在中国特色社会主义理论、中国特色社会主义道路、中国特色社会主义制度指导、规定下的文化自信，反过来，文化自信也决定着我们的理论、道路和制度选择和发展方向。

我们现在所选择的中国特色社会主义文化，既是对中华优秀传统文化的继承和弘扬，又汲取了外来文化的有益成分，立足当下，面向未来，是涉及多方面的综合体。中华民族伟大复兴是一项宏大的综合性工程，它需要中华优秀传统文化的支撑，也需要借鉴各种外来文化的有益经验和智慧，以成功地创造出能够适应新时代发展的新的文化，即中国特色社会主义文化。借用习近平总书记的术语说，这种新文化本质上就是"现实文化"和"当代文化"，是从中国大地上生长出来的、反映中国人民真实需要的表意体系。中国特色社会主义文化具有当代性、现实性和发展性等特点，一言以蔽之，具有人民性的特点。人民的生活在变化，人民生活于其

---

① 习近平：《在哲学社会科学工作座谈会上的讲话》，人民出版社，2016，第15页。

间的现实和时代在变化，人民的物质需求和精神需求也在变化。在人民面前，无论是传统的中国文化，抑或是西方文化，无论多么优秀，都不可能是主体，唯有人民才是文化的主体和主人，任何文化资源都是它的"用"，为其所用。

文化一旦脱离其语境，便不再是有生命的文化，而是成为抽象的话语，但唯有作为抽象的话语，文化才能被移植、挪用、借用，它是作为"死"的话语在新的语境里重新获得生命的。进入新语境的文化不再是其自身，而是与其他文化资源有机融合，形成的一种间性新文化。文化从一开始就是间性的。没有纯粹的（即单一来源）的文化。在多元构成的文化中，在"文化星丛"中，我们很难区分出何者为体、何者为用。如果一定要问何为本体、如何利用，我们只能回答：时代、现实、人民。还有什么比人民群众不断变化着的需要更重要呢？要倾听人民于无"声"处！

邹赞：当我们在思考文化自信的时候，可能涉及两个维度，一是历史性的维度，二是共时性的维度。从前者出发，会涉及如何有效运用中华优秀传统文化的思想资源，特别是深入阐发这些思想资源的当代价值，这显然符合马克思主义所讲的文化的历史继承性和民族性。今天讲文化自信，中华优秀传统文化事实上提供了一个取之不竭的思想资源宝库。比如，我们要重视和谐文化的中华文化基因，"天人合一""和而不同""人心向善"等中华文化的组成部分，对我们在"一带一路"语境下讲好中国故事具有重要的启示。您觉得我们在创造性运用中华优秀传统文化资源来讲好中国故事方面，有哪些比较好的路径？

金惠敏：在使用文化资源的时候，我们当代人面临着多种选择。中国传统文化之所以重要，是因为这些文化是我们最适宜的表意方式。我们的文化以农业文化为主体，是与西方以商业文化为主导的不同的文化。农业文化讲究集体性、国家性、服从性、等级制，而商业文化，尤其是充分发展了的资本主义文化，更强调个体的权利、自由、平等、尊严和价值等。讲好中国故事，就是要让西方人知道我们的文化，帮助他们认识这些植根于农业文化土壤的观念和故事。当前中国也已步入工业社会、信息社会，并开始走向人工智能社会。目前，社会发展的大趋势是朝着更高级别的信息化发展，文化变得更加多样化、国际化、全球化。农业文化当然还顽强地存在着，但商业文化更加普及、更深入人心。当前中国文化呈现出新与旧、中与西的杂糅状态。在这种情况下，我们既要以建立在农业文明上的儒家文化为基础讲好中国故事，同时还应该超越农业文化和商业文化、中西文化，建构全球文化以及费瑟斯通所说的"全球知识"。①

我们一直在强调中华文化的特殊性，顽强地坚持中国特色，或貌似谦卑而实际上带着窃喜地谈论国际文化产品中的中国元素，这是一种典型的后殖民心态：凸显自己的特色，但这种特色反过来需要得到西方主体的承认和肯定，而后才堪称差异，才能够存在下去。后殖民性差异的口号无论喊得多么决绝、悲情、泣血、激愤，但实际上都少不了乞怜、媚骨、依附、不自信、不自主。差异将自身定位于边缘、例外、弱势，并仅仅是在此位置上主张其权利。这样的差异终究是不会成功的，因为当东方人积极地以西方的他者形象呈示给凝视着的西方时，西方人其实也乐得有他者出现以强化其主体位置和主导作用。这样的差异即使大获成功，但从另外的角度看也是成功地被收编、招安，转化为西方主体的滋养。差异若要获得真正的成功，则必须改变其定义：差异即对话，而对话则既要坚持自身的特殊性，又要将自身的特殊性赋予其对话者。因而理想的差异便是彼此差异的个体之间的对话，是个体间性的对话。在这样的对话中，差异既属于己方之表出、现象化，又进入对方之视野，为对方所看见、容纳。这种彼此相见，构成了从前所谓"普遍性"的内涵。

在"星丛"的意义上，习近平总书记倡导构建"人类命运共同体"这一概念，标志着中国后殖民思维的终结和"新世界文学"的开始。"共同体"（community）的核心在于交流、联通、共享，它不是传统意义上的"霸"权、"集"权、"专"制，相反，它由彼此独立而又互相接合的各种实体构成，呈"星丛"之状，是相关、互动、应和，是哈贝马斯的"交往理性"或"主体间性"，是孔夫子所说的"和而不同"，而绝非宰制、同质化、制式化和金字塔。我之所以称之为"新世界文学"，是与歌德的"世界文学"概念相比较而言的。歌德的"世界文学"侧重在世界的整合、民族文化壁垒的拆除，与如今流行的多元和差异并无多少关联，如果有，那也是在形

---

① 金惠敏：《全球知识的再界定》，《江西社会科学》2006 年第 12 期。

式的意义上。在根本内容上，歌德的"世界文学"要求的是文学和诗歌的经典性和人文精神，强调各种文学都必须为这一抽象的目标做出自己特别的贡献。歌德认为，对于这一总体目标而言，民族性算不得什么。后来马克思在借用"世界文学"概念时，也与歌德持相同的看法。歌德的"世界文学"与原初意义上的"世界主义"（cosmopolitanism）是一个意思，内含一个统一的"宇宙精神"（cosmos），之下才是"城邦"（polis）及其特色，而如果城邦不能贡献于"大全"（"大全"是中国哲学术语，这里是对 cosmos + polis 即世界主义的语源分解和阅读，有的将之译为"世界主义"，但体现不出其原有的含义），成为"大全"的一个有机构成，则属于柏拉图的"杂多"。这就是我对"世界主义"一直心存疑虑的原因。我所着力发展的"星丛""对话"或"对话性星丛"与"世界主义"的区别是：前者讲联系，后者讲整合。联系是独立个体之间的联系，而整合则意味着个体独立性的丧失，在整合下，差异被斩断了其作为事物本身的连接而仅余下作为现象和话语的差异。

根据"新世界文学"观，讲好中国故事不是讲好中国文化的特殊性，而是讲好中国文化对于世界的意义，讲好中国文化对推动构建人类命运共同体的特殊价值。我们相信，没有一个志在四方的崛起大国会说自己的文化仅仅具有一个地方的价值，而对世界其他地方没有什么借鉴意义。

邹赞：从共时性角度讲，文化自信还涉及如何应对外来文化。我们在接受外来文化影响的时候，面临的关键问题是选择什么样的立场和姿态，也就是说，如何在坚守中华文化主体性的基础上，保持一种开放和对话的姿态。在一个日益开放的全球化时代，我们始终处于对外来文化的选择性吸收和批判性借鉴之中，一方面反对文化单边主义和民族文化中心主义思维，另一方面警惕文化相对主义和文化保守主义。那么应该如何正确对待外来文化资源呢？其间既有立场和姿态的问题，也有基于策略和战术层面的考虑。如果说"互为主体、平等对话"是跨文化对话的基本立场；那么"抓住机会、提前发问"① 则是适用的战略战术。您近年来专门研究过全球

① 陈跃红、邹赞：《跨文化研究范式与作为现代学术方法的"比较"——北京大学博士生导师陈跃红教授访谈》，《社会科学家》2010 年第 11 期。

对话主义，那么您认为全球对话主义对我们今天借鉴和吸收外来文化有哪些指导意义？

金惠敏：在如何借鉴和吸收外来文化的问题上，首要的是树立一种新的主体观，这个主体当然是中华文化。在这一点上，我甚至与文化保守主义者没有区别。但对于什么是主体或文化主体，我的看法就有所不同了。

主体一方面是一种话语的建构，所有的主体都是结构的主体，而"结构主体"有一个特点，即结构只有关系没有内核。因此，结构主义的一个观念，就是认为没有什么东西是处于支配地位的，所有因素都处在互文性关系之中，所有的主体都处于主体间性之中。这里用到"互文性"这个术语，意思是各种文化不是单一的，而是处在彼此意义关涉的网中。以中华文化为主体，这个主体的概念本身就包含了主体间性，这个主体需要别的主体来参与建构，自我和主体必须有对象性的存在，有对象存在才能谈到主体和自我。这至少可以从三个层面来观察：一是认识论的主客体关系，主体的诞生须以客体为前提，主体因而便包含了客体；二是从语言学上看，凡主语被借由谓语部分来明确和建构，主语"我"本身无法说明自身，否则就是自我说明的上帝了，因此凡"我－主体"（I－Subject）必须由不同于其本身的他物（作为概念）来界定，这样的主体毫无疑问依赖并内含他者；三是从文化的实际存在状态看，作为观念或精神的文化，从来都是杂交而成的，并不断接受新的话语而调整自身。

主体的另外一部分内容，是绝对之个体。笛卡尔以来，西方哲学惯常把个体的繁茂芜杂从主体中清理出去，主体成了纯粹的"思"。巴赫金既欣赏结构主义的文本间性，又对其无躯体的主体表示不满；于是他努力将个体性重新植入主体性，变主体间性、文本间性为个体间性。个体性当然也具有话语内涵，但是更多地关乎人的生命存在，关乎以生命存在为底蕴的社会物质性存在或实践性存在。在生活存在抑或社会存在的意义上，每个人都是一个不同于他人的独特存在，是个体性存在。那么，主张以中华文化为主体、以中华文化为本位，就要考虑到使主体性永远不要处于闭合状态，永远不要仅仅处于一种互文性与主体间性的过程之中。这个主体同时处于既成和未成状态。既成状态是说主体已经成为主体，但主体同时也处于未完成的状态，这是说它未完成其自身形象的建构，总是留有缺憾、缝隙。为什么未完成呢？因为主体的话语因生命冲动、生命需要、物质条件的不断变化，要求不断调整其表意方式。话语有惰性，总是滞后于现实的发展和个体的种种需求。在汲取外来文化时，坚持以中华文化为本位，这样说没有错误，接受者不可能不以自己的前见/传统为接受的本位或出发点，但必须清楚地认识到：第一，这一接受本位即接受前见不是一成不变的，各种视域的融合将带来新的视域。因而坚持某一本位，只是意味着一个必须有的出发点，而绝非始终坚守这个出发点，坚守从前或从来如此的某种教条。坚持若是意味着寸步不离自我原初的位置，那还有什么必要与外来文化交流？第二，人是话语的存在，也是生命的存在，对人而言，其真正的本位不是话语，而是其生命，我们之所以说坚持中华文化为本位，那是因为中华优秀文化是中华儿女生命之最适宜、最恰切的表达方式，但显然这种内容与形式的结合也一直是动态的，永远处在变化之中。人的生命总是在寻找有利于其自身存在的文化形式。

邹赞：当我们谈论文化自信的时候，有学者关注到"文化他信"问题。① 所谓"文化他信"，就是在文化传播和文化输出的过程中，既保持昂扬的自信姿态，又兼顾对方的接受心态与接受语境，如果一味标举自信却完全忽视文化输出的实际接受效果，那就只能算作一种盲目的"文化自恋"。在"一带一路"倡议背景下，习近平总书记提出的推动构建人类命运共同体重要思想，倡导"共商共建共享"理念，是科学融合"文化自信"与"文化他信"的典范。因为不管是中国风格、中国特色还是中国气派，关键是如何借助跨文化传播在文化交流场域中取得话语主导权。有关跨文化传播的整体策略，您提出了"星丛对话主义"的设想，提醒我们在思考和讲述中华文化特色的时候，要自觉摈弃"唯我独尊"的文化中心主义心态，不可将其他文化拒之千里之外。虽然不同文明和文化之间客观上存在发展的"时间落差"，有的历史更悠久，但绝不能作高低、优劣的价值评判。文化的交流与互鉴要求我们设法使自己在世界文化星丛中获得较高的辨识度，易于为其他文化所辨认、选择和接纳。只有这样，才能做到从文化自信到文化他信，才有望在全球传播中讲好中国故事，传播良好中

---

① 欧阳辉：《文化何以自信与他信》，《学习时报》2018 年 12 月 12 日。

国形象。

金惠敏：如何做到从文化自信到赢得文化他信，涉及文化传播的战略和策略等许多方面的问题。策略问题我们不去讨论，在总体战略上，我提倡"星丛对话主义"。我们要以对话主义精神来理解弱势文化对差异的标识、张扬，认识到"差异即对话"，而非像后殖民理论所坚持的，"差异即绝对他者"，不可理解，不可展示。

所谓"他者"有两个指向，第一个是已经进入主体视野的他者，这种他者对主体来说是客体，拉康称之为"小他者"。而拉康所说的"大他者"，是隐藏在主体背后的符号象征体系。拉康的大他者与小他者并非绝缘，大他者不断进入小他者，更大的社会体系的东西在慢慢进入无意识区域。在此意义上，无意识乃一种潜入、潜在的语言结构。第二个他者是列维纳斯所说的"绝对他者"。我不完全赞成列维纳斯的这个概念。康德警告我们，不能说只看到显现，而看不到有"那么个"东西在显现。显现总是某物的显现。你说无物显现，但你又称自己看到了无光源的光亮，这简直不可思议！之所以有现象世界，就一定有个物自体在那里。大他者和绝对他者都有呈现出来的特点，它们会进入主体的建构当中。从这个意义上讲，我们理解的差异，一是概念、符号上的差异，二是来自事物本身，我们要承认世界上有我们不理解的东西，但也有不断向我们展示的东西。一个陌生人跟你相遇了、认识了，他就会展示自己，通过交往行为，绝对的差异性就会进入我们的观念，这种差异成了交流的概念、相对的概念，但交流又不会完全消除他者的绝对性存在。

中国文化的海外传播本身就是隐秘自我的展开、外显。在传播中，差异进入对话，从而为他人看见、分享。传播与其说是建构差异的过程，毋宁说是解构差异的过程，即对话的过程，走向"不同而和"或"不同之和"的过程。只有真正放弃后殖民性的差异思维，把差异理解成对话，中国文化才可能真正走向世界。

邹赞：文化是一个不断需要结合新时代语境加以探讨的议题。当下人文社会科学界开始关注后人类主义话语模式与文化反思，关注人工智能对人类日常生活的重构，批判性反思一种新形态的工具理性，倡导建立在实践理性精神上的人文理念，这些都在一定程度上拓展了文化论争的问题域。

2013 年，习近平总书记在哈萨克斯坦纳扎尔巴耶夫大学和印度尼西亚国会发表的重要演讲中提出共建"丝绸之路经济带"和"21 世纪海上丝绸之路"重要倡议，旨在重新激活丝路记忆，讲述丝路故事，共同推进丝路沿线国家建立经济互通、文明互鉴、文化对话、贸易往来的命运共同体。"一带一路"倡议将促进中外文化的传播交流，也为我们立足当下语境重估文化的位置，进一步激活文化的意义建构潜能提供了历史契机。

知识界积极把握"一带一路"倡议带来的历史契机，聚焦丝路沿线国家的文化多样性和包容性，签署《敦煌宣言》等标志性文件，旨在以文学交流、影视产业互动、文化旅游品牌建构等为载体，重新绘制丝绸之路的绚丽图景。作为人文学者，您前面提到的"星丛对话主义"和"新世界文学"也将在跨文化交流场域中发挥积极的作用，为推进建构中国话语的跨文化理论体系提供有益参照。期待下次我们有机会就"世界文学"展开专题对话。

漫谈比较文学与跨文化研究[*]

——再访乐黛云教授

◉ 乐黛云　邹　赞

【名家档案】乐黛云，北京大学中文系现代文学与比较文学教授、博士生导师，北京外国语大学专聘教授。现任北京大学跨文化研究中心主任，中、法合办《跨文化对话》杂志主编。历任北京大学比较文学与比较文化研究所所长、国际比较文学学会副主席、中国比较文学学会会长。1990 年获加拿大麦克马斯特大学荣誉文学博士学位，2006 年获日本关西大学荣誉博士学位。2015 年获中国比较文学终身成就奖，2016 年获中国文化国际传播研究院会林文化奖。曾任加拿大麦克玛斯特大学兼任教授、香港大学访问教授、澳大利亚墨尔本大学访问教授、荷兰莱顿大学访问教授、香港科技大学访问教授、美国斯坦福大学访问教授。著有《比较文学原理》、《比较文学与中国现代文学》、《中国知识分子的形与神》、《跨文化之桥》、《中国小说中的知识分子》（英文版）、《比较文学与中国——乐黛云海外讲演录》（英文版）、《跟踪比较文学学科的复兴之路》、《当代名家学术思想文库·乐黛云卷》、《涅槃与再生——在多元文化重构中复兴》、《多元文化中的中国思想——21 世纪跨文化流通 16 讲》、《自然》（中、法、意大利文版）、《面向风暴》（英、德、日文版）、《我就是我——这历史属于我自己》、《透过历史的烟尘》、《绝色霜枫》、《逝水与流光》、《四院 沙滩 未名湖》、《清溪水慢慢流》、《逝水与流光》、《乐黛云散文集》、《何处是归程?》，另编撰《世界诗学大辞典》（合编），主编《中学西渐专题》8 卷，《跨文化沟通个案丛书》14 卷、《跨文化对话》集刊 34 卷。

---

* 本文原载《吉首大学学报》（社会科学版）2016 年第 6 期。

邹赞（以下简称"邹"）：您从北京大学中文系毕业后选择留校任教，跟随王瑶先生研习中国现代文学，后来转向了比较文学，其中既有必然性也有偶然性吧？

乐黛云（以下简称"乐"）：中国文学发展到那个阶段，不可能再封闭了。从鲁迅开始，郭沫若、茅盾，就已经走上了这条道路，即不断和西方结合。鲁迅翻译了尼采的《查拉图斯特拉如是说》，郭沫若在《创造周刊》上翻译并发表了尼采的著作，茅盾在《学生》杂志上连载尼采的文章。中国必须突破自己才有可能往前发展，前辈已经打好基础，需要人来做这件事，这就是文学发展的必然性。中国到了20世纪80年代，国家比较开放，更多和外界接触，政治形势也推动了学界观念的发展。外界政治形势的发展是一个重要因素。除了国内历史文化语境的变化，当然还有国外学术思潮的推动作用，比如法国和美国学者掀起了比较文学研究的热潮。这几方面的机缘使得中国也必须开展比较文学，这就是必然性。谁来做都可以，落在我头上就是偶然性（笑）。

邹：谈到偶然性，您能举几个例子吗？我想一定会有许多生动有益的故事。

乐：当时，中文系的人很少有懂外语的。我从事比较文学很重要的偶然性在于我父亲是教英语的，刚开始教中学英语，后来教大学英语，年轻时一直在北京大学旁听，他曾经考过北京大学外语系，当时胡适是校长，在面试的环节，他说我父亲口语不行，夹杂浓厚的贵州口音，最后没有录取。我父亲在北大附近租房子，旁听每一门课，坚持了四年，修到同等学力的资格。他比较关注西方的作品，家里的书架上摆满了外国文学书籍，这对我的影响很大，我开始大量阅读西方文学名著。此外，抗日战争后期，我的家乡贵阳成为文化的集散地，很多下江人来到这里，人口流动促进了多元文化的交汇，我从中感染到很多新的气氛，自己也比较喜欢。还有一个机缘就是我毕业后留校任教，那时候北大中文系第一次招收留学生班，以前其实也招过，但都是朝鲜和韩国的留学生，那是第一次招收欧美国家的留学生，总共二十多人，其中有一门重点课程就是《中国现代文学》。那时大家英语不行，开不了口，我因为从小受到父亲的影响和外国文学熏陶，另外，在被打成右派的那段时间，我的工作是放猪，赶着一群猪漫山遍野找东西吃，我随身带着一本小字典，不断练习英语，就这样练就了一定的英语功底。系里派我给留学生班讲授《中国现代文学》，授课内容涉及鲁迅、郭沫若、茅盾，但是要真正讲好这些作家的思想和作品，就必须讲尼采，因为他们都翻译和介绍过尼采的思想，其中的跨文化意味相当明显，尼采成为无法忽略的重要环节，因此我开始关注尼采与中国现代文学之间的关联，视角由纯粹的中国现代文学研究转向中外文学比较。

邹：基于特定的社会历史原因，中国现代文学深受俄苏文学、日本文学、欧美文学的影响，这样的文学史案例不胜枚举。单以地处南亚的印度文学为例，泰戈尔的《飞鸟集》就对冰心早期的创作产生了重要影响。身处全球化时代，跨文化对话已经成为我们必须重视的主题，我阅读过您撰写的跨文化研究论著，其中提到一个具有里程碑意义的事件，那就是意大利符号学家安伯托·艾柯（Umberto Eco）在1993年发起的"丝路文化联合考察计划"，艾柯本人在北大发表了题为《独角兽与龙》的著名演讲。您能否谈谈这个计划的由来和经过？

乐：1991年，欧共体给了一些钱，资助成立了欧洲跨文化研究院，当时没有什么人，只有一个主持，其他都是兼任，他们找到我，我也是兼任（笑）。艾柯非常重视跨文化研究，他提出要做一件实际的事，不仅是书本的，还要有实际经历和体验。文学不仅是文本，还应当延伸到日常体验。于是艾柯牵头组织一批人，都是各个领域的顶尖人物，有十七八个，申请了欧共体的资助，这个计划很宏大，具体的做法是邀请中国学者参与，重走丝绸之路，沿途展开讨论，期待能产生许多观点和思想的碰撞。艾柯邀请了很多中国学者，我和汤一介都受到了邀请，但因为经费问题最终没有去，后来只有王蒙和中山大学的王宾教授参加了。他们沿着丝绸之路走了一遍，终点是北京，我在北大接待了他们。在北大组织的讨论会上，他们提出一个观点：到中国来不是为了灌输西方的思想，不是寻找独角兽，那是欧洲独有的想象中的兽，而是来中国寻找本土的龙。可是他们的很多计划都没有完成，其中一个重要原因是参与的中国学者太少了，会谈未能很好地展开。他们原本想拍一些纪录片，记录不同背景的人群对文化的看法，体验丝绸之路沿线鲜活的多元文化，但是由于种种原因，最终很多想法都没有实现。

邹：相当于艾柯来中国找龙，最后没有找到。

乐：没有找到龙，但找到了我们（笑）。

邹：您后来和李比雄、金丝燕、钱林森等学者合作，主编《跨文化对话》集刊，已经连续出版了三十多期。这本杂志好像也是中法合作，当时为什么会有这种想法？

乐：前面已经提到，"重走丝绸之路"的计划不是很圆满，我们也认识到对他者文化的理解不是一次就能完成的，应当以某种形式固定下来，建立阵地发出我们自己的声音，基于这样的想法，我们决定创办一个刊物，计划每一年出版三期，由法国文化部门提供经费资助，编委中有很多是欧洲的顶尖学者。

邹：中国学者从事比较文学与跨文化研究，一方面吸收了法国学派和美国学派的研究方法，另一方面又结合本土"一体多元"文化格局的现状，创造性提出了"多民族文学文化关系"的新颖课题。《跨文化对话》有没有涉及多民族文学关系的专题呢？

乐：没有专题，只有个别文章，比如《跨文化对话》曾推出几篇研究介绍西南苗族史诗《亚鲁王》的文章。我觉得我们要从事跨文化研究，首先就应该把本国内部的问题解决好，在此基础上再去处理国外的问题，进而和国外学界同人一起切磋。你提出的问题正是我们杂志面临的最大缺陷。

1985 年，我们设想在中国比较文学学会下设少数民族文学研究分会，中南民族学院的学者联系了一些民族院校的老师，做了大量的工作，但最后没有做起来，确实让人感到遗憾。中国国内的多民族文学关系研究是一个意义重大的课题，也是中国比较文学未来发展极具潜力的领域。

邹：您八十岁以后，开启人生的"第三次出发"，不仅密切关注国际文学热点话题，而且笔耕不辍，每年都有论著和散文问世。您目前正在主持教育部重大课题"跨文化研究方法论"，这个课题目前的进展如何呢？

乐：这个课题教育部去年 11 月才批下来，我们有很多想法，习近平主席提出建设人和自然的共同体、人类命运的共同体，两个共同体，以及多元文化的交流互动等理念，有非常重大的现实意义，应当引起广泛重视和讨论。

从最根本的意义上讲，比较文化的基础就是从跨文化和多元文化开始的。弄清楚异质文化在交流互动过程中的运作机制，回答跨文化对话需要遵循的基本原则，这些问题不仅仅是学术问题，还是关系地缘政治的现实问题。我们有了初步构想，也做了一些工作，北京师范大学举办的第一期跨文化讲习班于今年9月份结束，讲习班专门邀请了法国著名汉学家汪德迈（Léon Vandermeersch）教授，他最重要的成果是从甲骨文和占卜学探析中国文字和语言的起源和特点。西方的文字是从声音开始的，中国文字是从字形开始的，中西方文字的起源很不一样，由此带来一系列思想方法和研究路径很不相同。此外，我们计划出版一套丛书，把已经有的东西归纳、提炼出来，争取在全国范围内扩大跨文化研究的影响力。最后，我自己也在撰写一本书，名字大概叫《跨文化对话和方法论初探》，主要是讲讲什么是跨文化，有哪些方法论的问题，有些想法还不成熟，目前只是开始探索。

邹：从本科教学的层面上讲，大多数比较文学教材并没有开辟专门的章节，系统论述跨文化研究方法论，教师在谈到这个话题时，往往会引证"互为主体、平等交流、互相照亮"等原则，但此类描述显然形而上的色彩过浓，学生接受起来相当困难。有没有一些可以具体操作的跨文化研究方法？

乐：我举个例子：汪德迈教授在这次讲习班的演讲很有意思，他从字形、文字学、《说文解字》讲起，具体到讲每一个汉字的结构。比如汉语的太阳对应的字形是"日"，一个太阳，中间一个点，很形象，便于理解，西方没有这种问题，英语中的太阳是 sun，就是字音，由几个字母拼起来的，很不一样。跨文化研究学者的任务，就是要阐明中西文化是如何在接触中互相理解、互相汲取的。我们可以从甲骨文开始研究中国汉字字形的演变，这种字形学在什么地方可以和西方的语言学交叉，这样问题就很具体了。

邹：这对研究者自身的学术素养要求非常高。

乐：这个领域很有前景，毕竟刚刚开始，大家的水平都很一般，可挖掘的空间较大。讲习班还请了金丝燕，她主要关注现代诗歌，研究为什么在20世纪30年代，法国一些诗人在中国很被重视，而法国国内最有名的诗人反而没有受到中国重视，甚至没有介绍。这说明文化间的互动是有选择性的，本国认为很好，不一定在另一个国家也能得到很高评价，这就是一种文化互动。

邹：文化互动的效果与历史语境有关，一些在本国/民族文学史上籍籍无名的作家，却远渡重洋，在别的国家产生了巨大影响，比如爱尔兰女作家伏尼契（Ethel Lilian Voynich），她在英语文学史上名不见经传，但她的小说《牛虻》一度在中国产生了与《钢铁是怎样炼成的》相提并论的影响力，其中的意识形态因素占据主导作用。我还想到一个例子：德语文学中的卡夫卡在中国影响很大，被认为是表现主义文学的代表作家，相比之下，托马斯·曼在中国的影响就小得多，其实在德语文学界，他的成就可能比卡夫卡更大。

乐：其中还有很多原因，卡夫卡与中国的关系比托马斯·曼更深，这是文化互动的一个案例。

邹：您率先在北京大学成立比较文学研究所，组建了一支特色鲜明、实力强劲的学科队伍，当时是怎么挖掘人才、凝聚队伍的呢？

乐：刚开始做的确很辛苦。20世纪30年代，有人提比较文学，但没有引起太多注意。我当初提出要发展比较文学的时候，受到了很多攻击，有人说我中国文学不是很好，外国文学也不地道，所以才投机取巧做比较文学。当时如果想在北京大学中文系成立比较文学研究机构，可能性几乎为零，我们遭遇的抵制很大，相对于古典文学、现代文学等其他中文系学科来说，比较文学非常边缘，现在依旧是边缘学科。因而在中文系很难聚集一批人来做。走不通就绕个弯，想想别的路径，为了成立比较文学研究机构，我去了刚刚成立的深圳大学，兼任深圳大学中文系主任，在那里待了好几年。当时条件很艰苦，连校舍都没有，天天下雨，我们就在泥浆里跑。不过深圳也有优势，它一面和香港毗邻，另一面和台湾接近，港台的比较文学很早就发展起来了，台湾大学已经开设了比较文学专业的博士班。由于地理位置靠近，深圳大学和港台的文化交流比较便捷，港台的比较文学学者借给我们很多书，我们又请他们来讲课，争取他们的外援，就这样，我先从深圳大学发展比较文学，后来再"打"回北京，也算是一种"曲线救国"的办法吧（笑）！当时大家觉得台湾、香港和深圳的比较文学研究已经连成一片，颇有气候了，于是教育部下发了正式文件，批准成立北京大学比较文学研究所。

邹：机构建立起来了，人才队伍又是如何凝聚起来的呢？

乐：关于人才队伍建设，主要有这样几种方式：首先，学术交流十分活跃，我们经常邀请香港、台湾的学者前来为研究生授课，当时研究生教育还不盛行，只能招几个，因而培养计划也只能是一点点做起来。其次，依托学术会议也是重要的方法。为了使大家尽快关注并且重视比较文学，我们策划并举办了中美比较文学双边会议，钱锺书是中方主持人，刘若愚代表美国学界发表演讲，还有很多知名学者踊跃参加，比如从国外回来的赵毅衡，他们对这次会议的成功召开起到了重要作用。这样就把一批人聚集起来了。第二次中美比较文学双边会议在美国召开，孟而康（Earl Miner）主持会议，会议地点经历了印第安纳、洛杉矶等城市，无论是在美国的东部、中部还是西部，都有大学出面热诚接待，这样就打开了局面，认识了很多学者，国外学者也逐渐了解到我们在做什么工作了，王佐良、杨周翰等前辈学者为此付出了大量心血，他们精湛的学问、令人钦佩的品格赢得了国外学界的高度赞赏，极大地提高了中国比较文学的国际知名度。最后，我们创办了几本专业刊物，最先是《中国比较文学》，这个刊物由上海外国语学院具体负责，此外，北京和南京合作的《跨文化对话》也起到了显著作用。

邹：听起来这是个庞大的计划，您将中国比较文学的发展当成一项神圣的事业来对待，令人由衷地敬佩。

乐：不是我一个人，是我们整个团队！我们培养出的一批人才，比如现任北大中文系主任陈跃红教授，北京大学比较文学研究所所长张辉等都非常优秀，并且从不计较个人得失，都是全力以赴。

邹：当时还从海外引进了一些年轻学者，比如张京媛老师，她主持编译的《女性主义诗学》《新历史主义》《后殖民主义》等读本，都是相关领域的入门必读书目。可惜张老师后来离开了北京大学比较文学研究所。

乐：她后来去了美国，现在学画画。她在那个阶段非常努力，将重要的理论文献都译介过来了。

邹：还有严绍璗老师，他原本是做文献学的。

乐：严老师的研究专长表现在中日文化关系领域，这本身就是比较文学。多数情况下，我们谈论比较文学基本上说的是中西文学关系，对东方文学疏于关注，这恰恰是值得我们高度关注的课题。

邹：戴锦华老师是电影研究、女性主义文学批评、文化研究等领域的著名学者，戴老师最初在北京电影学院任教，从事的学科领域和比较文学也有一定的距离，但您打破学科壁垒，坚持将戴老师调至北大比较文学所，如今看来真是一个极其明智的决定。您当时是怎么考虑的？

乐：戴老师非常有才气，口才好，对学术充满热情。我和她交流过，希望可以将电影纳入比较文学领域，比如中外电影比较，这本身也是十分有价值的课题。我请戴老师到北大兼课，她做的电影史与电影文化研究专题讲演深受学生欢迎。现在戴老师是国际上知名的学者了，我特别欣赏她思考电影和大众传媒的方式，不是沉迷于媒介本身，而是将论题放置到宏大的社会、历史、文化的语境中加以考察，具有强大的思想穿透力。

邹：作为一名在新疆高校工作的比较文学学者，我特别关注国家近期提倡的"一带一路"重大倡议，在这样的背景下，我预感到中国在政治、国际关系、文化等多个方面可能面临中心和边缘的再置，也就是说，过去人们容易形成有关新疆的偏远落后的刻板印象，现在国家有意识地将传统意义上的边缘地带凸显出来，且其似乎有成为中心的趋势，形成一种位置的反转。您如何看待这个问题？

乐：我觉得现在是一个多中心的状态。中心不是始终不变的，也不能说边缘变成中心，在不同时期有不同的中心。现在处在多元文化的发展时期，不可能像以前那样有着相对固定的边缘和中心，各种思想观念都面临转型，那种二元对立的、本质主义的思维方式需要被消解。

邹："一带一路"倡议将中亚的地缘政治位置凸显出来了，但是对中国比较文学而言，中亚和西亚的声音仍然太过微弱。

乐：确实如此，发展的进度非常慢，但现在已经有人重视了，比如北京外国语大学成立了"一带一路"研究院，他们投入大量精力，培养精通波斯语、阿拉伯语的专业人才，当然这需要很长一段时间才能形成气候。新疆刚好处在"一带一路"的核心位置，在新疆开展比较文学研究将大有前景。

邹：您能否给我们提供一些建设性的思路？比如怎样将中亚文学研究与新疆多民族文学关系研究结合起来？

乐：我非常关注新疆的发展，但我对新疆的历史和文化并不是很熟悉，这些路径需要你们自己去摸索，摸索的过程本身就是一种宝贵财富。我们《跨文化对话》杂志愿意提供平台，以专题的方式推出新疆高校比较文学学者尤其是少数民族学者的研究成果，让内地学界及时了解到边疆的学术动态，构建一种跨地域的良性互动。

邹：谢谢乐老师，您的鼓励和支持是我们前进的最大动力。

从网络文艺批评到文化创意产业[*]

——访欧阳友权教授

◉ 欧阳友权　邹　赞

【名家档案】欧阳友权，中南大学文学院教授、博士生导师，中南大学中国文化品牌研究中心主任，我国第一个文化产业博士生导师，国家教学名师，享受国务院政府特殊津贴。兼任澳门文化产业研究所所长、湖南省作家协会副主席。荣获第四届鲁迅文学奖、全国宝钢优秀教师奖等重要奖项。主要从事马克思主义文艺理论、网络文学和文化创意产业研究，先后主持国家社科基金重大项目、重点项目和一般项目4项，开创了网络文学和文化品牌研究两个新的学术领域，并为这两个研究团队的领军人物，代表性论著包括《网络文学论纲》《网络文学概论》《网络文学本体论》《网络文学的学理形态》《数字化语境中的文艺学》《网络文学发展史》《比特世界的诗学》《数字媒介下的文艺转型》《网络传播与社会文化》等。主编大学教材12部，出版译著2部，主编"文学精品赏析丛书"（一套4本）、"网络文学教授论丛"（一套5本）、"文艺学前沿丛书"（一套5本）、"网络文学新视野丛书"（一套6本）、"新媒体文学丛书"（一套6本），主编《中国文化品牌年度报告》6部（2006年起每年1部）等。

邹赞（以下简称"邹"）：欧阳老师您好，非常感谢您接受本次专访！请您简单谈一下您的求学经历。

欧阳友权（以下简称"欧阳"）：我们这一代人求学经历很特殊，是在"文革"前读的小学，中学时候赶上"文化大革命"，基本上没有学到什么东西。那时参加的劳动比较多，高中毕业就下乡当知青。我当时十六七

本文原载《社会科学家》2018年第10期。

岁，在"农业学大寨"三治工地干了一个多月挖土、推土的体力活，后来就被抽调到指挥部从事宣传工作，主要负责办墙报，喊劳动号子，在农村这就相当于一个小秀才（笑）。后来我到当地小学当老师，因为当时学生数量少，一个教室坐三个年级的学生，一个年级才十来个学生，由于没有那么多老师，只能合班上课，叫复式班。一般都是先让这个年级写作业，另一个年级默读课文，最后一个年级上课，然后再倒过来。我后来又去中学教了三年书，刚好赶上1977年恢复高考，那时候高考竞争非常激烈，由于我长期从事教师职业，拥有更多读书写作的机会，所以在高考中脱颖而出。

大学阶段，我们年级70多人中有好几个是已婚的，还有为人父母的。大家对这种来之不易的读书机会都很珍惜，就像海绵吸水一样，争分夺秒想把自己曾经荒废的功课重新补回来，每天都废寝忘食阅读世界文学名著。后来继续到武汉大学攻读硕士学位，在武大读研的三年间，我要求自己每天读书不少于三百页，而且读的基本上是理论书，比如康德的《判断力批判》等。同时尝试为《长江日报》等报刊撰写理论文章和热门小说评论。20世纪80年代是文学十分活跃的时代，改革开放刚刚开始，形形色色的西方理论流派纷纷涌进中国，推动了文艺美学研究热潮，文学受到全社会高度关注。我研究生毕业后被分配到一所高校从事文艺理论教学科研工作，后来因机缘巧合调到中南工业大学，有幸成为该校首批引进的文科高层次人才。中南工业大学是中南大学的前身，直属教育部，工科理科办学历史悠久，基础雄厚，文科相对薄弱。我去的时候，该校中文教研室仅有5名专职教师，主要从事大学语文教学，所以要创办中文系相当于从零开始。我们花了两年时间申请汉语言文学本科专业，都没有成功，后来"曲线救国"，挂靠思政专业招收文秘方向本科生，直到1997年我们才成功获批办中文本科。

邹：您是中南大学中文系以及后来文学院的创始人，您成名以后到四川大学攻读博士学位，当时是怎么考虑的？

欧阳：我是评上教授以后再读博的。1998年我们办成本科，2000年我们拿到两个文学硕士点。那时候教育部提倡高校教师博士化工程，积极鼓励高校教师攻读博士学位。我们这个新专业刚创办的时候只有十七八个人，而且是三校合并，合并以后规模变得很大，中文系教师数量也相应增加，但学历层次不够，博士化程度亟须提升。所以我就带头读博士，凭着这么多年的学术积累，顺利考取四川大学，师从冯宪光教授攻读文艺学专业。

邹：如果对您的学术研究作一个谱系学梳理，能够很清晰地发现其中的几个段落：刚开始是文艺学基础理论，接着是湖湘文学，兼及对文艺理论热点问题的关注，读博期间转向西方马克思主义文论，到了90年代中后期，尤其是21世纪之初，开始聚焦网络文艺与文化产业，促成这些转向的契机是什么？

欧阳：我的学术研究转向与自己的人生经历、所在单位的变动，包括社会历史情境的变迁都有关系。我最初是教文艺理论的，研究生阶段攻读文艺学，所以在20世纪90年代前发表的文章以文艺学、美学方向居多。我的硕士学位论文是《文学创作本体论》，当时写了18万字，经修订后整理成24万字的专著公开出版，成为我的第一部专著《文学创作本体论》。

我后来转到新媒体与网络文学领域，与我们所在学科要寻找新的学术增长点有关。90年代后期，中国刚刚进入互联网时代，我算是咱们国家第一批网民了（笑）。我是文学专业出身的，无论做文艺理论还是美学研究，都比较注重从学术根源上思考问题。网络文学一出现，我就发现网络上还有这么有意思的小说，2000年专门花三个月时间做了一个网络文学调研，撰写一份题为《互联网上的文学风景——我国网络文学现状调查与走势分析》的调研报告。这篇报告发表之后，就被多次转载，引起了较大反响，这坚定了我继续研究的信心。作为一个新兴学科的带头人，我冥思苦想要寻找新的学术增长点，我的策略就是差异化发展、错位式经营，人无我有，人有我强，人强我特，人特我绝，带领文学院走特色发展之路。

邹：您这关于学科发展的"十六字"口诀非常精辟，与我们在边疆多民族地区发展中文专业的基本思路不谋而合。学科建设要走特色发展之路，这种"特色"不是要脱离主流，而是要在坚守主流导向的基础上，结合地域特殊实际，充分发挥学科为地方经济文化服务的职能，重视冷门绝学建设，形成若干特色鲜明的亮点。

欧阳：是的。如果研究《诗经》、《楚辞》、唐诗宋词、《红楼梦》，我肯定比不上很多学者，也不愿意去重复别人已经取得的成果，所以尝试寻找一个新的增长点。当时涉猎网络文学研究确实存在风险，毕竟在大多数学者看来，网络上的文字充斥着各种文化垃圾，门槛很低，质量令人忧虑，这样的东西值得去研究吗？所以很多友人劝阻我不要标新立异，不要率先去吃这个"螃蟹"。随着网络文学的不断兴盛，我们这个学术增长点也不断坚持，并且取得了令人瞩目的成果。从2003年我们主编第一套丛书开始，现在已经十多年了，我们一路走来，凝聚起一个很有活力的团队，大家的专业背景涉及古代文学、现当代文学、文艺学、语言学，还有从理工科跨专业报考的研究生，大家都对网络文化感兴趣，愿意沉下心来研究网络文学。

邹：网络文学是中国当代文学整体版图里一个重要的分支，或者说（亚）文类，在文学消费中占据十分重要的位置。不管人们愿不愿意承认网络文学的价值，它都是客观存在的，并且融入大众的日常生活经验，参与社会文化转型的整体进程。您刚才提到之所以转向网络文学，一个重要动因就是寻找学科增长点，除此以外，这种选择跟整个中国文艺理论界的思想论争，比如说80年代方法论热，90年代初的人文精神大讨论，有没有直接关联呢？

欧阳：有密切的关系。80年代中国出现方法论热的时候，文艺理论界对信息论、系统论、控制论充满热情，一时间新批评、结构主义、后结构主义等西方文论思潮涌入。新方法热时我也写过这些方面的文章，当时刚走出"文革"，整个文学发生了巨大变化，文学界与西方的理论不断接轨。90年代正值改革开放，以经济建设为中心，文学呈现出一个下滑的趋势，到90年代中期文学就处于低谷了，在大学招生中以第一志愿报考中文系的人数明显减少。

这时候互联网走进了中国，在这样的语境下文学开始发生新的变化。我做的研究基本上是关于这方面的。我们不仅仅是研究网络文学本身，还研究它带给文艺理论的变化，带给整个中国文学转型和转向的价值。后来我还做了网络文学文献数据库，广泛搜集资料，将自网络文学出现以来所有的文献资料基本都搜集齐全了，建成了一个巨大的资料库，也出了好几本书，有网络文学词典、网络文学编年史、网络文学研究成果集成等。网络文学是在适应新的传媒语境的情况下产生的，同时也和社会经济发展息息相关，当然与学科专业的内在变化也有关系。

邹：这种对网络文学的关注事实上是一个双向建构的过程，一方面可能是尝试采用当代文化理论来阐释新的文学形态，另一方面又关注网络文学这种文学形态对文学理论自身发展有着什么样的意义。当代文化理论有一条非常清晰的脉络，那就是关于大众文化、媒介文化与消费文化的讨论，其理论资源可以追溯到若干脉络，比如德国法兰克福学派的"文化工业论"，英国伯明翰学派的文化研究，法国后结构主义的日常生活诗学，美国传播政治经济学派，等等。

欧阳：我读博士的时候读的第一本书就是特里·伊格尔顿的《审美意识形态》。这本书其实就是对西方美学史的描述，包括媒介变迁对于社会语境的影响。那是十几年前的事情，网络文学刚刚兴起，伊格尔顿等人的文学理论，尤其是观照社会文化现象的方法论对我的思考和研究产生了深刻的影响。但我不是简单套用，而尝试用这种方法来阐释网络文学现象，探询这种文艺现象得以产生的社会历史动因；同时又把整个研究对象放置到当代中国文化变迁和文学理论变迁的整体语境当中加以思考。这样就会显出理论的落地程度和阐释效应，非常有意思。

邹：这是一种相当自觉的网络文学研究路径。我的另一个问题是：从方法论的意义上说，网络文学批评与传统的纸媒文学批评之间最显著的差异是什么？

欧阳：首先是阅读方式不同，网络文学需要依靠网络进行传播，粉丝通过网络去跟读，这与传统纸媒文学的接受路径是不一样的。其次是网络文学的阅读量很大，因为网络作品以类型小说为主，而类型小说的篇幅都很长，三五百万字的作品比比皆是，最近五六年来，类型小说快速发展，覆盖了各个网络，几乎替代了所有其他网络文学样式。网络文学的特殊形态、高度产业化和市场化使传统文学的整个路数都改变了。我们国家有针对网络文学的评价体系，当然要继续坚持传统文学的标准，比如说思想性、艺术性，对真、善、美的表达和弘扬，这些都不能抛弃。因为文学毕竟还是文学，虽然传播媒介发生改变了，但文学作为人文科学的特点，它所具有的审美属性和人文精神必须得以保留。但是网络文学又表现出显著的差异性，比如说它更注重市场，更注重读者。读者就是网络作家的衣食父母，没有读者点击阅读，网络文学必定消失殆尽。因为有读者阅读和参与互动，网络文学就显现出生机和活力。比较而言，网络文学彰显以读者为中心，传统文学以作家的创作为中心，这方面的差异是非常明显的。另外一个区别就是媒介不同，网络文学是网络性文体，媒介并非我们所理解的只是一个传播工具那么简单，就像麦克卢汉所言"媒介是人体的延伸""媒介即讯息"，媒介常常作为反映社会历史变迁的晴雨表，评判日常生活的重要尺度，它给文学带来的影响是全方位的，比方说文学的功能、文学的表现对象、怎么写、谁来写等问题。网络文学是没有门槛的，谁都可以写，任何人都可以当作家，那么生产出来的东西自然就会与传统文学有很大差别。我们既要找到二者之间的差别，又要发掘出网络文学与传统文学的连接点，把那些对传统文学有用的评价尺度与网络文学批评结合起来，通过对比分析，做出自己的价值判断。只有这样，才能更深入地切入研究对象，才能让行业人士觉得你的论述是言之有理、持之有据的，进而让这些理论观点被传统文学批评的学院派理论家所接受。

邹：一般认为，网络文学提供了一个特定空间，更利于张扬所谓民间话语权，比如现在很热门的口述历史，就是一种共享话语权的有效尝试，但也有学者担忧网络文学的门槛太低，各种各样的言说都有可能在此汇聚，容易对主流意识形态造成不同程度的消解，您是怎么看待这个问题的呢？

欧阳：这种情况是客观存在的。网络文学当中的亚文化现象相当普遍，因为它是一个青春化的、大众化的、世俗化的东西。在网络文学圈层内部，经典的、崇高的内容往往不被推崇，而世俗的、休闲的、娱乐的、搞笑的、调侃的、恶搞的东西往往非常有市场，这会带来意识形态和价值观念的一些变化。这种现象还是要靠引导，另外也要靠自律，或者依靠市场力量促成优胜劣汰。我们应该看到：这些年网络文学自身净化能力还是比较强的，也涌现出一批质量上乘的作品，只是网络文学浩如烟海，更新速度太快，有一些我们没有发现而已。

现在我国有文学网民超过4亿人，他们有意或无意地点击阅读网络文学。我常常应邀参加各种网络文学评选，送到我们手上的东西都是经过多轮筛选的。我读到过一些特别好的作品，比如《赘婿》，客观地讲这些作品写得相当精彩，语言精雕细琢，故事构架也很合理。当然网络是一个鱼龙混杂的空间，也有一些思想内容和艺术成就都不达标的东西，对此我们政府采取了许多行之有效的办法，网络有非常强的检索功能，一旦发现了问题，就会自动屏蔽一些文字和图片，这些内容在网络上显示不出来。此外，各大网站也会有强大的自我约束能力，如果发现有不健康、不符合要求的内容进入，它很快就会报警，相关信息和网站就会被查封，国家广播电视总局委托我们做过这样的网站评价和网络舆情检测评估项目，现在网络上各种充斥封建迷信和血腥暴力的内容已经大为减少。所以说网络本身就有很强的净化功能，它自身也在不断地提升水平。通过采取"剑网行动""净网行动"后，网络上盗版侵权、抄袭的现象已经改变了许多。

邹：我觉得现在的网络文学发展势头迅猛，尤其是在影视改编的推动下涌现出一批批网络写手，形成当代文学书写地形图中一个极具症候性的特殊群落，这在武侠写作尤其是以步非烟为代表的新派武侠写手、玄幻和科幻写作中表现得尤为突出。近年来，随着《后宫甄嬛传》《琅琊榜》等改编自网络文学的影视剧热销，网络文学与影视作品之间的互动关联成为学界讨论的热点话题。刚刚您也提到现在网络具备自身的净化功能，它所扮演的"守门人"角色，可能比传统纸质媒介更及时，处理问题更彻底、更透彻。但是从传统的文学史角度来讲，精英主义的文学史观目前仍然占据主导地位，关于"大众文学"的价值定位问题仍然处在讨论当中。我个人认为网络文学应该在现当代文学史当中占据一个很重要的篇幅，您怎么看待这个问题？

欧阳：网络文学应该入史，并且已经入史了。我自己写过"网络文学发展史""网络文学批评史"，也写过"网络文学编年史"，专门发表过有关网络文学入史问题的论文，这些文章散见于《文学评论》等期刊。网络文学的勃兴是历史发展的必然，不论你承认不承认，认可不认可，它都在那里。所以入史是一个必然现象，而且它是当代文学中最具活力的一部分，是我们社会主义文艺的有机组成部分。不管你怎么看待它，怎么评价它，它都是客观存在的事实。并且它的阵地在不断壮大，有一个说法叫"三分天下"。我们可以把当代文学划分为三个部分：第一个部分是精英文学或者叫纯文学，此类作品主要在《人民文学》《诗刊》《收获》《当代》等文学期刊上发表，它们代表某个时期文学发展的最高成就；第二个部分是图书出版的市场文学，它是面向大众的，主要以市场销售为区隔界限；第三个部分就是网络文学，三分天下，一家独大。通过这些年的发展，精英文学阵地不断在萎缩，市场文学占据越发重要的份额，但畅销书当中有相当一部分来自网络。现在我国每年出版小说4000部左右，数量庞大，其中2/3的畅销小说是网络小说，比如说《诛仙》之类的作品，动辄发行几十万、上百万册，传统文学没有办法达到这个数量。网络文学的"一家独大"既是大势所趋，也是媒介形态发展的必然。

互联网是一个宏媒体和元媒体，未来的世界是互联网的天下。平面媒体在减少、弱化和淡化，阵地在萎缩。新媒体阵地在不断延伸和扩展，这是发展的大趋势。那么将来文学会走向何处呢？传统文学和网络文学最后将交汇融合，文学依靠媒体进行传播，而媒体都是通过网络来发布的，纸媒在未来会慢慢退出历史，或许只有在博物馆、图书馆里才能看到，或者它的阵地变得微乎其微。

我认为网络文学的发展空间很大，谁也无法阻挡这股历史趋势和潮流。网络文学在中国的勃兴，既有特定的社会历史语境，也是文学生产和文学消费自身的发展规律使然。我们曾经对欧盟、北美、南亚、日韩四个世界板块的网络文学做过普查，尝试深入厘清网络文学的生产机制、传播模式与接受现状。你刚才提到影视尤其是动漫和网络文学之间的接轨，它的上流的源头来自网络小说，比如说《后宫甄嬛传》《失恋33天》《琅琊榜》《伪装者》《芈月传》《三生三世十里桃花》，很多热门影视作品改编自网络小说。为什么会这样？因为网络小说是一个故事的海洋，中国现在大众市场需求量很大，我们缺少好的编剧，网络上有很多好故事，这些好的故事成本并不高，文化生产机构购买版权，并将它们改编成影视作品，但是要取得成功，尚需另一个重要的前提，即它们作为故事存在的时候已经拥有大量粉丝，这些拥趸是后来票房和收视率的基本保障。通常而言，一部作品在网络上走红以后，改编成影视剧也会火起来，这是文化资本运作的秘密所在。恰恰事实证明是这样，2015年是IP元年，IP就是我们所说的知识产权，大家都看好网络小说，不仅让网络小说得到了更好的传播，刺激了网络小说的创作，同时也带火了大众娱乐市场，整体上带动了5000亿元左右的文化市场。网络文学本身一年市场价值为100多亿元，而它带动市场是5000多亿元，为什么？因为游戏市场非常广阔，舞台演艺、音乐、动漫、电影电视还有网络大电影，这些产品的受众非常广泛，随便一个门类就有好几亿受众，中国人口基数大，这样一来网络文学作品在跨界改编中得到传播，扩大了影响。

总体上说，网络文学在我们生活的社会中扮演的角色已经超出文学本身的范围了，它所起到的实际作用非常大，影响深远。这种现象只有中国有，很奇怪，欧美国家尽管具有发达的互联网技术，但是没有形成网络文学这种现象，比较而论，这和中国的国情是有很大关系的。

邹：您刚才对中国网络文学的整体描述，可以说做了麦克卢汉式寓言（笑），我认为很有道理。您对网络文艺的整体认知判断，事实上相当清晰地衍生出一条关于网络文艺批评的脉络，或者说一个关于网络文学、网络诗学的初步的话语体系。如果说网络文学是现当代文学的组成部分，那么网络诗学也应该成为文艺批评的重要分支，有没有考虑过编撰《网络诗学》或《网络文艺关键词》之类的著作？

欧阳：我刚刚出版了一本相似主题的书，名字叫《网络文艺学探析》，尝试探索网络文艺批评的基本框架，对这方面的研究刚刚起步，谈不上构建网络诗学。你的观察非常敏锐，建立网络文艺学的基础理论，这是大势所趋，但这项浩大的工程可能不是我们这一代人可以完成的，我们作为这方面的开拓者，尝试做一些初步思考。我指导的研究生当中，很多选择网络文艺学做博士论文，他们可能就是后继者，慢慢把这个学科建立起来，把框架搭建起来。网络文艺学是一个不断摸索、不断得到验证的过程；不是说你一个人、一篇文章、一本书就能建立起来的。我这本书出版的时候，有人建议将标题中的"探析"去掉，认为直接取名为《网络文艺学》更容易产生影响力，但我自己坚持认为加上"探析"两个字显得更加客观，我们目前还没有能力建构起一套成熟的网络文艺批评话语，只是探索一种可能性，尝试建立一种网络文学的基本框架，把它引进学术，引进高校学科体制当中。

邹：您是国内最先关注并且持续研究网络文学的学者，通过撰写理论文章，编写教材、年度报告，筹办学术会议，成立相关学术组织，建立特色数据库等方式，积累了大量网络文学研究的实践经验，您觉得网络文学批评对于推动中国当代文艺学的发展进程有着什么样的意义？

欧阳：意义非常重大。传统文艺学的发展事实上也面临着不同程度的挑战，可以说是走在十字路口上，它由三股力量构成。第一股力量就是中国传统的文学理论，从"诗言志"开始，到《文心雕龙》《人间词话》，一直到 20 世纪现当代文学思潮。中华文化历史悠久，积淀深厚，中国古代文论就是建立在中华文化的沃土之上，可谓博大精深。第二股力量是西方文论尤其是 20 世纪西方文论，改革开放以来，随着对西方文论话语的传播与接受，为中国现当代文艺理论注入了新鲜活力。第三股力量就是马列文论，马列文论是社会主义文艺的根本指导思想。我们的现当代文艺思潮以马列文论为根本指导，以中国古代文论为基础，积极借鉴和吸收现当代西方文论的有益成果，形成了这样一个基本格局。

但同时也面临一系列挑战：中国古代文论面临现代转换问题，西方文论面临水土不服的问题，马列文论面临的是一个理论联系实际、切合中国特色的国情问题，这三股力量交汇赶上了中国改革开放，遭遇媒介急剧变迁，许多原先不存在或者未曾显露的问题开始慢慢浮现。我比较关注文艺理论前沿问题，发现文艺学界讨论的很多问题正处在瓶颈状态，想要突破非常困难。在这种需要寻找突破口的时候，我们恰恰可以让新兴形态的网络文艺介入，从中寻找一个新的发展路径，拓展出新的发展空间。通过探讨新的学术问题，让我们的文学理论结合中国社会发展实际，结合中国文学实际，也结合媒介变迁的实际。理论的变化需要依赖现实的回应，我们阐释网络文艺，并在阐释的过程中逐步总结规律，思考适合网络媒介的文艺批评话语，一方面帮助受众更好地理解网络文艺，另一方面也开始尝试探询网络文艺批评话语和模式。网络文艺批评目前刚刚起步，只要坚持深入研究下去，就一定能在不同层面推动中国当代文艺批评的发展。

邹：我们姑且称之为"网络文艺学"吧，它的核心要素还应当包括对技术层面的要求，这既是"网络文艺学"得以产生的前提，也是它区别于传统文艺学的显著特征。"网络文艺学"首先会对当前文艺学自身的一些前沿理论问题作出应答和回应；此外，会对技术变革、大数据时代的新的变化非常敏感。比如说,我们现在用来指称当下的时代,既有从媒介变迁维度的有关"赛博空间"的描述,也有从政治经济层面的所谓全球后冷战时代的描述。基于此,您觉得网络文艺批评对世界政治经济格局的关注和回应,跟传统文艺学研究有没有区别?

欧阳:应当说比传统文艺学更密切,因为互联网是一个没有时空界限的特定场域,我们在中国发表一篇文章,身处美国、欧洲的朋友马上就能看到,互联网上发表的任何作品与跟帖,能够即时产生全球性传播效应,从某种意义上说互联网颠覆了传统国界的概念,它也把学术上的壁垒给打破了。因此,研究互联网时代的文学艺术需要具备世界性的眼光,人类的眼光不应只满足于看到自己眼前的小问题、小领域,而是要树立鲜明的全球意识,同步了解世界上其他地方发生的变化,产生的新思潮和新观念,并且及时吸纳进来,网络文艺批评尤其需要有这种视野和心态。

邹:除了在网络文艺批评领域作出的拓荒性贡献,您也是中国内地最早开始从事文化产业研究,或者说从文艺学转向文化产业的学者之一。回溯您的求学经历,不难发现西方马克思主义文艺理论占据相当重要的地位,具体而论,西方马克思主义的法兰克福学派高度重视文化问题,该学派代表人物阿多诺和霍克海默在《启蒙辩证法》中提出了"文化工业"概念,对"文化工业"的社会生产、存在形态与接受效果做了较为清晰的阐述,这也成为文化产业理论的重要一脉,甚至可以说是 20 世纪 80 年代到90 年代中期对当代中国大众文化批评产生过较深远影响的文化理论流派。您对文化产业的看法和法兰克福学派有没有直接关联?

欧阳:有一定的关系,但是在批判的意义上。我们那时候系统学习法兰克福学派文化理论,他们对大众文化(mass culture)持否定和批判态度,认为大众文化被商业化以后,可能很多传统的东西被丢掉了。我之所以转到文化产业上来,与我所处的学科和自身经历有关,那时候中南工业大学刚刚创办中文系,1998 年成立文法学院,我任副院长兼中文系主任,2002 年挂牌成立文学院,我担任院长和学科带头人,当时我已经拿到国家社科基金和教育部项目,也发表了一批理论文章。我们学校的校长是院士、材料学研究专家,他对我说:"你争取把这个新学科做起来,你可以找一个方向,我们学校有博士点,你寻找一个合适的专业带带博士,为你们这个学科将来申请博士授权点打好基础。"我连忙向校长请教："哪个学科比较合适?"他说："我们管理学不错啊,你来管理学开个方向嘛。"我说："我想想再答复。"后来研究生招生办主任又找到我商量此事。我当时就想,我对文学、文化感兴趣,如果要和经济学、管理学建立起联系,文化产业大概是可行的方向。当时学界对文化产业还很陌生,全国都很少使用这个概念,传媒研究中几乎见不到这种概念。我们国家的文化产业应该是在 2004 年、2005 年以后才开始进入中央文件、进入主流媒体,基于这样的机缘,我就把文化产业放在管理学学科博士点招生,最早是管理科学工程专业,后来有了工商管理博士点,文化产业又转移到工商管理专业。我们的文化产业博士招生 2001 年进入招生简章,2002 年博士生进校,我也就成为我国第一个文化产业博导。这个博士专业方向的招生情况非常火爆,每年有三十多个人报考,只能招一两个。

因为在文化产业方向招收博士生,我开始补充这方面的知识,选择性地阅读了一些外国文化产业理论书籍,系统涉猎了美国、英国、日本和韩国的"文化产业发展史",搜集了大量文化产业经典个案,并且从这些个案中总结规律。就这样,我一边忙于网络文学,一边做文化产业。文化产业与传统的文学研究区别很大,它的基础原理不是很多,没有高难度的理论,主要和文化政策、社会需求密切相关。文化产业的一个重要职能就是发挥智库作用,于是我们和政府部门合作,成立文化品牌中心。当时我就想文化产业也是个大箩筐,领域十分宽泛,涉及传媒产业、文化遗产等诸多领域,可以说,凡是和文化相关的产业、经济都跟它有关。我不能面面俱到,必须聚焦一个点来做,于是选择了文化品牌,因为品牌是抓手,只有构成品牌的产业才是一个有市场的产业,它才能被广大消费者所接受。2004 年我们在中南大学正式成立中国文化品牌研究中心,机构成立后,当年就开始做文化品牌研究,每年发布一个文化品牌研究报告。十几年下来,我们的研究成果获得了广泛的社会声誉,许多企业和政府机构主动找到我们寻求合作。我们每年要从全国众多文化行业中遴选出 30 个左右的品牌,其中一个关键问题就是如何把握评价标准。我决定迎难而上,由我们自己构建了一套健全的评价体系,通过编写蓝皮书系列,将这一套标准推广普及,成为业界共同认可的评价体系。我们每年 5 月中旬会在深圳文博会上发布年度品牌报告，先后多次接受央视采访报道。

在文化产业中，品牌是产业的组成部分，它要和项目直接相关，通过争取纵向基金与横向课题，我们以项目为依托，让学生在参与项目研究中真正得到锻炼。比如说品牌报告，每年都让研究生参与进来，教会他们先做市场调研，然后将调研素材归类提炼，按照要求形成文稿，经过反复修改后正式出版。通过这一套流程，学生都得到了锻炼。我们学生毕业以后，很多就到企业任职，都干得很好。

邹：文化品牌系列报告与文化产业理论研究不同，它侧重以一套业界比较认可的、科学规范的评价体系，从琳琅满目的行业品牌中选择优秀典型。您带领团队完成了大量有影响的文化品牌系列报告，能跟我们分享一个在您看来最为成功的品牌案例吗？

欧阳：我们参与推介的一个成功品牌就是长沙的红太阳演艺公司，由这家公司带动，形成了颇有特色的长沙歌厅文化。红太阳演艺公司最先在长沙从事夜间演艺活动，火热到什么程度呢？长沙建了一个规模很大的田汉大剧院，该演艺公司在田汉大剧院全年365天每天演出，且票价不菲，就这样都需要提前一周才能订到票，运作得非常成功。这家公司的老总邀请我们帮助策划，目标瞄准全国第一。我们给他做的品牌策划包括两个部分：一个部分是这家公司如何通过不断实现节目更新，让歌厅演艺长盛不衰；另一个部分是通过我们对品牌的推动，进一步扩大影响力。我们和中央电视台也经常合作，春晚也是我们推广的品牌。我们派人去央视实习，做调研，央视高度评价学生的实习效果，所以在深圳品牌发布会上专门派记者和专家到现场。我们做全国品牌推广，这个过程非常艰辛，要求我们必须拥有科学客观的评价体系，只有具备良好的公信力，同行专家才知道你推广的品牌能不能达到品牌的高度，具不具备影响力。你要是做得不准确、不到位，就没有这个口碑。在构建品牌评估体系的过程中，我们始终保持学术中立，经过五六年的艰难探索，才开始慢慢建立起一个中国文化品牌的评价体系。

需要指出的是，文化品牌的评价体系需要应对枝蔓繁杂的文化产品，比如说电视和电影不一样，文化旅游和互联网、广告也不一样，不同行业有不同的特点，所以如何采用一个模式、一个尺度来衡量不同行业的品牌，需要全方位、多角度地思考。

邹：文化产业是一个新兴学科，除了理论上的探讨，还需要学科建制方面的配套跟进，比方说培养方案制订、课程设置、教材设计等等。您在这方面有哪些有益的经验？

欧阳：首先是在2006年出版了一本《文化产业通论》，后来在此基础上修订为教材，名字叫《文化产业概论》，这本教材先后被列为"十一五""十二五"国家级规划教材，发行量很大，社会影响也不错。其次是在学科建设方面的改革，我们是第一个招收文化产业博士的，招收博士以后，又在文艺学专业设置文化产业硕士招生方向，后来成功申请到了文化产业自主招生硕士专业。

邹：据我的观察，市面上发行的文化产业教材不在少数，有的是从产业经济学和管理学角度编撰的，有的侧重文化理论与媒介研究，这可能跟编撰者本人的知识结构和关注兴趣不同有关。您编写的那本文化产业教材有哪些特色？

欧阳：该教材框架比较清晰，前面八章谈原理，其中有一章是谈文化产业发展史的，后面八章谈具体业态，即八个行业领域的文化产业。

邹：习近平总书记在系列重要讲话中提出"以人民为中心"的文艺思想，这也是我们从事文学批评的根本遵循，在文艺生产、文艺传播与文艺消费和接受的各个环节都要鲜明体现出"以人民为中心"的价值导向。在这样的语境下，文化产业如何体现出"以人民为中心"呢？

欧阳：以人民为中心，它是一个人文性质的问题，不是一个市场化、产业化的问题，对于文学艺术来说，它是一个指导思想；对文化产业来说，产业本身也是弘扬文化的表现；从弘扬文化的角度来说，它与"以人民为中心"是直接相关的；从发展产业的角度来说，产业也是为社会服务的，社会是由人民构成的，人民是创造历史的主体，因此文化产业也是以人民为中心的，两者之间一点都不矛盾。你把产业做好了，就是为社会主义市场经济服务，也是更好地为人民服务。文化产业这个学科对于高校来说尤其重要，现代大学要履行四大职能：人才培养、科学研究、社会服务和文化传承。文化产业恰恰对应了这些功能，它直接为社会提供服务，它必须走出校门，与政府部门和企业合作完成文化旅游策划、文化产业策划、文化园区策划、城市规划类的文化策划等任务。

邹：习近平总书记在讲话中多次提到要把红色资源利用好，把红色传统发扬好，把红色基因传承好。红色文化资源比较特殊，在精神引领和思想启航方面发挥着其他文化形态不可比拟的重要作用。红色文化资源需要不断进行发掘、保护与传承，其中一个重要的内容就是红色文化资源的产业开发，您认为有哪些可行的路径？

欧阳：关于红色文化研究，我认为首先要开展对红色文化本身的历史清理，比如口述实录，这些历史遗迹的清理、记录、保存，要尽可能做到真实完整、客观全面。另外，从产业角度来说，它关注红色文化的市场化转化问题，要传承和弘扬红色文化，最核心的内容就是要注入现代创意理念，打造特色旅游新模式。湖南在这方面表现十分突出，该省拥有非常深厚的红色文化基因，湖南省专门开辟了红色文化旅游线路，发出红色文化旅游专车、专列，加强对景点和景区的卫生监督。另外就是开发一些红色文化产品，开发产品要有很好的创意，通过与红色文化结合，做一些产品上的转换、体现，这也是各地通常采取的一种做法。红色文化要避免简化为一般意义上的政治宣言，更应当结合时代需要，倡导用喜闻乐见的方式去传播红色文化，以期取得更好的宣传效果。

邹：不能把自己拘囿于精英主义的小圈子，更要与大众的审美需求相结合，但也应当处理好商业属性与艺术属性之间的关系。

欧阳：对，红色旅游不要过度市场化、商业化，这样会让红色文化变了味道，纯粹成为旅游产业的助推器。毫无疑问，红色文化的思想价值和精神价值占据最主要的位置，必须高度警惕那种过度消费红色文化的不良现象。

邹：湖南、江西、贵州等省份红色文化资源非常丰富，但对于我们边疆多民族地区来说，我们的红色文化资源不仅具有清晰的历史事件渊源，而且表现形态和接受效果也呈现出某种意义上的边地意味，您如何看待这个问题？

欧阳：新疆地域辽阔，旅游资源丰富多彩，红色文化资源也非常丰富，如何将红色文化和地方的民族风情、时代特征、社会生活结合起来，走特色化、地域化、历史情境化的路子，彰显出边疆多民族地区红色文化的独一无二，我们需要在这方面多动脑筋，因为文化产业尤其是旅游产品必须避免同质化，要借助创意理念，将创意变成产品，让它在市场经济的大潮中寻找到真正属于自己的位置。

邹：关于红色文化的传承与保护，您有何看法？

欧阳：传承文化资源要借助一定的媒介。我们做红色文化旅游，看红色文化演艺，购买红色文化纪念品，这些产品，本身就是一种对红色文化的传承，这种传承要和大众的文化生活、大众的衣食住行、日常需求结合起来，这样一来就把这种文化生活化，或者说世俗化，它不再是一个高高在上的东西，而是一个贴近人民群众的、接地气的东西。我们要避免把红色文化做成一个灌输式的、公式化的、概念化的东西，那样往往效果不太好。它往往要通过一定的中介、一定的媒介来体现，不是诉诸观念，而是要把观念变成一种可视、可感、可听、可触、可用的东西，它才能传承下去，才能走向民间，走向老百姓。

邹：我们现在特别提倡把红色文化与中华优秀传统文化、社会主义生态文明建设三者结合起来，这是比较理想的路径，您怎么看待这三者之间的结合？

欧阳：这三者能结合是最好的。生态是大势所趋，不能破坏生态，传统文化是民族文化的根，红色文化本身也包含传统的因素在里面。生态是一个现代理念，我们在开发红色文化资源时，不能够破坏生态，要保护生态、爱护生态，将生态文明作为红线和底线，坚决避免因开发红色文化资源而对环境造成伤害，在这个过程中让传统文化得到传承和弘扬。我们弘扬的红色文化本身就是对中国优秀传统文化的传承，因为传统文化和红色文化两者之间的结合度是很高的，它们的基本精神是一致的，它们都强调真善美，倡导积极、健康、进步的价值理念。三者之间是协调一致的关系。

移动的边界：论旅游文化与旅游人类学[*]

——访彭兆荣教授

◉ 彭兆荣　邹　赞

【名家档案】彭兆荣，厦门大学人类学研究所所长，一级教授，博士生导师，国家社科基金重大招标项目"中国非物质文化遗产体系探索研究"首席专家。中华人民共和国参加联合国教科文组织（UNESCO）"非物质文化遗产遴选草案特别会议"中方专家组成员，联合国"人与生物圈"（MAB）中国国家委员会委员，巴黎大学（十大）讲座教授，伯克利加州大学（UC Berkeley）人类学系访问学者及项目合作教授。兼任四川美术学院中国艺术遗产研究中心主任、中国人类学学会副秘书长、艺术人类学研究会副会长、文学人类学研究会副会长。在国内率先倡导人类学与遗产研究、旅游人类学、饮食人类学、艺术遗产等新兴及应用学科领域的探索，出版《旅游人类学》《遗产：阐释与反思》《生生遗续 代代相承——中国非物质文化遗产体系研究》《中国艺术遗产论纲》《饮食人类学》等专著，主持翻译"社会文化与旅游人类学"译丛，主编"人类与遗产丛书"，在《中国社会科学》等期刊发表论文数百篇，产生了积极广泛的学术影响力。

邹赞（以下简称"邹"）：彭老师您好，几年前我们曾经就"文学人类学""旅游人类学"若干问题对您做过专访①，这次想重点请您谈谈旅游文化、旅游人类学前沿研究话题。党的十九大以来，国家出台了系列政策刺激旅游业发展，一时间智慧旅游、红色旅游、乡村旅游蓬勃兴起，在很

＊　本文原载《吉首大学学报》（社会科学版）2019 年第 3 期。
①　参见《从"文学人类学"到"旅游人类学"——厦门大学彭兆荣教授访谈》，《社会科学家》2013 年第 2 期。

大程度上重塑人们的日常生活与消费观念，旅游成为名副其实的朝阳产业。学界一般认为，旅游都是通过复制日常生活来提供一个个想象性的满足，即借助短暂的异地生活体验，完成一次次精神/心灵上的向往之旅。比如说我自幼生活在南方，但是我对北方充满了一种期待，那么我会通过旅游来印证和完成自己对北方的想象。此外，旅游也是现实秩序合法化的一种有效路径，不同的人群在跨域流动中体验空间变化和文化多样性，在多维参照下不断修正、调整、提升自我认知视域，成功挪移或消除那些潜藏在内心深处的焦灼与浮躁。旅游关联到地理空间的跨越，可以说是一种跨域的文化旅行，理所当然成为文化研究（Cultural Studies）的重要课题，您如何看待这个问题？

彭兆荣（以下简称"彭"）：旅游应该成为文化研究的对象，这个判断肯定是没问题的。谈到这个话题，我们首先需要对旅游的定位作一个简单交代。我们中国古代有没有旅游呢？很多学者认为中国古代拥有非常丰富的旅游，我不同意这个观点。中国古代有非常悠久、非常多元的"旅行"，但是"旅游"就不好说。中国儒家文化提倡"父母在，不远游"，意思是"远游"是不被鼓励的，所以在中国古代，"旅行"很多，但"旅游"的文化并不发达。有学者对"旅行"做过五种分类，其中只有一类是完全肯定的，这就是部队去戍边。汉字中的"旅"字，就来自部队戍边，甲骨文"旅"字的左边是军旗的箭头，后面飘着羽翼，"旅"在中国古代文化的意思是部队出发保家卫国的军事行动，是受到正面肯定的。第二类指知识分子背井离乡为国家做事情，比如说进京赶考、异地为官，这种意义也是被认可的。其他三类在中国传统文化语境里的评价则基本上是负面的，比如游侠，游侠的神话是被武侠小说制造出来的，这个群体的真实状况远远不是武侠小说中描写的那样，他们基本上不参与生产劳动。此外还有四处游走的游方僧和乞丐。中国以前移动的五个类型中间只有将士去戍边保家卫国是得到完全正面肯定的。因此，中国古代有丰富和发达的旅行文化，但并非"旅游文化"，中国文化对于"游"的评价大多是负面的，比如说"游手好闲""游子""散兵游勇""游戏人间"。

今天所说的"旅游"其实是指"大众旅游"，它的模式基本上来自西方，因为古希腊以来特别是西方的两大语系——拉丁语系和日耳曼语系，拉丁语系基本上是围绕着爱琴海、地中海等海洋区域展开的，海洋文明会促使他们一定要移动，要去海外拓殖、海外殖民、海外经商，我们读了莎士比亚的《威尼斯商人》，就会非常清楚在拉丁语系的文明体系背景下，"旅行"甚至"游"都是他们最正常的行为。从跨文化交流的意义上说，我们很容易发现从古希腊开始旅游就是一个非常重要的活动。现在全球都热衷于发展旅游产业，各地出版了蔚为壮观的"旅游指南""旅游读本"，但这些林林总总的旅游读物并没有超过公元 200 年前后保萨尼阿斯（Pausnias）的《希腊指南》。这本书是旅游者的旅行指南，也是学者的学术指导；由弗雷泽翻译介绍，洋洋十卷本。可以想象古希腊的旅游业已经相当发达，随之也催生出一个类似于文化导游的职业，帮助游客介绍各个城邦的情况。后来伴随着工业革命和殖民主义的全球扩张，欧洲文明通过旅游被带到了全世界，所以近现代欧洲文明的播撒就是以旅游文化为背景的。

邹：您刚才从词源学、跨文化交际和系谱学角度对"旅游"作了具体细致的知识考古。结合当下文化语境，您觉得"旅游"的观念（idea）发生了哪些改变？

彭：倘若要定位今天的"旅游"，首先要讨论全球化这个基本前提，全球化促使大众旅游蓬勃兴起。西方的旅游发展经历了三个阶段：贵族旅游阶段、中产阶级旅游阶段、大众旅游阶段。中国没有经历过前面两个阶段，直接进入了大众旅游阶段。全球化何以促成大众旅游时代的来临呢？全球化的背景就是"移动"，"移动"是全球化带来的新属性，即所谓"移动性"（mobility）。那么"移动性"反映在哪些方面呢？第一是个体或人群的移动，旅游就是一个人群的移动。第二是人群的移动会带动文化的移动。第三是财经或者财政的移动，今天的刷卡消费或微信支付就很能说明问题。第四是技术的移动，大众旅游在很大程度上需要依赖先进的交通技术，技术现代化是大众旅游得以实现的基本前提。第五是信息的移动，这突出表现在当下的媒介，各种现代媒介尤其是自媒体的兴起，促成了一幅幅媒介奇观。以上五个方面是构成大众旅游的基本前提，如果没有全球化的移动性，没有这些条件，大众旅游只是空谈而已。

我曾经用"忽如一夜春风来，千树万树梨花开"来形容中国的大众旅游。也就是说大众旅游在中国兴起的时间并不长，是在改革开放以后突然间降落的，当然也是全球化迅猛推进的产物。如今中国的旅游产业已经成为中国经济发展的重要组成部分，但我们在相应的文化研究方面尚没有做好准备，因为旅游文化并非像诸多现代文化形式那样是自然而然从中国文化母体中产生的，它关联到全球化语境这一核心参数。今天的旅游主要是按照西方的模式，在西方的模式上推导出来的，所以会出现旅游的很多水土不服的问题。客观地讲我们正处于学习旅游的过程，但是没有关系，经过一段时间的学习我们就能熟悉和掌握国际旅游惯例，建构起一套与中国旅游产业相适应的旅游文化研究模式。

邹：您刚才介绍了大众旅游产生的社会历史条件，结合当前中国旅游产业发展实际，您如何界定大众旅游的主要特征？我们发现您在《旅游人类学》一书中曾经尝试界定"何为旅游"。

彭：我在《旅游人类学》这本书里给"什么是旅游"从"四个条件"进行定义。第一个条件是建立在财政剩余的基础上。财政没有剩余怎么旅游？财政是前提条件，如果要去旅游得有剩余的钱。第二个条件是自愿原则，旅游一定是自愿的。第三个条件是离开自己所熟悉的环境，我住在厦门，厦门很漂亮，我利用国庆黄金周去厦门海滩休闲，这就不算是旅游，因为我没有离开厦门，没有离开自己熟知的环境。第四个条件是以体验不同文化为目标的经历和经验。

我们现在谈旅游，往往浓缩成六个字：吃、住、行、游、购、娱。但是没有包含以体验不同文化为目标的经历和经验这一条，这显然是不完善的，旅游包含对不同文化的理解、体验、学习和尊敬。所以如果按照我自己对旅游的定义，还需要在前面六个字的基础上再加两个字：吃、住、行、游、购、娱、体、习，我认为这八个字才完整概括出旅游的基本特征。当然在我的概念中，文化成色也加重了。其实旅游很容易加强不同地区、不同人群、不同文化之间的交流、理解和同情。这就是我对旅游的理解和表达。

邹：随着旅游产业的发展，社会对旅游专业人才的需求量持续增大，各地成立了许多职业院校，纷纷开办旅游专业，甚至很多综合院校也在兴办旅游专业，可以说旅游产业的勃兴直接推动了旅游专业的学院机制化进程。随着学习旅游、研究旅游成为人文社科领域尤其是跨学科研究的热点话题，一方面，从事产业经济学、传播学、中国语言文学、人文地理学研究的学者越来越关注旅游产业、旅游文化以及旅游的社会功能，自觉将旅游作为研究课题的增长点；另一方面，职业院校开设林林总总的旅游类课程，但这种以技能型人才培养的旅游教学科研与前者显然存在明显不同。我们想用"旅游研究"和"研究旅游"两个提法来加以区分，二者在问题意识、内在逻辑和方法论等方面都存在差别，您如何看待这个问题？

彭：我想从国际、国内两个层面来回答这个问题，我国现在基本上所有综合性大学都有旅游系，全国各地也有很多旅游中专、大专和本科院校，有关旅游的受教育者和从业者人数非常多。那么从这个角度来看，"旅游研究"也成为一个非常重要的学术现象，但我们国内的旅游研究和国际的旅游研究是有很大差别的。国内旅游研究由于受到学科制约，旅游基本上是放置在两大学科之中，一个设在管理学科之下，所以从事这方面的研究基本上都从管理学思维方式出发，比如各大期刊随处可见的"基于某某模型"之类的论文；另一个是放在地理学之下，比如中山大学、云南师范大学。其实我国在刚开始发展旅游时，旅游在中文系、历史系等学科都有。对于旅游这样一个庞大的产业，它可以从任何一个角度开展研究，比如从伦理的、社会学的、人类学的、民俗学的、饮食的等方面都可以，根本没有哪一个学科可以打包"旅游"，我是这样认为的。国际上的旅游研究情况就不同了，基本上是跨学科交叉研究，切入视角有地理学、乡村研究、艺术学、都市文化、文化遗产、博物馆学、生态保护主义等，成果非常丰富，呈现出百花齐放的态势。

那么另外一个概念"研究旅游"，我理解的就是从主体性，以我或以我们某个特定的机构为主去研究，这个当然就会有各种可能性。它可以是从学科的战略规划出发，现在全国旅游业总体上发展得很好，我们新疆也把旅游文化产业作为经济社会发展的重要抓手，可以说旅游产业正面临着前所未有的良好契机。既然旅游是全球最大的产业，只要我们用心去了解旅游相关知识，那么我们不仅可以在学术研究上开疆辟土，而且不局限于传统学科的疆界。我自己就是一个例子，我原本是研习比较文学的，后来转向文学人类学、旅游人类学和文化遗产研究，可以说将全部研究重心转移到了人类学领域，但并没有感到任何"水土不服"。中国第一本《旅游人类学》是我写的，中国第一本《饮食人类学》、中国第一本《仪式人类学的理论与实践》也是我写的，同时我还牵头成功申报了中国非物质文化遗产第一个国家社科基金重大项目。我从来都是走入生活中，生活给我带来什么样的思考我就到哪里去。我对旅游的关注，绝不是停留在旅游的产业特性方面，我更加侧重用人类学的视角去研究旅游，着重关注旅游带给特定人群日常生活与文化命运的变化。这就是我所理解的"研究旅游"，即以我为主体去关注旅游，关心旅游给特定区域和特定人群带来的实实在在的变化。

邹："旅游产业"所呈现的价值主要表现在两方面：一个是显性的以数据为指标，比如说给 GDP 带来了多少盈利；另外一个是隐性层面的，包括对旅游地日常生活的改变、给旅游地特定人群文化认同和情感结构变化所带来的影响。传统意义上的旅游研究可能更多侧重的是显性层面，强调产业盈利或技术层面的分析。随着中国语言文学、历史学、人类学等学科的介入，学界越发重视对旅游的隐性价值研究。2018 年 8 月 25 日，新疆召开旅游发展大会，自治区党委聚焦新疆社会稳定与长治久安总目标，提出实施旅游新疆战略，这些政策的出台在进一步推动区域经济产业结构转型的同时，对高等院校和科研院所的人才培养模式、科研服务社会职能等，都将产生重大影响。面对历史机遇，您觉得我们中国语言文学学科可以从哪些方面与旅游研究结合起来？

彭：我很喜欢你用的显性和隐性的概念，我平时没有用这个词，但是你提到的这个词或许更好。我一般用短线和中长线来描述。目前国内 90%以上的旅游研究是做短线研究的，比如说酒店管理、景区设计、导游、旅行社等。这些研究就是您提到的"显性研究"，它们直接可以通过数据（不仅是人的数据，也可以通过经济的数据）来体现，比如说黄金周到厦门的游客总量是多少，消费的总份额是多少，在多大程度上带动了当地经济的发展，这也是我们大部分人对旅游的理解。但这些是短线研究，没有触及旅游对当地人群日常生活和文化习性的影响，其中既包括生产生活方式的变迁，也涉及思想观念的转变。中长线旅游研究要关注地方文化发展，关注乡村转型与农民的前途命运，关注生态环境的可持续发展。旅游看似一个阳光产业，但其实内在相当脆弱，不是只要投入就能赚钱，失败的案例比比皆是，这就需要学者们充分运用自己的专业知识，勇于承担社会责任，在旅游预警方面做文章。

如果从事文学批评的学者要介入旅游研究，最合适的路径就是从事中长线研究，在广泛调研和深入思考的基础上，尝试构建某个区域的旅游预警机制，为政府部门决策参考提供有价值的建议，推动旅游产业发展更有保障性和安全性。

邹：确实如此，对旅游的隐性价值研究鲜明呈现出知识分子的忧患意识，让学术研究真正落地，为相关职能部门实施战略决策提供智力支撑。您一直是从人类学角度来探析旅游问题的，也是最先把旅游人类学系统介绍到中国的学者。作为一个舶来品，"旅游人类学"（Tourism Anthropology）的命名可能会存在一些问题，很多人会想当然地将它等同于"旅游 + 人类学"，但事实上其并非两个学科的简单叠加。针对旅游人类学的具体研究范式和研究对象，不难发现文化理论的介入占据了很大比重，涉及符号学、后结构主义、女性主义、身体政治、空间理论、后文化地理学，等等。旅游人类学对文化理论的重视和引介，以及它的社会价值体现在哪些方面？

彭：要谈旅游人类学，首先要从人类学讲起，因为人类学这个学科很独特，它在欧美国家，以及亚洲的新加坡、韩国，也包括中国港澳台地区，都算得上普遍性学科。我们不妨以美国为例，该国排名前 500 强的大学中只有两所大学没有人类学系。中国内地的情况比较特殊，除了民族类专门院校，2000 多所大学中拥有完整的人类学系的，也只有 2 所，一所厦门大学，一所中山大学。北京大学虽然在硕士和博士阶段设有人类学专业，但没有招收本科生，因此算不上完整的人类学人才培养机构。这就说明我们在学科的国际化对接过程中，尚存在一些缺陷。

人类学是一个跨学科的学科。我们有自然科学、人文社会科学的划分，人类学并不属于其中任何一类，它是跨二者之间的。传统上人类学有四个分支，其中两个分支在自然科学中，两个分支在人文社会科学中，前者包括生物人类学，又称体质人类学，英文名称是 Biological Anthropology/ Physical Anthropology，主要跟基因、医学和人种研究相联系；考古人类学也归属于自然科学，因为它需要使用很多科学手段来判断出土对象的确切年代归属。文化人类学设在人文社会科学中，主要研究不同区域、不同族群的文化多样性。语言人类学（Linguistic Anthropology）也属于人文社会科学范畴。这四个分支是传统人类学的分类，涉及人的生物性和社会性。到了 20 世纪 50 年代，又增加了一个新的分支——应用人类学，在此之前，传统的人类学不主张应用，只关注调查和描述，并不主张要介入力量去改造它。20 世纪 50 年代以后，人类学家越来越重视行动和介入，我记得当时有一个宣言式英文口号"anthropology in action"，意思是"人类学在行动"，以前只注重记录，现在开始倡导改变，倡导积极的介入。在人类学日益趋向应用研究的转型背景下，衍生出一系列新兴分支学科，比如人类学介入旅游就变成了旅游人类学，人类学介入工业就变成了工业人类学，人类学介入企业就变成了企业人类学，人类学介入都市叫都市人类学，人类学介入乡村叫乡村人类学，这些名称并不是随意杜撰出来的，这是人类学学科发展到 20 世纪中期以后自然拓展出来的分支领域。我们再回到旅游人类学，它其实是在应用人类学出现以后，人类学主动介入旅游的一种行动，而这种行动由于旅游在全球的迅速发展显得越来越引人瞩目。

我在美国访学的一年期间，主要精力就是用于撰写《旅游人类学》这本书，书中详细介绍了研究旅游人类学的一些理论，包括符号学、结构主义等文化理论。还有一些理论在文学批评界很少出现，比如影视传播研究领域的凝视理论（gaze theory），它实际上最早是从心理学、哲学这些角度引申出来的，旅游人类学领域有一本非常有名的书，书名就叫《游客的凝视》（*Tourist Gaze*）。此外还有表演理论，比如"舞台真实性"（Stage Authenticity）。诸如此类理论话语资源非常丰富，关于哪些当代文化理论的面向可以跟旅游研究具体相结合，其实是一个很大的问题，留给我们巨大的思考和研究的空间。

邹："理论是灰色的，而生活之树常青。"马克思曾引用德国文豪歌德的名言，旨在提醒我们要注意思想资源和理论话语的适用性。任何理论都不能完全脱离现实而无限放大，旅游人类学在中国洎港，除了汲取国外人类学研究的成熟理论外，我们还应该重视大众旅游在中国兴起后所带来的一些新的现象，从中国思想史、文化史的思想宝库中吸纳若干理论关键词，并加以有效转化对接，这项工作正是我们人文学者可以积极参与的。

彭：是的。旅游人类学家采用的很多经典理论，事实上都是借用，比如说结构主义是从语言学来的，叙事理论是从文本研究来的，仪式理论是从民俗学来的，舞台真实性在某种意义上说跟历史学有着密切关联。那么我们如何在今天这个背景下，特别是针对旅游在中国所出现的一些特殊现象，找准位置，运用我们所掌握的那些理论去分析去创新？旅游人类学在理论上才刚刚开始，有很大的空间可以让我们去做，不论你是文艺学、比较文学还是历史学、语言学专业背景，都可以贡献思想和智慧。

邹：您刚才对人类学的记录、深描和应用功能作了非常准确的历史化阐释，这条脉络的构建，是我们理解旅游人类学的产生背景及其主要特征的重要前提。我们今天在讨论旅游人类学这个话题的时候，运用的凝视、文化再现、话语分析、舞台真实等理论，基本上是从西方舶来的话语表达，面临着能否进行本土转换并与本土文化事实相对接的艰难重任。在这样的语境下，学界有责任去尝试构建中国特色旅游人类学的学术话语体系。这方面的工作开展到了什么程度？

彭：确实是这样，因为旅游人类学缘起于西方，所以我那本书主要是介绍西方理论和学科经验，我当然用了很多中国的例子，但由于旅游当时在中国算是新生事物，所以可供参照的资源并不多，限于客观条件，所以那本书绝大部分内容还是在介绍西方理论，如果有机会修订，我当然会更多加入一些中国旅游人类学的实践案例。

现在国内已经出版了好几本旅游人类学著作，但都存在一个这样的问题：西方搬来的这些概念、话语用到中国是不是都这么吻合？是不是都这么好用？我在四五年前提出了一个概念，叫作"质洋"。因为我们学历史的都知道，顾颉刚曾经提出"疑古"，那么我跟他对应地提出"质洋"，就是质疑西方来的东西。因为近代以降，西学东渐，西方强势，中国弱势，这种权力关系的不对等，导致西方文化和思潮一股脑涌入，形成理论进口上的"逆差"现象。我们那时候没有能力，甚至没有自觉去质检，认为西方所有的都是先进的，恨不得排山倒海地引进来，其实有些东西根本就不好用，所谓"食洋不化"就是这个意思。我们不妨举两个例子加以说明。一是关于"美术"的提法，"美术"的概念是从西方翻译过来的，原文是

Fine Art，意思是"好的艺术"，所以把它译成"美的艺术"，翻译技巧上没什么问题。那问题出在哪儿呢？西方的美术概念从来不是单独使用的，它是一组概念，就像"男/女""左/右"一样。按照这样的推论，Fine Art这组概念的另一个义项是 Useful Art，即"有用的艺术"。在西方，从古希腊开始，"好的艺术"从来都是贵族阶级的专属，"有用"的东西反而不被重视，也就不是美术。所以我们今天到世界上任何一个博物馆，欣赏到的绘画、雕塑都是希腊神话、史诗故事里的情节画面。这些东西在生活中有什么用呢？都没有用，你只是去欣赏而已。没有用的就是美的。它之所以存在，是相对于另外一部分"有用的"艺术而言，那什么是"有用的"艺术呢？打铁的、做木匠的、盖房子的等都是有用的。那么这些"有用的"艺术是谁做的呢？是奴隶、战俘这些底层人民辛勤劳动的成果。所以在西方 Fine Art 和 Useful Art 是一个整体。可是我们在引进该术语的时候将 Useful Art 丢掉了，只引进了美术。从比较文化的意义上说，西方的艺术强调"美用分开"，中国的艺术是"美用一体"，没有用的东西一定不美。所以你去看一下中国博物馆的器物专区，一般都由三部分组成，包括饮食器皿、乐器和兵器，因为这些东西都是日常生活必需品，最后变成最有权力的象征。在中国传统文化的土壤里，有用才是美，没有用就不可能美。所以说，我们在把西方话语引入的时候，往往忘记了自己的历史语境，没有很好地兼顾话语的适用性。

再举一个生态博物馆的例子。到今天为止，我仍然觉得生态博物馆在中国水土不服。我认识一位中国最有名的生态博物馆专家，叫尹绍亭，原来是云南省博物馆的研究人员，后来到云南大学任人类学教授。他做了几十年的生态博物馆，曾经写过一篇文章，标题大致是《生态博物馆，叫我爱你不容易》。这就说明生态博物馆虽然在西方很合适，但是这个"穿着西装"旅行来到中国的新鲜事物，并不适合中国的具体情景。

旅游人类学也是这样的状况。所以我们今天有两件事情要做：一是坚持国际化道路，要引进好的东西，在引进之前要进行认真细致的质检，检验其能不能用，好不好用。另外一个就是要找到中国本土化、特色化的旅游人类学理论话语。我觉得我们今天有很多机会，比如说我的美国老师纳尔逊·格拉本（Nelson Graburn）每年来中国一次，他在很多国际场合会使用中国学界的概念。比如说我们讨论乡村问题、乡土问题，这就联系到中国农业文明与西方文明的差异，我们认真思考这些问题，并在立足中国文化情景的基础上构建起一套话语体系，这些话语资源就很有可能得到国际学界的认同。我再举"非遗"这个概念，"非遗"也是翻译过来的，是从别的文化和语言当中借用过来的，但我不认同这种译法，我倾向于采用"生生"的说法。我们生生不息的"生生"取自《易》，"生生"之谓易，"易"就是日月，一日一夜构成"易"，此谓天地人和。那么我们中华民族讲生生不息，这实际上就是中国的遗产，是我们自己的话语，读起来非常顺畅，为什么一定要用"非物质文化遗产"呢？我们中国学者应当继续努力，用实力证明我们不是只会挪用外国人的概念。我们完全有能力找到属于中华民族自己的东西，而且我们要把它贡献给全世界，这才是我们要做的。

邹：旅游人类学理论话语的本土建构是一个任重而道远的学术工程，现在国家从政策层面大力支持旅游业发展，这种自上而下的政策保障措施也为学院内部旅游学科或旅游研究提供了坚实基础。从课程体系建设的角度出发，除了旅游专业需要开设系统的旅游文化、旅游产业课程，中国语言文学、历史学等相关学科可能也面临着课程体系的再造，2018 年，教育部发布《普通高等学校本科专业类教学质量国家标准》，对各本科学科大类培养目标和培养要求作了整体上的规范，因此专业基础课、核心课必须跟国家标准保持一致，这就需要我们在通识教育课程建设上努力，增加一些与旅游产业挂钩的课程。与此同时，传统意义上的中文系、历史系教师在科研方向上可能也需要作出一些调整。您能在这方面提供一些建议吗？

彭：我以厦门大学为例谈谈自己的看法。我在厦门大学人文学院任教，我们以前对刚考进来的学生，一进来就规定了他们的专业方向，要么是中文系，要么是哲学系或者历史系。但是我们在大概十年前开始改变了，本科生刚入学的时候并没有规定明确的专业，也不属于哪一个具体的系，前两年时间主要是通识教育，学生在学校给定的课程群中任意选择，修满必需的学分。其中关系到生源竞争的问题，因为两年通识教育完成后，学生面临着专业选择，所以各专业都会把最优质的师资派到一线去讲授通识课程。如果某个学科的老师教得不好，学生就不选这个方向了。人类学系把这个重要的工作派给我（笑），我就去给本科新生上课，以这种方式吸引学生选择人类学专业。

通识教育有一个好处，它能从一开始就引导本科新生进入一个更广阔的符合他们兴趣的教育过程中，通过这种模式打下了比较"博"的基础（我们讲"渊""博"）。我们除了让学生接受广博的人文社科知识，还必须充分考虑到学生的就业需求，这是客观存在的现实问题。社会变化日新月异，知识更新也是如此，所以学生要想在毕业后找到满意的工作，自我知识就一定要扩张，可行的路径就是通识教育。所以我们讲"渊""博"，我们可能有"渊"，但不够"博"，那么就需要去做"博"的事情。通识教育表面上是对学生，其实是对我们老师的要求，要求"两翼"用"两个翅膀"做学问。学科本身是不得已而为之的，是现代社会科层制管理体系导致的必然结果，今天的系、学科，其实都是分析时代的产物。19世纪西方开始出现分析化趋势，此前是没有这么细致的区分的，比如18世纪法国有百科全书派，狄德罗、伏尔泰、孟德斯鸠、卢梭等人不仅仅是戏剧学家，也是教育学家、文学家、诗人、政治家！到了19世纪，随着科学的细化，人的寿命并没有随着科学的细化而增长，所以人不得已去选择某一个专业，从这个意义上说，学科专业的细化是客观选择的结果，而并非天然的、神圣的。当明白这个道理以后，我们就能认识到自己只是做某一辆车的齿轮和螺丝钉的工作，但是最终要成为一部可以运作的车，要达到这个目标，一方面要忠诚于我们自己的学术和学问，另一方面要到不同的学科中去寻找学术的增长点。

对于教师的科研方向来说，我认为绝不应该关起门来做学问，一定要跟社会结合，从活生生的现实世界中提炼问题意识。只有这样，才能将你自己的经验和思考不断提升，凝练成有用的知识传授给学生，如果真正能够做到这一点，通识教育的目的就达到了。

乡村振兴战略与乡村旅游发展

——访彭兆荣教授

◉ 彭兆荣　朱贺琴　邹　赞

朱贺琴、邹赞（以下简称"朱、邹"）： 2018 年 9 月 26 日中共中央国务院印发了《乡村振兴战略规划（2018—2022 年）》，听说在此之前，您早就组织了规模庞大的调研团，深入多个乡村进行大规模的田野调查与研究工作，您能谈谈是什么动力支撑您义无反顾地走进农村吗？

彭兆荣（以下简称"彭"）： 是的，早在五年前，我已经意识到中国乡村的重要性了。为什么我会在五年前就开始关注乡村，跟党中央今天提出的"乡村振兴规划"这么吻合呢？这里有一个契机，五六年前，我们国家的教育部与文化部联合组织了一个小型专家研讨会，当时会议的讨论议题与中国的城镇化建设有关，既然要加快城镇化的建设步伐，就要撤销大量的乡村，填平大量的农田来建立新的城市。当时我听了以后，在会上直接发问：什么是"城镇化"？其中一个参会专家是这样解释的："城镇化"就是在 2020 年，我们中国人口的 60% 生活在城市里，中国户口的 40% 是城市户口，为达到这一目标，需要以"城镇化运动"推动"城镇化"进程。我当时就觉得，用"城镇化运动"耗损乡村，占用良田有非常大风险。因为在"城镇化"的过程中，我们中国的乡村每天不是以单数在消失，而是以双数在消失，大量的肥沃农田被用来盖高楼，中国可是以全球 7% 的土地养活全球 22% 的人口，农田的超负荷使用已经到了底线，这种情况下，我们还能、还敢用农田来盖高楼吗？所以我要做的事情是赶快到农村去，把中国农村的现状摸清楚，给行政部门递交一份有事实依据的报告。

这次会议之后，我就在各种场合宣讲，说服了很多人加入我的团队，如今我的团队已超过 100 人，有很多学生、志愿者，他们从全国各地自费来到我身边做农村调查。为了证明我的想法，我专程去英国调查它的农村。因为我们国内现在有一个假定，认为中国作为发展中国家要变成发达国家，就要加快"城市化"步伐。据说发达国家的城市化率是80%，尤以英国为例；如果中国要进入发达国家，城市化率也需要达到80%。我不相信英国的城市化率是80%，经过实地调查，我发现，英国的农村化率或许也是80%，而不只是城市化，这要看如何统计。美国也是一样，美国的城市中心（downtown）都是非常小的，如旧金山市中心的高楼区，大概40分钟车程就穿越了，旧金山的城郊全部是良田。

我希望，通过我们的努力，能为中国传统农耕文明守住一些文化家底，能够为国家的"城镇化"刹车做一个合理的解释。去年（2017）习近平总书记在党的十九大报告中提出了"乡村振兴战略"，我听到后，非常高兴，也很激动，我认为党中央作出了一个非常英明的决定。这让我想起了习近平总书记在一次工作会议上讲的一句话："中国要强，农业必须强；中国要美，农村必须美；中国要富，农民必须富。"我觉得讲得非常好，中国的"强""美""富"建立在"农业""农村""农民"身上，如果中国的"三农"不能达到强美富，中国何以强大？应该说党中央乡村振兴战略是在中华民族面临着某种意义上的风险过程中提出的，是最重要的布局，是对"城镇化"的及时刹车。

朱、邹：是啊，党的十九大报告明确提出"农业农村农民问题是关系国计民生的根本性问题，必须始终把解决好'三农'问题作为全党工作重中之重"；要"培养造就一支懂农业、爱农村、爱农民的'三农'工作队伍"。您能简单介绍一下您带领的中国农村调查团为乡村振兴事业所做的努力吗？

彭：是的，农业是国之根本，中华文明从主体上来说，主要是农耕跟游牧。农耕是主体，所以我们中国古代把国家叫社稷，"社稷"是什么意思啊，"社"左边是崇拜的意思，右面是土地的意思，崇拜祭祀土地并以土地为神是"社"，"稷"是粮食的总称，其实"稷"是商代以前的一个农业神，他教国人种百蔬、百果、百谷，"百"当然是虚指，就是教会中国人种粮食，所以用今天的白话来说，在土地上种粮食的国家才叫社稷，而不是在土地上盖高楼。中华民族几千年是依靠土地生活的，但是突然间要毁掉农业去盖高楼，搞"城镇化"，如果失败了怎么办，农民还回得去吗？土地没有了，家没有了，去哪里呢？

我没有去申报课题，我和我们的团队深入中国农村，在长期的农村调研实践中，我们团队搜集整理了大量的资料，目前正在结集出版。这套"乡村振兴之重建中国乡土景观丛书"一共有七本，很快就能够陆陆续续出版发行。我敢说，这是中国第一套以乡村振兴为名的丛书。

朱、邹：彭教授，由上可知，您对中国的农村非常了解，请谈谈您是如何理解乡村振兴战略的。

彭：好，从先秦至今，中国历朝历代的政治家在治国上可能持有不同的观点，但重农是共识，中华民族农耕文明的所有政治都来自农政，所以今天党中央提出"乡村振兴"不是一般的口号，而是对中华民族发展延续非常重要的战略性规划布局。我们知道，在经济学家眼里"同质性"的产品是不安全的，我们今天的"城镇化"其实都是"同质性"的。今天的城市如北京、上海、厦门、乌鲁木齐，本质上是一样的，那么，我们最安全的根底在哪里呢？在乡村。因为乡村和乡村不一样，跟城市不同，两个城市除了自然环境因素的差别外，其城市生活基本上是一样的，但是乡村就不同了，A村、B村、C村差别很大，所以在今天做乡村文化，还多了一份保护我们中华民族文化多样性的根的责任。我们团队下乡村，梳理乡村多样文化资源，做"乡村振兴"，其实就是为了守住乡村的文化多样性。我们都知道生物多样性很重要，我们要守护大熊猫、藏羚羊，因为它们是生物物种，可是我们今天还没有人将文化当作物种，我们的文化也像这些物种一样，需要守护。我们中华民族的文化多样性在哪儿呢？在乡村。现在英国、法国、德国都在反哺乡村，因为乡村是哺育万物的基础，我们把土地叫"厚土"，厚土代表生殖和生产，就像母亲一样。所以守住了文化多样性，便是守住了乡村的安全底线，"乡村振兴"是一个伟大的战略布局和决策，是守住中华民族的文化之根和文化多样性的一个重要的举措。

朱、邹：乡村振兴离不开乡村旅游的促动，您在2004年就出版了《旅游人类学》，书中您认为，人类学家的田野调查是"微型移居"属于"深度旅游"的旅游模式，您强调这种模式是尽可能少让导游介入，需要游客积极主动地与当地社会和民众进行交流和接触，这实际上与现在提倡的"体验经济""注意力经济"不谋而合。而这种旅游模式非常适合乡村旅游，因为乡村景观分散，不便于组织规模的旅游队伍，购物场所不集中，不能达成批量的旅游购物消费。为找出乡村景观的特点，您用三张风景画对乡土景观进行了概括：优美的风景画、别致的风俗画、异族的风情画，我们姑且以这三幅画代表乡村旅游景观的三要素即自然风景、民俗、民族。当然您在近两年发表的一系列与"乡土"有关的文章中，围绕着乡村振兴战略又丰富了乡土文化景观的类型。那么乡村文化旅游应围绕哪些内容吸引游客的审美注意呢？

彭：当时我在做《旅游人类学》的时候还没有"乡村振兴"的大背景。说起乡村旅游，必须提及"城市—乡村"这一组概念。"城市—乡村"是相反相对的，城市有的，乡村就不要，城市没有的，乡村就要留下。比如说城市里人工的事物很多，那么乡村就留下自然的事物，城市里噪声很多，那么乡村就留下安静，城市里原有的自然形态被毁灭了，乡村就留下最好的自然形态。其实这个原始的自然形态叫作"野""荒野"（wilderness），"wilderness"是"野"（wild）的名词，我们把它翻译成"荒野""旷野""原野"。我意识到"野"是今天乡土旅游中最重要的因素。"野"也是联合国向全球推广的一种文化遗产的类型。美国的"国家公园"打的就是"野"的自然牌。人工化恰恰违背了"野"的法则，人工的东西太多，我们就剥夺了子孙后代接触原始自然的权利，我们在犯法、犯罪！我们怎么能把所有的东西都人工化呢？所以我们要留住"荒野"，守住"荒野"。守住"荒野"有什么好处呢？就是让我们的子孙后代有接触原始自然的机会。今天我们以为我们设计的人工的方式都是好的，其实我们的子孙未必会认为好，当我们把所有自然状态都人工化之后，我们为孩子们留下了什么？我们用我们的权力剥夺了我们孩子认识自然的权利。关于这一点，我们可以向美国学习，我虽然不喜欢美国，但保留"野"的方法可以向美国人借鉴。比如夏威夷的旅游开发，夏威夷是全球旅游最有代表性的地区，但是夏威夷（Kalaeloa）大岛的旅游开发只占大岛面积的1%，因为当地人认为如果现在都改造了，以后孩子们不喜欢怎么办，所以留下99%最原始的自然状态给孩子们，真正开发只有 Wakiki 海滩那一小块地方。但是我们国家最好的地方全部被开发商开发了，这不可以！我们知道，最原始的状态都留在乡村里，城市早就被人工化了，我们做"乡村振兴"，就是要守住一些"wilderness"，这才是真正的旅游资源。

朱、邹：乡村旅游业如果往"行业"上发展的话，便会形成一定的规模，不可避免地要进行开发。比如说党中央提出了"乡村振兴"战略，党的十九大报告中也提到了我们要创造更多的物质财富和精神财富以满足人民日益增长的美好生活需要。如果不开发建设乡村，那么村民们的美好生活需要该如何满足呢？所以乡村旅游开发应该注意什么？我们想听听您的意见。

彭：我并没有全盘否定开发。我们在乡村守护的原始状态便属于人的行动范畴中的一种，也应属于开发的范畴。开发是个很难定义的词，当你从事乡村振兴和乡村旅游的工作，你用你的观念、意志、理念和行动去守护乡村，这也是开发。这里的开发，显然不是全部的人工化。我不会全盘否定开发，但是开发要有一定的限度，要有一定的原则。我对现在某些旅游市场的开发不太认可，因为这些开发规划基本上是按短线旅游规划去做的，政府许可投资商进入旅游区，就是要有利益的回报。咱们的旅游基本上是短线旅游，从旅游规划的角度来看，开发只是由规划师用一个模板抄来抄去，在很短的时间交出一套漂亮的方案，过于急功近利。我认为这样做是有风险的，因为其中省略了重要的环节，就是实地调查。

其实在做任何规划之前，要由学者们先进行调查。要想调查得非常清楚，首先要科学地分类，比如说这个地方有什么资源，如自然资源、农业资源、物种资源、生态资源、物候资源、文化资源、民俗资源，等等。当调查得很清楚，对调查情况有一个细致的分类后，你才能去做开发策划。在调研期间，我曾在一些县乡看到各种发展规划，这些没有用的规划是花了很多钱，由一些重点大学编制的，随着地方行政领导的更换，这些规划便成了"不落地规划"，像这种开发模式，我当然有意见，因为它省掉了两个基本的常识性工作——调查与分析。

比如我们近期在云南和顺组织的大团队调查。我选了六个村庄，我们主要调查"五生"。第一"生"是生态，乡村的自然；第二"生"是生命，我们每个人都是自然的产物；第三"生"是生养，人有生命就要去生养；第四"生"是生计，要养育就要有生计，包括生产的方方面面；第五

"生"是生业，生计和生产必然有生业，就是各行各业。我们团队对"五生"进行非常细致的调查，包括吃什么、种什么、种植环境是什么等，只有了解"五生"的特点，在这个基础上做规划，才会避免很多脑子一热的想法。我不会全盘否定开发，但是开发的过程一定要完整，包括制定开发规划前长时间细致的调查，还有在此基础上做的提炼。

朱、邹：结合您刚才所讲的问题，乡村是文化多样性的安全底线。作为从事人文社科研究的学者，我们该如何把这些"乡村文化家底"与社会主义核心价值观对接在一起？我们怎样把社会主义核心价值观熔铸到乡村旅游的文化建设当中，以便在各种文化资源之间形成一种合适的链接关系？

彭：这里其实涉及一个研究视角问题。不管是党的十九大报告、"一带一路"倡议，还是乡村振兴战略，都是宏观的。作为学者当然想做中观和微观的具体研究，党中央也期待我们这一代知识分子去从事具体工作，所以在乡村振兴的宏观战略之下，我们要找出中观的问题，中观的问题下又有微观问题，微观的问题下又有微元素，当把这些微元素全部找出来，才是向党中央负责，才是爱我们自己的国家，爱我们自己的民族，爱我们家乡的现实行动。要做乡村振兴战略落实的线路图，我提出了7个中观问题、21个微观问题、几十个微观元素，当然这需要具体问题具体分析。社会主义核心价值是宏观的，我们需要用我们的行动去把社会主义核心价值观与乡村旅游链接起来，而不是隔空操作。曾经有一位学者跟我说，为了响应乡村振兴战略，他打算把A村做成足球村，B村做成篮球村，C村做成棒球村。你觉得这是乡村振兴吗？显然，他对乡村不理解，不知道用什么方式去对接党中央的乡村振兴规划。从某种意义上说，学者们的工作是做微观的，甚至是微元素的研究，虽然社会主义核心价值观包含我们中华民族伟大崛起、乡村振兴的重要内容，但是如何去对接？这就需要我们在调查中找到一个个微元素，用这些微元素绘制乡村振兴宏观战略下具体的乡村振兴线路图。

朱、邹：是啊，您在多篇文章中提到了乡土景观，乡土中国的城镇化现象，乡土社会中的家园遗产，乡村振兴战略中的"新三农化"，农民公民化、农村城市化、农业产业化。您也对乡土景观模型做了学理上的阐述分析，画出了形象的示意图，并用一个个微观元素为乡土景观的实践调查设计了要素体系表与名录表，可以说您在旅游人类学的基础上，绘制出一个日趋完善的中国乡村文化旅游的基因图谱，这对我们的教学与科研都有很强的指导意义。在阅读您著作的过程中，我们发现乡土情结一直是您挥之不去的心结，浓浓的乡土情结应该是您设计乡村振兴线路图的精神主线。费孝通先生有一本《乡土中国》，您在文章中也经常谈到这本书，那么您能谈谈《乡土中国》的乡土情结吗？

彭：最近我在《西北民族研究》上发表了一篇纪念费孝通先生《乡土中国》出版七十周年的文章。我是费先生的铁粉（笑），从某种意义上说，我的人生很受先生的启迪。去年我第四次重返江村，当时很感慨，写下了这篇文章。江村叫开弦弓村，学名叫江村，费先生的博士学位论文做的就是《江村经济》，这个村庄不是先生的家乡，但先生在一生中访问了那个小村庄 28 次。摸摸自己的良心，我们能做到这样吗？一个学者只有做到这样，才能像费孝通先生这样伟大！我认为费孝通先生在《乡土中国》中对中国乡土社会的总结至为准确，中华文明是农耕文明，中国所有的东西都是生长在乡土上。当明白这个道理后，我理解了费先生的乡土情结，我会沿着费先生的路继续走下去。

其实中国的学问大都来自农耕文明，出自耕读传统。在一次调研中，我在云南和顺一个村的图书馆看到了胡适先生的手书"和顺图书馆"。胡适先生的手迹居然在一个非常偏僻的村图书馆。我瞬间就明白，中国的学问，它的根源在哪儿，我们的根基在哪儿，我今天再回到乡土，可不是去赶时髦，去做一个项目，而是真正地用心用情，用寻根的方式去找自己学问的来龙去脉。

在我这个年纪，我每年有四个月在村子里面跑，我不是跑一两个村子，而是大江南北，祖国各地都跑，今年 8 月份 38℃ 高温，我在贾平凹的家乡，5 月份我在海拔 4500 米的青海果洛，高原反应让我感受到了生命的极限。但我做学者，不从乡土开始，从哪儿开始？哪儿才是我的学术原点？

其实早在 20 世纪 80 年代，我就开始在贵州做田野调查了。80 年代贵州偏僻的山村是中国最贫穷的地方。我在开展田野调查的过程中，曾有三次遇险，都大难未死。当我遇险时一点都没有害怕，我总是觉得内心充满了愉悦，因为那是真正的生命和生活。我在这个村落追踪调查了十年。冬天做调查非常冷，我们冬天睡觉的时候，羽绒衣都没有脱，可是有一天，我半夜醒来，发现自己的脚在我房东的胸膛上，他用他的胸膛为我焐热身体。这些有时连爸爸妈妈尚且做不到啊！当你在真正的人民中间去感受生命的感动时，你觉得你的学问是什么？有一次我带着我的研究生准备离开调研地，怕惊扰贫穷的老乡，我就跟他们的村主任说，别告诉乡亲们，我们悄悄地到村口去等过路的班车就好。天蒙蒙亮，我们走的时候，却看到一排人站在路边，每个人扛了一个小麻袋，装着新收下的花生，让我们带走。我非常感动，所以我的学术原点始于乡土，人类学大抵如此。

朱、邹：您的乡土情结也深深地感动了我们。我们知道乡土情结可以催生乡愁经济。您在《旅游人类学》中提到，乡村在后现代语境中多指向怀旧，乡村之所以美是在怀旧情绪下对城市游客生成了一个间离的理想旅游时空。您在《文化遗产十讲》中也经常提及怀旧体验与怀旧经济。《乡村振兴战略规划》中也提到了"树立山水林田湖草是一个生命共同体的理念"，"重现原生田园风光和原本乡情乡愁"的思路，您能谈一谈乡村旅游中的"乡愁经济"吗？

彭：好，这其实是一个民族人类学的话题。把"怀旧"跟习近平总书记提倡的"乡愁"放在一起讲，是个很好的链接点。什么叫乡愁？习近平总书记为什么要提出乡愁？当然我们中国有很多来自乡土的非常好的传统，可是今天的我们丢失了很多，难道不应该把它拾回来吗？老实说今天的发展，我们不知道未来，虽然我们常说未来会更好，但过去我们是知道的，我们经历过，我们在美丽的小桥流水人家过着天地人和的生活，我们有过"采菊东篱下，悠然见南山"的生活。当我们看到老照片的时候，当我们在城市过惯喧闹嘈杂的生活时，我们回头去看一下过去，中华文明留给我们每个人的最美好的过去，这其实在很大程度上可以和习近平总书记所说的乡愁找到共同的借鉴点，我们就是从过去来的，那里有我们的家园，哪有人会对自己的家园有不好的回忆啊！回忆中留下的都是值得我们纪念的美好事物。当然在游客身上，回忆过去多体现为某种乡土情结。因为游客有分层，年轻人喜欢背包到处走，中老年游客的旅游就会出现典型的怀旧情结。怀旧不仅仅在乡村，比如到泰国的清迈，你会发现所有的西方游客中法国人最多，清迈虽然没有成为法国殖民地的历史，但受法国的影响非常重，城区主体建筑都是法国风格的，法国老年游客去那里就是怀旧，怀念殖民时代留下来的过去，所以旅游当然包含着怀旧，特别对于某一部分游客来说。

乡村旅游在很大程度上也指向怀旧，比如斯堪的纳维亚模式的乡村生态博物馆。故事是这样的，原来在村子里长大的一个小孩，少年的时候就出去创业了，后来赚了钱，成了富翁回到家乡，但是家乡已经变了，他根本就不认识，过去的家乡一直是他出去后克服各种困难的动力，可是今天的家乡已经面目全非了。他非常伤感，就下决心用他的钱在他的家乡中留下一部分"过去"，这就是斯堪的纳维亚模式的乡村生态博物馆。所以怀旧其实是人类普遍的情怀，在游客旅游的过程中，会通过各种乡土情结带动自己找寻美好童年的记忆。

朱、邹：是的，乡村旅游离不开乡土情结的守护，需要怀旧情结生成的旅游动机。无论是守护还是回忆，似乎都离不开对乡村非物质文化遗产的发现与开发。因为非遗来自过去，存于现在，是乡村旅游开发最安全、最环保的文化资源。乡村旅游要发展，非遗要保护，乡镇旅游还要推出非遗品牌，而非遗的旅游开发又要保留其原真性、原生性，那么该如何处理非遗保护与乡村旅游开发之间的关系呢？您能结合党的十九大报告提出的"不断增强意识形态领域主导权和话语权，推动中华优秀传统文化创造性转化、创新性发展"的思路，为我们找一个两全其美的解决办法吗？

彭：说起非遗，我不得不说一下非遗运动。关于非遗，我在国内的介入是比较早的，我也是早年文化部的非遗专家，非遗的早期会议我都有参加。中国的非遗运动有一个导火线就是韩国端午祭的申报成功。这件事对中国的学者刺激很大，大家觉得端午节是我们中国的，为何韩国要申报端午祭。一位韩国的学者是这样跟我解释的，韩国的端午祭跟中国的端午节是不一样的。当时我还听说，越南要申报春节，日本要申报针灸，当然这只是据说。越南本身就有春节，作为一个申报主体是主权国家，他们要去申报你是不能去阻止的。当时文化部召开了一次小型会议，我就提出要在联合国的层面上提倡"源"与"流"的问题，就是说如果"源"是在某一个国家，另一个国家是"流"，如果"流"去申报，"源"的国家还未申报，这应该要区别对待，春节是中国的，越南可以申报，但是中国都没有申报，越南怎么可以提前申报呢！所以文化部在当时也紧急推动了这件事，后来在某种意义上我称之为非遗运动。这只是其中一个背景。

还有一个背景就是世界上自然遗产与文化遗产的模板基本上是西方的。中华民族崛起了，中国这么悠久的历史与灿烂的文化不能什么都没有，在世界遗产事业，特别是联合国遗产事业的话语权中，不能只听西方的，中国要有自己的贡献。贡献最好的选项，当然首推非遗。文化遗产是法国人提出来的，国家公园是美国人搞出来的，日本、韩国当时也走在前列，中国不能老是跟着模仿人家。

但是非遗的发展在中国有一个优势，就是政府推动以后很快就波澜壮阔地兴盛起来。在之后的一段时间里，中国在联合国的多种场合下发声表达自己的观点。我也参加过联合国的会议，因为中国国力日益强盛，对世界的贡献非常大，对联合国教科文组织的非遗组织的支持也比较多，所以中国现在已经成为全球非遗项目最多的国家，其实这也是中国在国际遗产舞台上去争夺话语权的一个表达，这也是非遗运动，是中国的战略选择。

非遗也好，文化遗产也好，它们都有申报名录，对于政府的行政部门来说，非遗已经成为他们操作系统的业绩表现。由于政府行政工作方面的要求过于强大，加上很短时间的快速推动，所以当然会留下一些后遗症，这个后遗症包括还没有找到我们自己应对非遗运动的模式。我在《生生遗续 代代传承——中国非物质文化遗产体系研究》这本书中，就是希望帮国家找到一个从概念、模型、方式上能够有自己特点的话语体系，所以我用"生生"代替非遗。

当然非遗在我们国家自上而下地推动，也有很大的好处，它的好处在于，在很短的时间里，让全中国人民了解到非物质文化遗产，让全中国人民知道文化遗产需要继承、需要传承、需要守护。政府的这种作为是最大的优点，但是从本质上讲，非遗主体又在民间。政府主导之后，民间能不能被带动起来，民间能不能作为一个主体在非遗运动中出现，这应当是中国现在面临的问题，所以我认为非遗的很多内容，现在还在试验中，包括传承人制度。

党中央提出了传统文化的创新，我觉得很有道理。创新与创造也是党中央的宏观视野，我们能不能找到最适合中国的创新方式，取决于我们能否找到适合中国非遗的传承方式。比如说日本有无形文化财，有自己的一套很完整的非遗体系，那么中国的是什么？在这个创新过程中，确实需要我们这些学者，作为非遗的民间主体行动起来，而不能只是因为行政的号令。因为对于今天的非遗，政府主导热情已经大不如以前了，但是民间能否在非遗运动掀起之后自觉地、有序地以主人翁的姿态跟上去，是我们现在需要关注的主要方面。

那么学者对此是不是完全无能为力呢？不是，我们可以试图通过调研去找到一种更适合中国人的传承方式。比如说传家宝。在中国的村落里，汉族传承方式主要是亲属制度内的传承，村落里宗族的分支都是自己的家人，自己家里的东西就不会有博物馆问题，谁也不会把自己家的东西摆在公共博物馆，所以，这里"传家宝"的传承方式是稳定的、长效的。中国有很多自己的传承方式需要去挖掘和总结，如果从这个意义上来理解创新，就是对的，是积极的创新。

创新包含很多可能的选项，不仅是传承方式，其实现在传承人也有很多问题。因为很多非遗的主体在民间创造，在民间表演，在民间传承，当国家给其中一两个人贴上传承人的身份标签后，这些人的产品，他们的活动，马上就值钱了，原来一件产品大家的市场价差不多，但一旦成为传承人，有一个政府品牌之后，一下子就上涨了十倍、百倍，那么其他人就会不乐意，这样有时候反而会伤害非遗传承的群众性基础。

比如说云南的阿昌刀。云南有一个阿昌族，造的阿昌刀很有名，一开始所有的刀匠待遇都差不多，后来政府给了少数几个人国家级传承人的身份，于是传承人制造的刀马上就身价百倍，而其他乡亲还是卖原来的价格，这显然不行，所以创新包含多种实际的可能性。创新是没有问题的，创新促使我们要去寻找中国自己的非遗传承模式，这包括非遗生产过程的程序，包含民众作为主体的积极参与和传承人对创新的实验行为。

创新也包含非遗产品的制造。经济产业与非遗相结合，一方面可以使文化遗产得到守护；另一方面又使这些创造和使用者的利益获得最大化。劳动人民的利益获得最大化、非遗主体的利益获得最大化很重要。但是我们现在利益最大化，第一个是基本上变成政治的业绩，第二个是投资商的利润，第三个是被评为少数的非遗传承人的既得利益。因此我们现在更需要的是，创造和传承非遗的人民主体，他们要整体地通过非遗产业达到更高的文化认同，获得最大的利益，这才是对的，而不是一两个非遗传承人，所以非遗的创新与创造和乡村振兴很容易结合在一起。因为中国的民间主体就是乡土，比如在乡村旅游过程中，国家给了某个村一个非遗品牌，这个非遗品牌本来就是村民们习以为常的风俗、工具、生活方式等，被国家一认可，村民们有了品牌意识，他们在乡村旅游过程中，利用这一品牌可以得到更大的收获，同时也增强了自豪感。这样很好啊。

朱、邹：好的，谢谢彭教授，我们会把您的许多好方法与好建议落实到乡村旅游文化资源的调查细节中，为地方乡村文化振兴尽自己的本分。

"边缘"的号角：中国比较文学的普及与应用[*]

——访刘献彪教授

◉ 邹　赞　　刘献彪

【名家档案】刘献彪，中国比较文学教学研究会副会长，山东省比较文学学会副会长，潍坊学院教授，潍坊学院比较文学与世界文学研究所创办人。长期从事中国现代文学、比较文学教学与研究，主要论著有《鲁迅与中日文化交流》《外国文学手册》《比较文学自学手册》《比较文学及其在中国的兴起》《比较文学与现代文学》《新时期中国比较文学编年史稿》等十余部，其中多项获全国和山东省社会科学优秀成果奖。其事迹先后被剑桥《世界名人录》《亚洲教育名人传》等传记、辞书收录。负责中国比较文学教学研究会学术刊物《中国比较文学教学与研究》，主持《比较文学与中学人文素质教育丛书》并任主编。

邹赞（以下简称"邹"）：您三十多年来一直从事中国比较文学的普及与应用工作，编撰了大量的学术著作和工具书，在教材编写、课程教学、人才培养、机构组建、学术团体建设以及社会实践方面作出了重要贡献。恰如学界所传，"刘献彪现象"堪称中国比较文学的一道独特风景，您在昌潍师专的"小舞台"上大显身手，为中国比较文学事业振臂高呼、增砖添瓦。我关注到，您在研究生班学习的专业是现代文学，早期写过有关鲁迅、郭沫若、夏衍以及《新青年》方面的文章，从专业学习的角度上讲，您是从现代文学领域开始涉猎比较文学的相关论题吗？您后来特别注重比较文学的学科史研究与资料编撰，是否与现代文学的学术训练有关？

＊　本文原载《伊犁师范学院学报》（社会科学版）2013 年第 4 期。

刘献彪（以下简称"刘"）：从专业角度上讲，我是从现代文学、外国文学、翻译文学等领域（主要是现代文学），跟着季羡林、戈宝权、杨周翰、乐黛云等前辈和同辈走近比较文学，涉猎比较文学的相关论题。

20世纪70年代中期，因为函授教学工作的需要，我在给函授生编写现代文学、外国文学等教材的同时，开始研究编辑"鲁迅与中日文化交流"的相关资料；开始探讨中学语文课本中的外国作家作品；开始思考现代文学教学与研究等的出路问题。70年代末80年代初（1979~1981年），这三年时间，对我走近比较文学、涉猎比较文学相关论题是一个非常重要的阶段。因为在这三年里，我先后发表出版了《中学外国文学知识》（1979年昌潍师专函授部印刷出版）、《从鲁迅日记看鲁迅与日本友人增田涉的友好往来》（《函授学习丛刊》，1980）、《鲁迅与中日文化交流》（湖南人民出版社，1981）等作品，先后拜访了许多比较文学研究的前辈学者，同时，各种学术会议让我呼吸到新鲜的学术空气，眼界大开。我在这些学术活动中有幸结识了一批外国文学专家，如陈惇教授、徐京安教授、李明滨教授等。他们每个人都是一本书。我的良师益友，都是一本好书。

我后来特别注意比较文学学科史研究与资料编撰，与现代文学、外国文学的训练很有关系。此外，与我自己定位走比较文学普及、传播、应用之路的想法也有密切的联系。

我是从自己和学校的实际出发，从普及、传播、应用的需要出发迈开比较文学的步伐。要把比较文学普及到大众中，从著书立说的角度讲，一要向大众介绍什么是比较文学及其历史；二要为大学生编写好普及比较文学的教材；三要为喜欢热爱比较文学的读者大众编写学习比较文学的工具书和相关资料。根据这种想法，我在20世纪80年代联合朋友、学者、专家编写出版了三本书：一本是学科史《比较文学及其在中国的兴起》，另一本是工具书《比较文学自学手册》，还有一本是教材《简明比较文学教程》。

在新时期比较文学复兴阶段，像我这种年龄的人，涉猎比较文学，绝大多数是半路出家，如我的老朋友乐黛云、卢康华、陈惇、陈守成等。这种情况，可以说是中国新时期比较文学复兴队伍中客观存在的带有普遍性的历史现象。对于这种现象，很少有人重视和提出来研究，今天您注意这个问题，重视这个问题，我觉得很有意义。

邹：您在昌潍师专函授部工作的时候，就着手从事比较文学与现代文学的关系、跨文化研究方面的课题，据季羡林先生说，您和淮阴师专的肖兵老师是当时仅有的两位在师专层面做比较文学的学者。是什么力量促使您义无反顾迈向比较文学的殿堂，并从此走上比较文学的普及和应用之路？

刘：从地域学术环境而言，当年我在潍坊地区昌潍师专函授部，与北大、复旦等相比而言，的确条件很差，不能相提并论，再加上自己本身的条件，半路出家，先天不足，后天失调，从主客观条件来说，迈向比较文学的学术殿堂是不敢想象，令人怀疑的。记得我主编《比较文学自学手册》的消息传到当年在辽宁的刘介民先生耳朵中时，他曾深表怀疑，并毅然说："这是不可能的，因为昌潍师专没有条件……"回头来看，促使我选择比较文学之路，主要有以下几个因素。

一是为现代文学寻找发展的出路。我当时深感现代文学教学与研究面临很多困难和挑战，1980年前后，我先后撰写了《中国现代文学史研究的四题》《中国现代文学史教学与研究中的几个问题》《漫谈文学革命运动》等文章，并得到季羡林、王瑶等前辈的好评。当时只是感到现代文学研究与外国文学、比较文学等有很密切的关联，但并不清楚自己所做的就是跨文化、跨学科的研究。因此，可以说自己当年走向比较文学是为现代文学寻找出路，也可以说是被"逼上梁山"。

二是比较文学学科自身的魅力和营养。我逐渐认识到比较文学是一门极富人文思想精神财富的学科，尤其是她那与生俱来的全球眼光、开放包容的胸怀、与时俱进的前卫姿态和人文精神等，都令我着迷，给我极大的吸引力。我曾告诉朋友说："比较文学有惠于我者很多，其精神与学魂或许可以说渗透到我的骨髓里，让我时时刻刻都和她在一起，乃至在梦中开会讨论、交流，挂在嘴上的都是比较文学。"在学习比较文学的过程中，我体会到一种享受：从书本到知识，从知识到学问，从学问到学识，从学识到学科，从学科到学理，从学理到学魂，既是一条修为之路，又是一条享受乐在其中之路。在中国比较文学史上，梁启超、鲁迅、季羡林等强调研究比较文学的"使命感"；杨周翰强调研究比较文学要重视中国传统和有一颗"中国心"；乐黛云强调研究比较文学的"新人文精神"；等等。他们为我们树立了重视学魂、传播学魂的光辉榜样。

三是良师益友的关爱、鼓舞和帮助。我后面会详细讲到这一点。

四是大众共享比较文学的需要和意义。我眼前始终呈现一个梦想的比较文学世界，在这个世界中，比较文学在大众中生根发芽，百花齐放、万紫千红，开花结果。我一直记得老友乐黛云的一句话，"一门学科，如果老是局限于少数'精英'层面，没有广大群众基础，是不可能深入发展的。比较文学这门学科，能否在我国生根、开花、结果，在很大程度上取决于它能否在教育园地上被全国大学、中学以及广大群众所接受。可以说，比较文学普及是比较文学走向大众、服务大众、健康发展、永葆青春的保证"。

邹：您当初选择比较文学的道路，无可避免遭遇重重困难，比如说教学资源短缺、学术信息相对闭塞、学科队伍薄弱、经费困难，更主要的是，尽管比较文学的若干元素在晚清的文学研究中已经得到鲜明呈现，但作为大学（准）学科范式的比较文学却依然携带鲜明的舶来印记；虽然历经季羡林、钱锺书、杨周翰、朱维之等前辈学者的身体力行以及乐黛云、孙景尧、卢康华等当时中青年学者的冲锋陷阵，比较文学仍然容易被"妖魔化"，被指责为赶时髦、不伦不类，甚至被粗暴地扣上政治帽子。回顾当时的心路历程，您遭遇到的最大困难是什么？您是怎样克服这些困难因素的？

刘：以遭遇到的困难而论，在比较文学途路中，应该说不少而且令我难忘。20世纪80年代初，因为自己到北京查阅比较文学资料，拜访前辈学者，主编《外国文学手册》等，住在教育部招待所，突然收到学校来信来电，催我速归，交代问题，听候处理。我回到学校后，真有一种大祸临头的感觉："不务正业""游山玩水""追名逐利""资产阶级自由化"等诽谤和莫须有的罪名压到我头上。同时，还暗中监视我的行动，比如到谁家去了、与谁来往等均有人盯梢和打小报告，甚至连我购买一张桌子也被认为是"顶风而上""态度很不老实"。据说，当时学校领导已经整理好我的材料，上报给省教育厅，准备将我开除教职，扫地出门，送到农村劳动改造……面对这种高压，我当然处之泰然，因为我问心无愧，坚信搞学术活动何错之有？就是在这种情况下，中国社会科学院和教育部高教司戈宝权先生、付克司长，先后从北京专程到潍坊和我家中探望，为我排忧解难，这样才逃脱了这场令我至今仍感心悸和悲哀的灾难！正是因为得到戈先生、付司长等前辈和领导的关怀与鼓舞，我才能在当时不正常的高压下，完成了《比较文学自学手册》等普及读物的编写任务。

但是，我觉得自己在普及比较文学途路中遭遇到的最大困难并不在此，也不在资料、资金、队伍、信息等方面的缺乏和闭塞（当然，这些也都是面临的实实在在的挑战和困难），而在于普及、传播、应用比较文学得到同行的认可和大众的接受。大众共享比较文学，普及传播应用比较文学，这一直是我的梦想和追求。为了这个梦想和追求，我很幸运地联合志同道合的朋友，闯过了一道又一道难关，冒了一次又一次的风险，终于得到前辈、良师益友和同行的支持以及大众的接受。例如自己从 20 世纪 90 年代到 21 世纪伊始，先后操办了几次全国性的以普及、传播应用比较文学为主旨的学术研讨会，其中 2002 年举办的"全国中学比较文学普及暨潍坊市中学语文教师比较文学学术研讨会"就是一个典型例子。中国比较文学教学研究会陈惇会长在开幕式上指出，"像我们今天这样，大家坐在一起，共同来认真地讨论比较文学的普及和比较文学与中学语文教学的关系，这在比较文学学科历史上也是首创的"。我在遇到重重困难时，将困难、非议等细嚼慢咽，化为营养，挑战自己，挑战困难，挑战生命，继续前进。在任何情况下，我心中的比较文学都在燃烧、冒火，与我的生命燃烧在一起……

邹：您在一些回忆、纪念性文章中提到与钱锺书、杨绛、季羡林等学术名家的交往，钱锺书先生还曾为您编写的《外国文学手册》题名，在您走向比较文学教学与研究的途路中，这些前辈学人对您产生的最主要影响是什么？

刘：20 世纪 70 年代末 80 年代初，在比较文学学习过程中，我先后到北京、上海、南京、天津等地拜访了季羡林、戈宝权、朱光潜、钱锺书等近四十位前辈学者。这些前辈学人对我都非常友好，都有不同的帮助，都对我有很大的鼓舞和影响，其中尤以季先生、戈先生、钱先生和杨周翰先生等对我产生的影响更大。主要影响有三点：一是做人，二是做事，三是做学问。在做人方面，我亲身体验和感受到他们身上的浩然正气，为人正派、助人为乐，尊重、关爱他人等高尚人格和品德。在做事方面，我亲身体验和感受到他们勤勤恳恳、认真负责，严于律己、宽以待人和强烈的使命感、责任心。在做学问方面，我感受到他们的学问世界的绚丽多姿以及薪火相传、甘为人梯的精神与品格。

季先生、戈先生是我走近比较文学的引路人。当年我在昌潍师专函授部工作，而且处境欠佳。在有的人眼中，我是资产阶级知识分子，可谓一身臭味，根本谈不上得到尊重和关怀。然而我得到季先生、戈先生等热情的关怀和指导。季先生为我审阅、指导、推荐第一篇比较文学习作，并在给我写的亲笔信中给予鼓励。戈先生领我走进外国文学、翻译文学。20 世纪 80 年代初，北京出版社拟出版《外国文学手册》，由戈宝权先生主编，后来，戈先生向出版社推荐由我来担任主编，并表示全力以赴为《外国文学手册》审订"编写纲目"和全书的框架，在将近一年的时间里，戈老经常和我们在一起研究、修订书稿，从词条到全书框架，可以说都是在他亲自关怀指导下完成的。

钱锺书先生、杨周翰先生是我走向比较文学教学与研究的良师，当年我拜访钱先生的时候，他破格地接待我，并戏言自己收到我的信后被"打败了"。当我向他请教和求助时，他谈笑风生，有求必应，为我题写《外国文学手册》书名，审阅有关词条等。后来戈宝权先生告诉我，钱先生是头一次为他人题写书名，非常难得。杨周翰先生对我帮助更多，为我主编的《比较文学自学手册》写序，为《简明比较文学教程》审稿、题写书名。后来，当上海外国语大学陈生保先生要去日本访学，请教杨先生带几本比较文学之类书籍时，杨先生还特别向他推荐我主编的《简明比较文学教程》。1988 年，我与杨先生、乐黛云教授等同往参加德国慕尼黑国际比较文学学术会议时，杨先生邀我共进午餐，其间他语重心长地对我说，希望我在研究中国比较文学时，注意其优良传统，从梁启超、鲁迅到季羡林、钱锺书，认真读他们的著作。

我曾经多次反问自己，为何这些前辈学者能够如此对待我这样一位普普通通的师专教师，我终于找到了答案：在季羡林、钱锺书等前辈学者心中，学问世界是他们至高无上的神圣世界，是生命中的首位世界。只要做学问，谈学问，有利于学问的事情，他们都乐于相助、有求必应。这也是我这样平凡而普通的耕耘者一而再、再而三得到他们热情帮助、指导的根本原因。

邹：您常常自谦为中国比较文学的"泥瓦匠"，主要敲的是比较文学教育的边鼓。您的大多数论著是关于比较文学学科建设的思考，一方面重视比较文学学科史的引介和梳理，另一方面积极组织队伍、凝聚力量，编写教材和相关出版物。《中国比较文学萌芽的轨迹》和《中国比较文学学科理论的新进展》可以算作两篇演绎中国比较文学学科史的重要文章，其中对于清末比较文学萌芽的社会基础、翻译实践与比较案例的阐释尤为精彩。梁启超、王国维和鲁迅毫无疑问是中国比较文学萌发期的理论探索者与实践者，王国维引介西方现代悲剧理论解读《红楼梦》、鲁迅作品与日本文化的关系早已成为各类比较文学教程的常识性话题，相比之下，梁启超、黄遵宪等人对于中国比较文学的意义就被处理得相当简略。我认为晚清到民国期间的中外文化与文学交流是中国比较文学学科史一段至关重要的序幕或前史，比较文学相关教程或可开辟专门的章节详加论述？

刘：从学科史的角度讲，您提的问题很重要，很有学术价值和实践意义。至于我本人，在敲比较文学教学边鼓的同时，的确关注比较文学学科史和比较文学学科建设等问题，曾在《比较文学及其在中国的兴起》《比较文学自学手册》《简明比较文学教程》《比较文学与现代文学》《新时期比较文学的垦拓与建构》等论著和文章中涉及这两个问题。正如您所说，"相比之下，梁启超、黄遵宪等人对于中国比较文学的意义就被处理得相当简略"。我同意这个看法，如果撰写学科史著作，理应开辟专章梳理您所说的这段"序幕"或"前史"。学科史知识，是学习一门学科的基础知识。走近比较文学，了解比较文学，把握比较文学，运用比较文学，都离不开学科史知识。从这个意义上讲，编写比较文学相关教材，都应该充分重视学科史的来龙去脉。眼下出版的教材，在这方面是有欠缺的。

邹：在您编写的著作中，工具书《比较文学自学手册》被认为是"新时期比较文学教材开创期的尾声"，《比较文学教程》则呈现出浓厚的中国本土特色，该书不仅选用了中国文学的诸多例证，而且极具前瞻性地将中国多民族文学关系研究纳入。我们知道，法国学派的梵·第根、基亚，美国学派的亨利·雷马克以及中国的钱锺书等学者都将"跨国性"作为比较文学的重要特征之一，后来中国学者考虑到中国的多民族现状，主张不能照搬欧美"民族国家"理念下的学术思维，强调"向内比"是中国比较文学的重要内容，虽然已经有相关学术论著如《中国南方民族文学关系史》问世，但该领域的研究工作可谓刚刚起步，您当时在教程中专辟"中国多民族文学比较"章节，主要的考虑是什么？您对当下中国比较文学的"向内比"有什么建议吗？

刘： 记得在1985年中国比较文学学会成立大会上，召开了一次小型的讨论会。我有幸听到季羡林先生的发言，季老当时强调中国比较文学研究的同志们要敢于走自己的路，搞自己的特色，不要老跟在外国人后面跑，特别提出了中国多民族文学比较的问题，希望大家来研究……后来读季老的书和文章，他又多次谈到这个问题，并赞赏相关领域的研究成果，热情为之撰写序言，等等。季老的看法对我有很大的启迪和影响。后来我主编《比较文学教程》，在拟定本书纲目过程中，孙景尧、陈惇二位教授给予了许多指导，其中就包括写"中国各民族文学的比较研究"这一章。我当时深感这个建议非常好，特邀两位民族大学的专家教授执笔。教程出版后，同行们都认为各民族文学的比较研究是本书的一个亮点，同时也受到学生和读者的欢迎。

学科史告诉我们：任何学科都是应时代的需要而产生，随着时代的发展而发展，没有一成不变的。"跨国性"可以作为比较文学的重要特征，"跨民族性"也可作为比较文学的重要特征，中国比较文学研究的实践正在证明这一点。当下中国各民族文学的比较研究势头很好，中央民族大学、中南民族大学、新疆大学等校的学者专家作出了有目共睹的贡献。如果说，我还有建议的话，那么，我希望加强少数民族比较文学研究队伍的建设和联合，重振中国少数民族比较文学研究会，大力开展少数民族比较文学的传播与教学工作。我相信，在中国，各民族文学的比较研究大有可为，前景辉煌。

邹： 您编写的比较文学教程、参考书和工具书，大多表现出强烈的师范性，《比较文学教程》尤其明显。此外，2007年出版的《新时期比较文学的垦拓与建构》分章节评介乐黛云、饶芃子、曹顺庆、张铁夫、孟昭毅等人编撰的教材，起到了很好的导读作用；2008年出版的《穿越比较文学的世纪空间——新时期比较文学教学30年》对比较文学作了学科史意义上的回顾，并且侧重探讨人才培养、教材编写与课程设置。您在中国比较文学教学的理论与实践方面倾注了大量心血，请您简要评价中国比较文学教学实践中存在的主要问题。

刘：作为比较文学教学和普及的泥瓦匠，我想得更多的是教学和普及的问题。2007 年，我写过一篇题为《对新世纪比较文学教学、教材建设的几点想法》的文章，通过与比较文学教学界的老友新朋沟通对话，提出了构建新世纪比较文学教学、教材建设新体系的想法，即"五位一体的教学新体系"和"三点一线的教材新体系"。所谓"五位一体的教学新体系"，即在教师、学生、教学、教材、学习之间的关系处理上，确立"以学生为本"，落脚在学生上。这就要求转换教师、教学、教材的角色。对教师教学而言，要求始终确立以学生为本、为学生服务的思想感情，读懂学生，根据学生的实际和需要进行教学和编写教材。对学生学习而言，要求改变过去那种"老师讲、学生听"的习惯，强调学生树立自觉、自主、自强、创新的学习思想意识；读懂自己，读懂老师，读懂教学，读懂教材，读懂学习等；既要质疑自己，又要质疑老师、教学、教材。只有树立这种学习思想和姿态，在学习上才会开拓创新，后来居上。所谓"三点一线的教材新体系"，即在知识、方法、培养人才之间的关系处理上，确立以培养人才为主线，并以这条主线贯穿教材的始终。编写教材既要重视学科知识的传播，更要重视学科思想精神的传播应用和人才的培养。怎样把比较文学教学教材建设落实到新型人才培养上？如何通过比较文学教学、教材实践塑造新型人才？这是比较文学教学、教材建设和构建其新体系中的根本问题。

回顾和反思新时期比较文学教学、教材建设的历史，大体上存在三种情况：第一种情况表现为重视知识传播，希望学生了解、学习更多的学科知识；第二种情况表现为在重视知识传播的同时，强调学科的学术性，希望学生提高学术研究能力；第三种情况表现为既重视知识传授，又重视学术性和提高学术研究能力，更重视学科思想、精神的教育，希望学生通过学习比较文学提升做人做事的人格、品德和能力。本人在教学实践过程中，这三种情况自己都经历过也都实践过。回忆反思自己教学实践中的问题，深感惭愧和遗憾。若是现在有人问我，在教学教材实践中，应该提倡什么？那么，我可以坦然相告，应该提倡在重视学科知识、学术研究的同时，更应该关注学生人格、品德、精神的培养。我始终认为，比较文学是一门非常有益于培养人、塑造人，特别是能够全方位提升人类眼光、胸怀、境界、灵魂的学问。

邹：我们习惯使用比较文学的"中国学派"来表述中国学者对于国际比较文学事业的独特贡献。从理论层面上说，以杨周翰、乐黛云、曹顺庆等为代表的学者提出了"跨文化研究""跨异质文明研究"，因时制宜，有效弥补了"影响研究"和"平行研究"范式的不足；从社会实践和现实应用的维度上说，您曾经做过多方面的尝试，其中有关比较文学在中学语文教育中的运用不失为一大创新。诚然，比较文学的开放性、跨越性特征与科学的方法论体系有助于中学阶段的人文素质教育，但是将比较文学由大学层面向中学语文教育拓展延伸，其间的知识缝合与接受效果肯定是相当复杂的过程，那么，您当时提出这一想法，希望达到的理想目标是什么？这个想法曾在中学课堂教学中付诸实践吗？学生的接受和反馈是否达到了起初的预期目标？令人遗憾的是，比较文学仍然未能被纳入今天的中学教育，在这一问题上，您是否会坚持当年的想法，抑或有所修正？

刘：我在普及比较文学途中，在良师益友季羡林、戈宝权、付克、乐黛云、陈惇、陈跃红、孙景尧、卢康华等以及我们团队合作者王福和、吴家荣、葛桂录、刘蜀贝、黄燕尤、尹建民等大力的支持下，曾经为比较文学走向中学做过一些尝试。其中主持山东省"十五"规划重点课题"比较文学在中学语文教学中的应用研究"，主办"全国比较文学普及暨潍坊市中学语文教师比较文学学术研讨会"，主编《中学比较文学十讲》，编写出版"比较文学与中学人文素质教育"丛书、《中学比较文学》，创建"中国比较文学研究资料中心"和应用比较文学研究所，筹备成立"中国比较文学教学研究会"，向中学教师、中学生乃至退休老干部和市民宣讲比较文学，开展"比较文学活动周"等举措，其目的都可以说是普及、传播应用，走向中学的一种尝试。我和我的团队之所以有这些活动，一是希望利用比较文学的丰富资源和营养来造就和培养中国公民与世界公民，提高公民的文化和文明素质等。二是希望通过普及、传播让大众共享比较文学。这种希望和追求，一直是我们的梦想，或者也可以说是我们"希望达到的理想目标"。老友陈惇说得好:"很多比较文学学者都是理想主义者,他们把比较文学看作人类文学走向辉煌未来——世界文学的康庄大道,是各国人民消除隔阂、相互了解、增进友谊的良方,他们以这样的远见卓识来看待比较文学,抱着一种世界主义的胸怀和美好目的来开展学术活动。"① 这种理想主义的梦想,给我以力量,鞭策鼓舞我前进。

令人遗憾的是,至今比较文学仍未在中学开花、结果。但我相信,随着教育改革的推进和比较文学事业的发展,比较文学总有一天会在中学生根发芽。因为这是人类文明发展的需要,也是比较文学发展的需要。

邹:如今中国比较文学界越来越重视翻译文学的地位,强调翻译文学工作者的重要意义,"翻译研究"和翻译文学史建设成为中国比较文学的显要课题。您和谢天振教授在这方面做了大量探索,请您谈谈翻译文学研究与翻译文学史建设的前景?

刘:我涉猎翻译文学从学习研究现代文学史起步,是从现代文学到翻译文学。当年我读五四时期的作家作品和文学研究会、创造社等时,发现一个很重要的问题:现代文学历史起步和翻译文学、外国文学有极其密切的关系。从鲁迅到巴金,都是两手抓,一手抓创作,一手抓翻译。因此,我当时就认为研究学习现代文学,应该重视翻译文学。我甚至认为编写现代文学史时,应该包括这段时期的翻译文学。后来走近比较文学时,更感到翻译文学的重要地位。我早年写的《比较文学及其在中国的兴起》那本小册子,特别把翻译活动列为"中国比较文学的重要活动和遗产",并提出"翻译是比较文学的一个重要组成部分"(见该书第 114 页)。该书简要介绍了梁启超、林纾、苏曼殊、伍光建、鲁迅、茅盾、郭沫若、新青年、文学研究会、创造社、未名社、新月社、语丝社、时代出版社等作家和文学团体的翻译活动(见上书第 114~124 页)。1989 年和陈玉刚等合作编写的《中国翻译文学史稿》由中国对外翻译出版公司出版,这是我国第一本翻译文学史,也是本人跨进翻译文学史建设的第一步。我在这方面,谈不上做了大量探索,只是敲敲边鼓而已。真正在这方面做了大量探索并作出重大贡献的是谢天振教授等学者、专家。因此,老友天振最有资格来谈论

---

① 参见尹建民等主编《刘献彪与新时期比较文学》,安徽大学出版社,2012,第 4 页。

翻译文学研究和翻译文学史建设的前景。建议您请他来谈，我只能交白卷，乞谅！

邹：作为全国首家比较文学应用与普及研究机构，潍坊市社会科学院应用比较文学研究所的成立曾引起学界关注。据我了解，国内一些从事比较文学研究或者学习比较文学出身的学者非常敏锐，正在将比较文学的方法和理念运用于广告传播、文化产业、青少年亚文化研究、旅游经济等方面，收效不错。潍坊市社会科学院的这个研究机构是更加侧重于比较文学在教育领域的普及，还是更多地服务于地方文化与经济建设？

刘：我听到您说的国内有些研究工作者和学者，正在将比较文学的方法和理论运用于广告传播、文化产业等方面，并且收效不错的消息，很高兴，很受鼓舞。因为自己生病，牛老车破，近年来，于比较文学只能是心有余而力不足，闭户在家养病，信息闭塞……至于我和潍坊市社会科学院院长赵文禄教授合作成立的应用比较文学研究所，从当时的设想而言，包括两方面的要求：一是侧重于对大众比较文学教育的普及、传播，让大众提升比较文学的文化素质和修养，享受比较文学；二是希望运用比较文学的方法、理念服务于地方文化经济建设。如今，我和文禄教授都生病，他在北京医院住院治疗，我在家中治疗，我们都无能为力了。但我心中，始终燃烧着比较文学，尤其燃烧着比较文学的普及传播与应用……

邹：再次感谢刘教授接受访谈，衷心祝愿潍坊学院的比较文学事业不断创造新的辉煌。

刘：谢谢！让我们共同祝愿中国和世界比较文学事业繁荣昌盛，祝愿比较文学研究工作者精神愉快，再创辉煌！

水历史、水文化、水教育与应对全球水危机*

——访郑晓云教授

◉ 郑晓云 朱贺琴

【名家档案】郑晓云，现任湖北大学历史文化学院特聘教授。法国水科学院院士、中宣部"文化名家暨四个一批"理论名家、享受国务院特殊津贴专家、云南省云岭文化名家。郑晓云是我国在国际上享有盛誉的社会科学家，曾任国际水历史学会主席等国际职务，现为越南国家文化艺术研究院荣誉教授等。2017 年被希腊亚里士多德大学授予荣誉哲学博士学位。

朱贺琴（以下简称"朱"）：郑教授您好！您是中国水历史文化的研究专家，曾任国际水历史学会的主席，可以说水文化一直是您学术研究的主线条，从红河流域、澜沧江—湄公河流域到尼罗河、科罗拉多河、威尼斯大运河等，您已走过了三十余个国家进行考察研究。早期您从民族文化入手，研究了红河流域哈尼族梯田灌溉、云南傣族、藏族、纳西族等少数民族水文化，接着您对水的研究热情一发不可收，从古代中国水利遗址，活态的昆明水文化遗产，河流文化、水文化与当代水环境保护的关系到海外的水历史文化等都进行了认真的考察研究。在看了您的著作和论文之后，我发现您的学术研究有几个大的转向，刚开始您致力于民族文化研究，接着您开始关注民族生态文化，后来您又专注于海外水文化的研究。这里我想问您，是什么原因促使您从云南少数民族文化开始关注民族地区的生态文化并转向水文化、水历史、水遗产的研究？

郑晓云（以下简称"郑"）：这个问题得从我刚工作说起。我大学期间学的是历史学，大学毕业后我被分配到云南省社会科学院历史研究所工

---

* 本文原载《社会科学家》2019 年第 8 期。

作。云南省有 26 个民族，其中 16 个民族是云南省独有的，因此在云南做任何研究都离不开民族，任何学科都要和民族挂上钩。所以我到社会科学院工作以后，并没有做历史研究工作，而是被分配去搞少数民族研究。当时我们领导的思路还是比较明确的，要求每个人要熟悉一个当地民族的状况，我被分到了西双版纳，首先研究基诺族。所以到单位报到后仅一个月的时间，我就背起行囊到了基诺山区。在此后的六七年中，我每年都有半年以上在基诺山区进行调查研究。基诺山就在西双版纳，因此在研究基诺族的同时也能很便捷地接触到傣族，80 年代中期以后，傣族研究也成为我重要的研究领域。可以说，傣族和基诺族是我一生的研究根基。

在基诺山的调研过程中，我研究时间最长的是一个名叫龙帕寨（官方名称为亚诺村）的村子，就是有大长房的村子。长房是怎么回事呢？也就是一个家族的人们祖祖孙孙都住在一栋房子里面，比如说一个父亲有三四个兄弟，三四个兄弟在结了婚后可能又会有更多的孩子，子子孙孙不能分开住。但是房子本来就这么长，兄弟多了，房子只能越加越长，最多的时候有一百二十人同时住在一栋房子里面，小的也有十几个、二十几个人住。在这个长房里面，每一个小家庭又有一定的独立性，它里面分成一格一格的房子，一家人就是一格，有一个火塘，一个火塘就代表一个家，所以有十几个火塘，就有十几个家庭。长房居住制度也和村子的社会经济制度紧密相连，村子里的土地也是按照长房来分配的，土地分到长房以后，再分到火塘代表着的小家庭，过去一个火塘分三亩或五亩地。长房制是一种特殊的民族学现象，它实际上就是一个父系的大家族。经过长期研究后，我写成一本书《最后的长房：基诺族父系大家庭与文化变迁》。除了龙帕寨外，其他村子也有长房。长房制在 20 世纪 80 年代就解体了，现在再也没有了。因此我幸运地目睹了长房最后的解体过程。

基诺族居住在山区，当时 20 世纪 50 年代森林覆盖率高达 90% 以上，这与传统的耕作方式密切相关。传统的耕作是采取林地轮歇耕作的方法种植陆稻，在划定的林地上进行轮歇耕作，一块地耕作两三年以后就放荒，十余年后再进行耕作。耕地时要砍伐地上的树木，焚烧后把灰烬当作肥料。比如有一百亩土地，每年只耕作其中的二十亩，两三年以后再去耕作其他的林地，自然轮作，十多年以后第一年耕作过的土地上面又长出茂密的树林了。这是一个人和自然平衡的良好生态系统。我对基诺族传统的农耕做了很多调查，所以说这促使我对生态人类学、生态文明比较感兴趣，后来我重点研究生态环境和森林的关系问题，一直到2000年的时候，我还在做森林文化、森林和老百姓生计关系的研究。我们与日本的东京大学、日本国学院大学都有合作，对澜沧江、湄公河流域的森林保护问题进行研究。

朱：是啊，对生态文化的研究兴趣，可以使您从一个连续的、发展的、比较视角看问题，从民族文化到对民族生态的关注，您离水文化越来越近，在多年的调查实践中，您能为我们分享一下您记忆深刻的田野经历吗？

郑：是的，基诺族居住在山区，傣族居住在坝区。说到一些事件还真是有，"文化大革命"的时候，山区毁林砍树开荒，向大山要粮食，向森林要土地，人们大量砍伐树木搞建设、炼钢铁、盖房子、扩大耕地，这使基诺山的森林覆盖率从解放初期的90%下降到"文革"结束后80年代的不到50%，森林覆盖率下降了约一半。基诺山其实是靠森林涵养水，整个基诺山就是一个绿色的水库，没有森林，从山里流下来的河水就少了，甚至有的河流就干枯了。山区的水通过河流流到周边傣族居住的坝区，傣族是种水稻的，要靠山区的水来灌溉。森林被砍掉就没有水流下来，造成坝区老百姓严重缺水。粮食减产，甚至连口粮都不能满足，大量的田被当地老百姓叫作"雷响田"，就是打雷下雨才有水，不打雷不下雨就没有水。单靠雨水来种田，这在西双版纳历史上是不可思议的！

水的矛盾和危机使周围老百姓的生活太艰难了，甚至有的连生活用水都困难，洗澡困难，种地也困难，为了水的问题，坝区老百姓和山上的老百姓时常发生争执，有时为了争水产生很大的矛盾。当我看到这一切的时候，也被深深地触动了，这就促使我开始对水的问题进行调研，写了当地关于水资源状况和森林保护的调查报告。与此同时在对傣族村子的研究中，从另一个角度我认识了傣族丰富的水文化。大家都知道傣族是一个爱水的民族，水对这个民族的精神世界、文化、制度、行为、生活方式等方方面面都有深刻的影响，尤其是作为傣族人民生计的根基——水稻种植，就离不开有效的水资源管理。水是傣族人民尊重的物质，水被神圣化、被崇拜，现实生活中他们有很多崇拜水的活动。男人、女人每天收工回家都有洗澡的习惯，人们希望有好的水环境。水文化作为一种习俗在傣族民族文化中具有典型性，所以我对傣族的水文化问题很有兴趣。

客观地讲，20世纪80～90年代，水的问题不太受人重视。无论你和干部还是学者谈论水问题，都很少有人有兴趣听，不像今天，水问题成为一个全社会关注的热门话题。关于水问题，我曾经写过调查报告，也写了一些论文，但是那些文章多次投稿也没有杂志愿意发表，尽管如此我还是一直延续着自己的研究兴趣。很快，我就遇到了一个契机。1999年联合国教科文组织在英国召开了以国际水历史为主题的国际会议，我向大会提交了一篇论文，当时中国的学者不多，研究中国少数民族的就更少了，所以我的这篇文章很顺利地入选了大会。但是由于当时办出国参会手续很困难，因此这一次大会我没有去成。2001年联合国教科文组织正式成立国际水历史学会，在挪威的伯尔根召开大会，大会再次邀请我去参会并承担了我所有的参会费用，这一次我去成了，从此与国际水历史学界有了很广泛的联系。这一切促动我更进一步致力于中外水历史文化的研究。

朱： 您的机遇与其说具有偶然性，其实也有其必然性，这里既有您转向水文化、水历史研究的动因，也离不开您长期对民族水文化的专注。您能为我们介绍一下国际水历史学会和您坚定从事水历史文化研究的动因吗？

郑： 好的。在国际上，水历史研究有较长的历史，在一些国家如德国、英国、美国、芬兰等都有水历史学会，或者在历史学学术组织中有水历史的分科组织。1999年国际水历史学会的成立被提上议题，2001年在联合国教科文组织国际水文项目的协调下，国际水历史学会在挪威正式成立，它成为推动国际水历史研究和交流的重要组织平台，今天也是国际水科学研究有影响力的组织之一。学会出版了学术刊物《水历史》，每两年召开一次全球大会，目前已组织10次全球性双年水历史国际会议和其他一系列区域国际会议。学会以前爱尔兰总理、著名的水文学家詹姆斯 - 杜基之名设立了"国际水历史贡献奖"；和相关机构合作开展了一系列的水历史教学和科研工作。国际水历史学会的有效工作，使全球的水历史科研、教育、普及应用都有了一个更大的平台。这个学会虽然成立的时间不长，但是对应对全球水危机、配合联合国千年发展目标的实现发挥着重要的作用，因此，其目前已成为一个在国际上有较高公认度的全球性科学组织，学会的会员或者朋友遍及世界各地。目前活跃的涉及水历史科学的组织还有国际水协会古代文明中的水与污水技术专业委员会、国际灌溉和排水组织历史专业组等组织。从 2001 年到现在，我参加了国际水历史学会的大多数全球大会，也先后担任了国际水历史学会的执行委、副主席，2012 年到 2015 年，我任国际水历史学会主席。关于国际水历史学科发展的详细情况，可以参阅我发表于《清华大学学报》2017 年第 6 期上的《国际水历史科学的进展及其在中国的发展探讨》一文。

随着参与国际水历史学会科学活动次数的增加，我不仅认识了国际上的很多科学家，同时也从国际学术层面上学习到了水历史科学的理念和研究方法，这对促进我的学术发展有非常重要的价值。我一方面通过国际接触和合作开展海外水历史的研究工作，至今已经调查了海外上百个水历史文化遗址；另一方面，我积极地把中国的水历史文化介绍到国外去，宣传中国深厚的水文明。可以说，过去 20 年来我的学术是在和国际的互动中发展的。

的确，我从民族学转向了水历史研究，既有偶然性也有您说的必然性。就必然性而言，一是我看到了水有丰富的文化内涵，值得我去研究它；二是水危机变得越来越严峻，超乎我当时兴趣的判断。我开始做水研究时，认为水重要，由于很多少数民族有丰富的水文化，所以我对水的研究主要是从少数民族开始的，傣族、纳西族、藏族等的水文化都非常丰富，使我对水产生了浓厚的兴趣，但后面就不是兴趣的问题了，而是个现实问题，就是我们应该怎么应对水危机。从学术兴趣变成了一种强烈的责任，因此我现在的很多研究与现实有直接关系。比如说 2009 年以后，云南发生了一百年没有遇到的大干旱，持续了五年时间，当时的云南省省长让我马上成立课题组去研究，应对干旱问题，于是我带领的课题组花了很多精力去研究应对干旱问题的方法。我提出在云南建设一百万个接收雨水的小水窖，改革农村小水利，包括干旱的长期治理等建议，云南省委、省政府几乎都采纳了，这些都对缓解干旱做出了很大的贡献。所以现实会推着你去做一些超出学术、关注现实的研究，随着研究的深入，我已经自觉地把水文化研究纳入现实境况中了。

之所以关注现实是因为目前我们面临着前所未有的水危机。这里我可以给你一组来自联合国《2018 年世界水发展报告》的数据：世界上有 19 亿人口生活在水安全无保障地区，2050 年这个数字可能提高到 30 亿人。在水质量方面，全球有 18 亿人口使用没有任何处理的饮用水，对于水相关的疾病没有任何防范。全球所产生的污水有 80% 没有进行任何处理和再利用而直接被排放到自然环境中。在水灾害风险方面，受到洪水威胁的人口将在 2050 年从目前的 12 亿增加到 16 亿人，接近世界人口的 20%。由于气候变化的影响，人类到 2030 年将面临 40% 的全球水资源赤字。随着水污染的加剧，地表水和沿海地区水富营养化将遍及全球。这一切将会对全球社会经济产生重大的影响，不仅影响全球经济发展，也将导致贫困、社会不公平程度的加深以及水资源冲突等矛盾的加剧。这种现状足以使每一个有责任心的学者投身其中，从每一个可能的侧面共同担负起化解水危机的责任。水历史、水文化研究是一种途径，使我有可能尽到一些责任。我也在不断呼吁社会科学的不同学科加强对当代水问题的研究，因为当代的水问题不仅是技术问题，还反映为社会问题。我撰写的一篇题为《社会科学在应对当代水危机中的作用与发展》的论文发表在《中国社会科学内部文稿》2018 年第 6 期上，对相关问题进行了探讨。

朱：现实中的水危机、水困境是促成您从事水历史、水文明、水文化研究的直接动力，您的学术自觉意识也使您对水历史的研究有了一个更大的格局，您能结合您在世界各地调研、参加学术会议的经验，谈谈如何做水历史、水文明、水文化的研究，以及中国的研究现状如何吗？

郑：我常常讲我是比较幸运的，我的学术成长和中国的改革开放是同步的。20 世纪 80 年代初，中国对外开放，我也第一次跨出国门，第一次去泰国作学术访问就待了一个半月，随后这种机会越来越多，在国外学习、访问、交流，每到一个国家，哪怕是开会，我都会要求组织方安排一两天的时间去作学术考察。

我觉得在中国，社会科学界对水的关注和关心是远远不够的。我们很少有从哲学、经济学、社会学、宗教学、文化学的角度并几十年致力于水问题研究的社会科学家。而国外这方面的专家就很多，专门研究与水相关的音乐现象、文学现象、水景观的专家也很多，但中国基本没有。要成为一个专家，不是说搞两个课题偶尔做一下，这样仅仅属于客串，一生致力于一个领域的研究，这才能叫专家。所以国际水历史学会有一个国际水历史贡献奖，评奖的一个主要标准是要求一个专家有证据证明30年来不间断地从事水历史研究和科研组织推广工作，这样才有资格参报这个奖。

因为水是全人类的，我也有一个很明确的思路，就是我们关注水、治理水要全球合作。我们也要讲"水利益共同体"，我花那么多精力去研究国外，就是希望把全世界水的历史、水文明、水文化做一个比较，把水在人类历史和文明中的融通关系揭示出来，让大家都知道，在所有的文明中，水都是最核心的要素。这种看法在我们中华民族也一样的，我们崇拜龙，龙是什么呢？龙就是水神。我们中华民族发展到今天是跟治理水密切相关的。不管是少数民族，还是汉族，自古以来，水都处于生存发展的核心位置。现在条件越来越好，可以到世界各地去研究水、调查水，所以我这几年的研究，就是希望把中国的水文明与西方的水文明做一个沟通，对东西方的水文明架构有一个整体认识。

说到水文明，必须得承认，水文明和水文化是有差别的。文化可能是一个单一现象，比如说罗马的水文化和水文明，沐浴、水景观是文化现象，但不同的文化现象构筑起来的就是一个大的文明体系，所以罗马帝国的水文明是立体的，当然水文明只是罗马文明中的一个组成部分，是作为一个亚文明存在的。中国也有水文明，是由各个民族丰厚的水文化共同构成中华民族有整体关系的水文明，这一方面值得我们将来认真地研究。

朱：郑老师，通过您对水文明与水文化的解释，我也发现，现在国家更关心的是水的使用与治理问题。如党的十九大报告提到与水相关的句子，"必须树立和践行绿水青山就是金山银山的理念""统筹山水林田湖草系统治理""实施国家节水行动"，等等。① 2019年2月中共中央国务院发布的关于"坚持农业农村优先发展做好'三农'工作的若干意见"中亦提

---

① 习近平：《决胜全面建成小康社会 夺取新时代中国特色社会主义伟大胜利——在中国共产党第十九次全国代表大会上的报告》，人民出版社，2017，第23、24、51页。

及"推进农村饮水安全巩固提升工程，加强农村饮用水水源地保护，加快解决农村'吃水难'和饮水不安全问题"①。似乎水文化、水文明的研究在中国还是和时代的发展有很大的差距。

郑：是的，您说得非常正确。随着我国实力的增强，我们治理水环境的技术已经达到国际一流了。一百年前美国人修在科罗拉河上的胡佛大坝是世界第一混凝土大坝，而现在中国的三峡大坝是世界第一混凝土大坝，我们三峡大坝能修、南水北调工程能够建设，还缺什么技术！至于资金也不是制约我们治水的根本问题，那么为什么水的这个问题到现在还是不能解决，我们到底缺什么？

实际上我认为，我们最缺的还是水文化，也就是善待水的价值观，我们缺乏爱护水环境的观念、知识，环境友好型的行为模式、相关的制度建设、社会生活中方方面面对水的关爱、节约用水的意识，等等。现在城镇化速度太快，年纪大些的人可能还会有一些对过去农村的记忆，其中就有很多与水的各种环境有关的互动记忆，而那些年轻人，先不说城里的孩子，即便在农村长大的孩子，也都是使用自来水，他们没下过田，没种过地，对于人和环境之间的关系没有切身的体会，他们怎么会了解水对土地的重要性呢？他们对于怎么去管理水也不一定会去关心，反正现在什么都可以买，水在商店里就可以买。这样水就不仅仅有自然属性，水变成了可以买卖的商品，变成了一种日常消费品。水和人类社会有那么密切深刻的关系，但是与水相关的教育，在年轻一辈那里却非常欠缺，越是大城市越欠缺，未来一代一代的年轻人没有意识去关爱水，这样怎么得了！

我在日本做了几年的教学和研究，我发现日本人很重视水观念的传授，他们教小孩子爱护水、节约水的知识，会组织中小学生们到水博物馆接受教育，到河边体验水，水体验对学生是很重要的，它可以在学生心里种上保护水的意识。如果保护水的观念跟不上，就会出现经济项目建设与保护水资源的冲突。我在很多国家遇到这样一些项目，因为可能会破坏水源，为保护水源，这些项目再怎么赚钱都不让上。所以我认为，我们构建

---

① 《坚持农业农村优先发展做好"三农"工作的若干意见》，http：//www.moa.gov.cn/xw/zwdt/201902/t20190219_ 6172153. htm。

水文化是非常重要的，这应该是社会科学工作者的一种使命。

朱：对，您从事水文化的研究动力其说是水情怀，不如说是一种水责任。

郑：情怀也有，责任也有。如果说从研究与做学问的角度来说，是一种情怀，但是在人类面临越来越严重、越来越大的水问题时，就变成了责任。总体上说，我还是农村走得多，广大的农村，包括中国的、外国的，有那么多农村面临缺水、干旱、严重的水体污染，看到这些，绝对会刺痛每个学者的内心，每次去调研，我都会受到强烈的刺激，于心不安。

朱：刚才您提到中国水文化教育缺失的问题。其实且不说中国的中小学教育，即使是高校教育也很难见到相关课程的开设，您作为水文化方面的专家，能为我们介绍一下中国和外国关于水教育的一些情况吗？

郑：我觉得，国外的水教育做得比较好。在欧洲一些国家，水教育虽不是小学初中阶段强制性的课程，但它一定是教学中的一个组成部分，孩子们有义务去接受水教育，除正式教学之外，各种教学活动也必然会涉及水教育的内容。比如刚刚提到的日本，在东京大学旁边有一个东京水道博物馆，这个博物馆始建于日本的明治时期，里面展示了东京供水与排水的整个历史。在日本工作的时候，我很爱去这个博物馆，因为博物馆里除丰富的展览内容以外，还有一个不大的图书馆，馆里收藏了很多日本出的与水有关的书，有三四千种。从这里陈列的书中就可以看到日本的人文社会科学对水的研究之多，有水和日本文化、日本人的水生活、日本水历史等，很多书仅题目就对我很有启发，待在这个博物馆，我就不需要到其他大学去了。我每次去博物馆都可以看到中小学生前去参观。在一些日本高校，也开设了关于水历史文化方面的选修课。在日本的很多社区中，还有水学校，面向社区居民普及水文化知识。

美国很多大学也有与水文化相关的选修课，培养了很多水文化方面的专家。我认识很多国外水历史学会的研究专家，他们都出了很多书，有的人虽然在欧洲，但是在研究中国、研究非洲，比如说我们国际水历史学会的首任会长特吉教授，他拍摄了一部三个多小时的介绍全球水历史的影片，目前已经被翻译成中文等十几种文字在全球发行了，这个片子在国际上影响很大。从这里也可以看出，国外水情教育从小学、中学到大学都没有间断。

中国高校目前很少开设水文化课程，我计划 2020 年在湖北大学开《全球水历史概论》这门课，我之所以开设这门课，是因为我已经掌握了全世界 100 多个田野点的实地考察资料，也有大量的文献，可以让学生了解水在人类发展过程中所扮演的重要角色。这门课程一旦开设的话，应该是中国第一门《全球水历史概论》的课程。

朱：您在开这门课程的时候，实际上也大概确定了您未来几年的研究方向吧。您能谈谈您当前正在从事的研究与您的研究设想吗？

郑：我接下来的主要研究方向有两个，第一个方向是研究"水的文化多样性"，我想研究国内外不同民族文化和水之间的关系；第二个方向还是要做全球水文明的比较研究，我对希腊古罗马时期的水文明非常感兴趣，这在 2018 年及最近在《光明日报》理论版发表的《早期西方水文明的构建及其影响》《文明交替中的埃塞克亚灌溉系统》两篇文章中有简要概述，此外，水在罗马帝国发展中的角色，古代希腊时期的水历史考古等都是我准备发表的成果。同时我会深入研究中国博大精深的水历史，把中国的历史文化介绍到国外去。我想尽量在中外水文明比较的基础上，在中国构建水人类学。之所以研究水人类学或者说水民族学，主要还是想把我对少数民族的水文化研究纳入一个学科的范畴。因为水文化不能泛泛而谈，最好是在一个学科范畴里构建它的理论框架，这样才好交流对话，否则水文化太宽泛，有时候不容易理解。其实中国那么大，从云南到新疆，我们边地一带有丰富的多样性的民族文化，因此也有丰富的水文化资源，正好可以形成研究优势。不同民族的学生都可以从自己的民族文化环境出发去研究水文化，就比如维吾尔族的学生可以做坎儿井的水文化研究，哈萨克族的学生可以做草原水文化研究，塔吉克族的学生可以做高原山区水文化研究，这样对学生们来说是很便捷的，研究成果也会比较有新意。

朱：我对您颇有前瞻性的研究计划很感兴趣，期待您这些成果赶快问世，说起研究，现在的研究特别强调实际意义，如研究水文化资源一定会提及对它们的开发利用。我在水利部通知文件中发现，截止到 2018 年底，全国有 878 处国家水利风景区，其中新疆有 23 家，可以说水利风景区是开发水景观资源、推动水文化旅游的重要抓手。在您的文章中，您非常重视水文化资源的保护，结合您长期的调研实践，国内外成功或失败的个案，您能谈谈合理开发水利风景区，需要注意什么问题吗？

郑：是的，关于水利风景区在水利部也算是一个大的项目，参与的单位很多，全国都在推广。关于这个问题，我想从两个方面来探讨，总体上来说，水利风景区做得好还是有好处的。因为这个项目主要依托水利部管辖的水库，过去的水库在没做风景之前，承担供水任务。水库其实是一种景观资源，水利部考虑通过风景区赋予水库以文化，把库区的自然资源变成人文资源，这样水利风景区就能开展一些文化活动了。在风景区里既可以开展旅游业，开展人文活动，也可以搞水情教育，作为一种旅游资源，它能给大众提供休闲的空间，它使资源被利用起来了，把水库变成除了供水、蓄水之外的我们生活中的文化空间。从这个角度上来说的话，我个人认为水利风景区总体上还是一件好事。

当然，在搞水利风景区的建设时，也有另外一层顾虑。有些地方在做项目的时候，不顾及上面的政策，会进行商业化开发，扩大商业项目的经营，本来水利风景区是公益性的，但是有的地方搞经营，这样就会破坏水源。

我担任过水利部水文化专家委员会的副主任，现是委员，针对水利风景区监管，我也提过建议，希望把水利风景区建设成户外的博物馆，把风景区展示与水情教育结合起来，通过电子化的网络平台，让游客以微信扫码的形式看风景区的图文资料，了解水质信息，认识周边的古迹遗址。

总的来说，建设水利风景区的初衷就是把它作为我们人文空间的一部分，在水库的功能之上增加文化功能，使水利风景区走近大众生活，成为大众生活中的补充，进而使大家了解水，关爱水，使它成为大众休闲娱乐与接受水情教育的一个景点。但是如果操作不好，就可能适得其反，现在已经出现了一些问题，就是过度的商业化。

朱：谈了这么多，我发现您的学术研究似乎有一根中心线，无论是您早期从事的民族文化研究，持续关注的生态文化研究，还是您对水历史、水文明、水文化的执着，都没有偏离这根中心线。

郑：是的。我最主要的研究领域有三个，第一个领域是少数民族研究，最有建树的就是基诺族和傣族研究，关于这两个民族我都出了几本书。比如傣族研究，我不仅研究中国的傣族，我还研究跨境的傣族，在云南周边一带，印度、缅甸、老挝、泰国、越南也有同根同源的傣族，我称之为傣泰民族，我都对其做了研究，可以不谦虚地说，傣泰民族文化的海外研究，无论从田野的广度还是持续的时间来说，国内目前还没有第二个人做到这一点。

第二个领域主要致力于水的历史文化研究。这一点前面已谈过了。

第三个领域到现在我也还没有放弃，就是对文化认同问题的研究，这也是我比较有成就的一个方面。20 世纪 90 年代，我出版了中国第一本文化认同的研究专著《文化认同与文化变迁》，后来第二版的时候，编辑建议改名叫《文化认同论》，现在已经出版了第三版，印刷也超过一万册了，引用率有四百七十多次，在中国社会科学著作里算是一本高引用率的书。

过去我关注的是民族之间的认同、社会之间的认同，当然也关注城市之间的文化认同，现在我对生态环境问题比较感兴趣，打算研究生态认同、环境认同。人类的认同总是与时代和环境变化相关，也就是说认同本身也是在变化的。今天我们人类就应该在共同的环境利益上，在对待水的问题上达到更多的认同，包括理解水、保护水环境、节约用水、公平的水分配、国际河流管理合作等。

其实从我对傣族文化的研究开始，以及全球水历史文化的研究、生态问题的研究，这些大的领域到最后可能殊途同归，都是可以串起来的，把文化认同、水的问题、环境问题、民族文化融合在一起。因此要说我的学术研究有什么主线的话，那么经世致用、追逐前沿、融会贯通，就是我个人努力遵循的一条主线。我认为一个人做学问，既要踏踏实实钻研问题，也要努力了解学问的前沿，站在学问的前沿。同时要熟悉自己的研究领域，使不同学问融会贯通，这样必然能使自己主攻的研究方向获得更大的突破。经世致用，这是强调学问的实用价值，让学问在推动学术发展中有价值，也在服务现实社会发展中有价值，这是一个学者的责任。也是学术研究的终极意义。

朱：是啊，经世致用、追逐前沿、融会贯通作为您个人的研究态度确实是一根主线，但水生态意识与水文化认同的结合可以说是您致力于构建的体系，从民族认同、对生态和谐的认同，再到整个人类认同体系的构建。

郑：是的，包括全球水文明体系的比较，也要前期构建一个全球的生态认同命运共同体，所谓认同就是集体间的共识。

朱：对，在您的《水文化的理论与前景》中，我就看到这样一句话说："不论人类的水文化存在何种差异，但是对水文化的需要却是共同的，我们都需要对人水关系做一个充分的认识。"实际上您就是想在此基础上构建一个全球的水文化认同共同体。①

郑：对，努力吧，因为全球太大了，要走的路还很长，要花很大的精力努力去做，希望十年之后能有所建树吧。

朱：可以说，您用您的知识在理工科水利界打开了一片天地，打通学科间的壁垒，以水为媒介，使人文社科与理工科间达成互通共识的交流对话。

郑：这个倒是很对，这几年我跟水利部的接触特别多，过去认为搞水利的不讲文化，是"粗、大、笨"，水利就是该挖沟挖沟，该建水库建水库，但现在就是考虑怎么在水利中融入文化，这已在整个水利部上下达成共识，就是要讲文化，搞行业文化，包括刚才说的水利风景区、城市水景观等也属于文化建设，如建设河道，如何能做出第二条秦淮河来，这就需要文化。水利部正好对我们这些文化专家有需求，我就充当着水文化的传播者这一角色，把我们的观念灌输给他们，参与他们的设计。

当然，要想更好地传播水文化，还要对水有深刻的认识，因为水的社会属性与自然属性并存，如果不懂一点水利知识的话，也很难沟通。我博士在希腊学的是水文地理学专业，里面有水利史课程。因此在给水利部干部、专家授课的水文化培训班上，我不仅会讲水利工程知识的河渠宽度与坡度、引水量与输水量，还会讲水文化对水利工程的影响。比如说罗马帝国水利工程有哪些技术含量，是用什么办法建造的，建造技术的先进性体现在哪些方面，对人们的生活有哪些影响。其实我们今天的城市集中供

---

① 参见郑晓云《水文化的理论与前景》，《思想战线》2013 年第 4 期，第 8 页。

水、调水、沐浴、水冲厕所等生活方式的形成都是受罗马的影响。比如说各种各样的厕所，世界上有两个 WTO，一个是国际贸易组织，另外一个 WTO（World Toilet Organization）就是世界厕所组织，这是一个大组织、大科学、大领域，有很多研究专家，他们组织各国专家撰写了一篇长篇论文《人类厕所的进化》，我写了中国的这一部分。其实我们现在使用的冲水厕所是古罗马遗产，虽然干净卫生，但是耗水、污染比较大，至于未来怎么发展显然跟人们的环保节水意识有关。

朱：是啊，您现在正在走一条自上而下的水文化教育普及路线，中国很多民俗的形成也是一个自上而下的过程，上行下效，通过众多民众的模仿效习后便蔚然成风。如果有更多像您这样的专家努力，带动更多的干部与专家，那么中国的水民俗定会助益中国水情教育的。

郑：实际是这样的，水文化在某种意义上就是一种水民俗，完全可以等同，它是一种民俗学现象，各个民族都有用水的习俗，比如说很多地方跨年关时，都会打清水以备第二天清晨洒扫庭院、供奉贡品、点香祈拜、祭拜水神，这些都是民俗现象，在民俗活动的进行过程中，民间对水的敬畏与关注也得到了强化。

朱：这样水民俗便使水教育呈现出一幅立体图景，这对当前国家生态文明建设、"三农"工作的顺利开展也有一定的推进作用。国家标准委2018 年 6 月印发了《生态文明建设标准体系发展行动指南（2018—2020年）》，从空间布局、生态经济、生态环境、生态文化四个方面提出推动建设人与自然和谐共生的现代化，不断满足人民日益增长的优美生态环境需要的指导理念。①

郑：对，水生态文明研究可以衍生出很多话题。我认识一些国外的专家，他们有的从事水的文学创作；有的专长研究水音乐，以水为音乐创作的灵感；有的画家一辈子画水；有的摄影家一辈子拍摄水。在国外开水历史大会时，你感受到的完全是水的艺术氛围，晚上有水音乐表演，白天有水摄影展览与比赛、绘画展览和比赛。可以说，这种水教育完全是立体的，既有最高端的专家讲演，也有老百姓普通的家常世界，这些实际上在

---

① 《生态文明建设标准体系发展行动指南（2018—2020 年）》，http：//www.sac.gov.cn。

日本、欧洲都是非常普遍的。

朱：的确，以水文化认同为基石，水生活艺术化，水艺术生活化就是最好的水教育途径，感谢郑教授的精彩解答，让我们了解了过去被忽视的水历史，认识了水文明、水教育的重要性，也了解了您治学的很多理念，相信这篇访谈对从事水的人文社会科学研究者会有所启发。

古籍数字化、"数字人文"与古代文学研究

——访郑永晓教授*

◉ 郑永晓　段海蓉**

【名家档案】 郑永晓，中国社会科学院文学研究所研究员、文学研究所数字信息室主任，中国社会科学院大学教授、博士生导师。兼任中国宋代文学学会理事、中国陆游研究会理事。研究领域为唐宋辽金元文学、文献学。主要著述及古籍整理成果有《黄庭坚年谱新编》《黄庭坚全集（辑校编年）》《中国散文史话》等，与人合著《白居易诗歌选析》。在《文学遗产》等期刊发表论文五十余篇。论文《古籍数字化与古典文学研究的未来》获中国社会科学院文学研究所 2009 年优秀科研成果奖；《黄庭坚全集（辑校编年）》获第十五届华东地区古籍优秀图书奖二等奖。

段海蓉（以下简称"段"）：郑老师，您多年来一直从事"数字人文"研究的实践工作和理论探索。尤其参加了古典文献数字化早期的实践工作，像 2004 年，您参与创建了社会科学院文学研究所"数字信息工作室"；2006 年，您主持建立了社会科学院"元代文献数据库"。且您多次参加了"中国古籍数字化国际学术研讨会"并阐发了很多关于"数字文献数据库建设"的理论思考。尤其我们注意到您从早期关注"利用计算机思维方式帮助古籍整理""利用数据库词频开展研究"等，到今年 3 月份，在参加国家社科基金重大项目"中国古代都城文化与古代文学及相关文献研究"的开题报告会时，您提出要重点挖掘"数据库相关平台的开放性和

＊　本文原载《吉首大学学报》（社会科学版）2020 年第 2 期。
＊＊　段海蓉，新疆大学中国语言文学学院教授、博士生导师。

检索的精确性，着力优化检索服务功能的智能性"。① 可以看出，您的思考是随着科学技术的发展和文献数据库建设的实践而发生变化的，希望您能给我们简单介绍一下近年来古典文献数字化的发展方向、目前达到的水平和面临的困境。

郑永晓（以下简称"郑"）：在我国，古籍文献数据库已经有三十余年的发展历史。由于我国历史悠久，历朝历代积累的文献如汗牛充栋，治文史的学者面对浩繁的文献，往往只能选取自己感兴趣，且便于阅读的那部分进行阅读和研究。当然也有部分特别严谨和勤奋的学者经常到图书馆阅览，使用缩微胶片阅读机阅读善本、孤本等。但毕竟费时费力。另外，有些大型总集、类书，如《永乐大典》《古今图书集成》等，有时并不需要精读，但是其中含有很丰富、有价值的文献资料，有时想快速查询到某个具体的文献便颇为不易。因此，在电子计算机这一新生事物在 20 世纪 70 年代末 80 年代初传入我国的时候，部分有远见的学者看到了计算机在处理古籍文献方面的潜在优势。

《国外社会科学》1979 年第 1 期刊发了署名"力一"的《苏联学者谈电子计算机用于人文科学》，编译介绍了苏联《高等学校通讯》1978 年第 5 期刊载的 M. 安德柳辛科介绍计算机用于人文科学的一篇文章。文章谈到，当时已经有若干人文学科积累了使用计算机的经验，如历史学，可用于对史料、考古学资料及民族志资料的信息加工。又如语文学，可用于统计修辞学、确定作者、统计词典学等。文章特别提到，人文科学家研究方法与其他领域科学探索的方法颇有不同，因此有必要在高校和科研院所中设立专门的、用以解决人文科学任务的计算中心。② 次年，该刊又编译发表了《法国〈世界报〉谈电子计算机进入人文科学问题》一文，介绍了法国国立科学研究中心于 1975 年成立人文科学电子计算机实验室的情况。③ 国外的这些信息可能激发了国内部分学者的兴趣，他们也开始关注并尝试

---

① 张婕：《探究古代都城与文学的演进轨迹》，《中国社会科学报》2019 年 3 月 13 日，第 2 版。

② 力一：《苏联学者谈电子计算机用于人文科学》，《国外社会科学》1979 年第 1 期，第 145 ~ 148 页。

③ 江小平：《法国〈世界报〉谈电子计算机进入人文科学问题》，《国外社会科学》1980 年第 12 期，第 77 页。

将计算机技术应用于人文研究。

1980 年在美国威斯康星举行的首届国际《红楼梦》研讨会上，有学者提出利用计算机来研究后四十回的真假问题。这一方法对彭昆仑颇有启迪。于是他利用计算机对《红楼梦》的时间进程和人物年龄建立数学模型。"它使红学的许多研究课题有了坚实的基础。它对于研究《红楼梦》的艺术结构等提供了清晰的时间概念。"① 1985 年镇江市科委与东南大学（原南京工学院）合作完成了《红楼梦》数据库，深圳大学完成了《红楼梦多功能检索系统》。专家们以为："《红楼梦》数据库的创建，是一项创造性的劳动，成绩卓著，不仅对红学，而且对于整个社会科学和文学艺术的研究均有促进和启迪作用。"②

1978～1980 年，钱锺书、杨绛先生的独生爱女钱瑗到英国访学，向父母说起英国用电脑储存莎士比亚资料与查阅资料的各种功能。钱先生立刻敏锐地意识到这一新鲜事物的意义，便提议文学研究所成立计算机室，希望其走向世界。自 1985 年起，钱先生助手栾贵明带领的团队在这一领域进行了艰苦卓绝的努力。他们研发的"全唐诗速检系统"还获得了 1990 年"国家科技进步奖"三等奖。

但是可惜这些文献数据库工程由于建设理念等方面的制约和缺乏商业化操作，未能在更大范围内推广开来。至 90 年代后期，古籍文献数据库的建设才进入快车道。

1996 年，书同文公司启动的文渊阁《四库全书》电子版是一个重要标志性工程。该工程动用 300 名校录人员、60 名技术、学术和管理人员，历时三年多始告完成。这个软件能运行于多种版本的 Windows 平台，且能够坚持文献原文图片与全文并存对照的模式。既便于使用，也能最大限度地避免引用文献而难以核对原文的尴尬。进入 21 世纪，书同文公司又相继完成了《四部丛刊》《四部备要》等文献的数字化工作。

国学时代文化传播公司的《国学宝典》系列、北京爱如生数字化技术研究中心的《中国基本古籍库》等也都是 20 世纪 90 年代末启动的古籍文

---

① 彭昆仑：《关于〈红楼梦〉时间进程和人物年龄问题的探讨——兼论电子计算机在红学研究中的初步运用》，《红楼梦学刊》1984 年第 2 期，第 341 页。

② 彭昆仑：《科学技术与〈红楼梦〉》，《红楼梦学刊》1995 年第 4 期，第 281～296 页。

献数字化工程。2014 年，中华书局推出《中华经典古籍库》，次年成立古联（北京）数字传媒科技有限公司，主营《中华经典古籍库》的研发和推广。另外，中日专家联合开发的《雕龙——中国日本古籍全文检索数据库》在方志文献的收录方面颇具特色。这些都是当前比较流行的古文献数据库。

应该说，近二十年来，我国在古籍文献数字化和古籍数据库建设方面的成就是巨大的，这也在一定意义上推动了学术的发展。但是，目前古籍数据库的建设也面临一个发展的瓶颈，虽然像《中华经典古籍库》《四部丛刊》等挂接联机字典、年代转换、批注等各种工具，很有实用价值。但是从根本上说，这些数据库的主体内容属于非结构化数据，除全文检索外，并不能协助学者完成其他工作。另外，我国古籍文献虽然浩如烟海，但总有完全数字化的那一天。因此，对古籍文献数据库进行升级迭代势在必行。

未来的古籍文献数据库应结合数据挖掘技术、自然语言处理技术以及相关学者的深度参与，在古籍词频分析、版本分析比较、计算机辅助句读等方面有切实的进展。换言之，即充分利用人工智能的最新技术和大数据理论，力求完成人力所难以完成的宏观分析和微观比较等工作。它不应该仅仅是一个查询检索工具，更应该能协助学者进行多维度的统计、比较、分析，产生新的知识和思想。

段：我们在关注、使用文献数据库的过程中，发现目前我们古典文献的数字化过程中，古籍数据库建设大概有三种趋势。

第一，专题性数据平台建设不断得到扩充。除了"中国金石总录数据库""中国地方志数据库""中国家谱族谱数据库"，还有依托地方文献的数据库建设不断在补充。如 2018 年西北民族大学开始建设的"敦煌古藏文文献数据库"，西南民族大学的"《格萨（斯）尔》图像文化调查研究及数据库建设"，同年 5 月 11 日黑龙江大学通过"中国满通古斯语言语料数据库建设及研究"项目等。可以说，在这个方面，地方性、专题性数据库建设逐渐形成规模，并且地方高校在这个部分发挥了重要的作用。

第二，整合式文献数据库的建设有了很大的成果，"中华基本古籍库""中国历代诗歌数据库"等都是内容丰富、规模宏大的数据库。还有专家提议建设"中国古典知识库"等综合性、整体性的数据库。

第三,服务于特定研究项目的个性化、定制化数据库的兴起。这个方面主要是一些营利性的计算机科技单位或者拥有相关技术的个人承接的比较小的项目。在研究者与特定机构沟通的过程中,由研究者提供数据库所需要的文本,并阐明希望该数据库应该具备什么样的检索功能和结果呈现方式,而拥有技术的相应机构或者个人进行研发。这种私人定制式的数据库为学人在特定研究对象尚未建成综合性数据时,提供了诸多的方便。当然这种类型的数据库比较小,也尚未形成产业化。

这三种趋势,是我们作为数据库使用者,形成的比较直观的认知,不是十分的严谨。能不能请您就这个问题做进一步的阐述,或者指出我们的认知误区,让我们拨云见日,有一个更深理性的认识?

郑:"拨云见日"谈不上。谈一点我自己的感想吧。就近三十年来数据库建设的历史和经验观察,质量最高、社会效益最好的是商业运作的数据库。因为数据库的建设需要资金和人才的高投入,费时费力还容易被盗版,没有足够的资金很难维持正常运营。科研机构和高校开发的专题数据库较多,在文献数据库建设方面也做出了重要贡献。目前业界有人呼吁应打通各数据库之间的界限,或者至少应预留各数据库之间能够对接其他数据库的标准接口。因为产权等方面的制约,目前我还看不到打通各数据库之间的迹象。但是随着综合国力的强盛,学术繁荣的需求和开发者经济利益的驱动应该会倒逼这种打通,比如在保证各方权益的基础上,通过兼并重组等形式把重要的文献数据库整合起来。至于个性化、定制化数据库,应该是一些较小的专题数据库,可以作为数据库建设的有益补充吧。

段:中国古典文献学素来比较重视文献的分类和目录,如《汉书·艺文志》《隋书·经籍志》等这类史志目录,《郡斋读书志》等这类私家目录,《四库全书总目》等这类国家书目,都比较清晰地著录了古代典籍的情况。章学诚提出"辨章学术、考镜源流",为目录及目录学在中国古典文献学当中的重要价值和意义做了精要概述。目录一方面能够反映出一定历史时期的著述面貌和学术活动;另一方面,目录,尤其是"小序""提要"对学术史的梳理有重要意义。

数据库的建设发展,改变了传统文献如丛书、类书等书籍整合方式。

与此相应的，文献的目录、分类也受到了影响。我们在使用诸多数据库，比如《国学宝典》《中国基本古籍库》《中国哲学电子书计划》等数据库时，都比较清晰地体会到，大数据储存和检索功能，不仅可以提取相应著作，而且可以穷尽式提取具体关键词的所有信息。但是，古籍数据库打破了传统古籍的分类局面，也就无法通过某一类典籍梳理相关学术史。同时，部分数据库建设的过程中，相关单位和学者也多次提到，兼通文献学和计算机专业的人才是相对比较缺失的，并提议应该将有志于此方面工作的学子由文学、文献学和计算机专业等其他学科联合培养。

IT 时代的古籍数字化确实需要我们去建立新的学科体系，来正确认识并解决随时出现的问题，在您和其他学者关于文献数字化的实践和理论探索中，也提到"基于传统目录学的古籍文献数据库建设"的思考以及"数字文献学"这个新兴的学科，请您具体跟我们讲讲这个学科领域。

郑：所谓"基于传统目录学的古籍文献数据库建设"，实际上是希望数据库建设由目前基于纯文本的、主要功能为检索查询的数据库向专家学者深度参与的知识库转变。希望能够借助数据挖掘技术和人工标引等工作，把目前的数据库建设向"专家系统"过渡。"专家系统"是人工智能中的一个领域，目前应用在工程、自然科学、医药、军事、商业等领域。我们把这样的技术和理念引入文献数据库中，就使数据库不再仅仅是一个检索工具，还可以引导初学者的治学和资深学者的深度研究。而在这一过程中，传统目录学所倡导的"辨章学术、考镜源流"等理念可以给我们很好的启示。当然，按照传统目录学的方式建设数据库与文献数据在计算机系统中的物理排列方式无关，只是一种逻辑的或虚拟的排列。

传统意义上的古典文献学是综合运用版本、校勘、目录、注释、考证、辨伪、辑佚、编纂、检索等方面的理论与方法，分析、整理、研究中国古代文献规律与研究方法的学科。其中的大部分内容如目录、校勘、辨伪、辑佚、编纂、检索等在计算机时代都面临着与时俱进和转型的需要。现在从事这方面的工作不借助计算机是不可想象的。

鉴于数字文献本身的特性、数字文献与传统文献的关系、数字文献使用过程中如何趋利避害等问题亟须研究和解决，就需要把"数字文献"与传统文献区别开来单独进行研究，于是有了"数字文献学"的出现。

2008 年 3 月厦门大学出版社的王依民先生在其博客《开宗明义：什么是数码文献学?》一文中，提出将数码文献学、数字文献学、电子文献学三种名称之含义视为完全相同的原则。

2009 年，我在《中国社会科学院特殊学科建设项目申报书》中向院科研局提出了资助"数字文献学"这一特殊新兴学科和前沿学科的申请，虽未获批准，但相关部门终于将"数字文献学"列入了社会科学院特殊学科目录。

近年来，数字人文研究在国内外都相当火热。"数字人文"的含义比较广泛，涉及一切可以应用计算机介入传统人文学科的领域，如哲学、历史、文学、音乐、艺术、考古、宗教等等。"数字文献学"是"历史文献学"和"古典文献学"在数字信息时代的自然延伸，也可以看作"数字人文"研究的一个分支。

数字文献学的出现将有助于传统文献学生发出新的学术增长点，同时对中国古典文学、中国历史、中国哲学史等传统文史类学科的发展产生重要影响。

段：您刚才谈到"数字文献学"可以视作"数字人文"的一个分支。那么请您具体解释一下"数字人文"是个什么样的概念，其在国内外发展情况如何。

郑：数字人文（Digital Humanities），维基百科中文版给出的定义是："电脑运算或资讯科技与人文学的交叉学科。可以被定义为以合作、跨学科与电脑运算等新方法来进行人文学的研究、教学、出版等学术工作。数位人文学将数位工具与方法带进人文学中，并认为印刷书不再是知识生产与传布的主要媒介。""数位人文学的显著特征之一，是其对人文学与资讯科技双方关系的深化：透过科技进行人文研究，以及以人文学方法来研究科技对人的影响。"这个版本显然出自中国台湾作者之手，所言大体不误。但这只是其中一种说法，事实上，关于数字人文，学界尚未有统一的标准。数字人文的定义也由于其持续发展和开放的特性，或者很快就会出现新的定义。

大体而言，数字人文自"人文计算"（Humanities Computing）发展而来，使用数字化的资料和数字原生资料，结合传统人文学科如历史学、哲学、文学、艺术、考古学、文化研究与社会科学的方法论，以计算机运算所提供的工具，如超文本、超媒体、图像、文献检索、数据挖掘、统计等，进行综合性研究。

"人文计算"可以追溯至 20 世纪 40 年代末，其时耶稣会士 Roberto Busa 及其助手与 IBM 公司合作，利用计算机制作了中世纪哲学家、神学家托马斯·阿奎那著作的索引，称为 "Index Thomisticus"。

Roberto Busa 之后，不断有学者利用计算机从事检索、排序、统计工作，包括考古、历史、文学等方面的学者都有参与其中。

从"人文计算"到"数字人文学"的用词转变，始于 2004 年 John Unsworth 等人所编的文选《数字人文搭档》(*A Companion to Digital Humanities*)。该书强调此领域并不"仅仅是数字化"，它至少包括两方面的内容："以现代人文方法来研究数字化对象"和"以信息科学方法来研究传统人文问题"。

21 世纪以来，数字人文研究在国际上十分流行，各种数字人文研究学会和专门的研究中心遍布全球。截至今年 5 月，数字人文合作组织"数字人文中心网络"(CenterNet)所收录的数字人文中心已达 200 余个，覆盖 30 余个国家和地区，多数在美国、加拿大、欧洲和澳大利亚等国家和地区。有若干协会组织，目前国际上最大的数字人文组织为国际数字人文组织联盟 (The Alliance of Digital Humanities Organizations)，成立于 2005 年，并且出版专门刊物《数字人文季刊》(*Digital Humanities Quarterly*)。

需要注意的是，在"数字人文"这一名词被介绍到中国之前，无论是中国大陆还是台湾，都已有这方面的研究，包括关于古籍数字化的研究等。前面所说"数字文献学"可以视作数字人文研究的一个分支，也是基于这一事实。

我个人认为，数字人文既具有工具属性，也是一门交叉学科、新兴学科和前沿学科。其目的在于研究那些借助信息技术才能进行的研究，换言之，借助信息技术对传统人文研究进行升级转型，并试图寻求在前数字时代难以发现的研究对象、研究议题。

段：通过您的阐述和说明，我们看到了"数字人文"研究的大趋势，也看到了技术驱动研究的重要作用。信息技术作为一种研究的工具，其本身是为研究服务的。研究的目的，决定了我们对相应技术的选择。如利用 OCR（图像识别）技术进行文献录入；利用 GIS 技术研究地域文学、家族文学、绘制相关诗人或诗人群体活动行迹图；利用数据检索研究作品重出、具体作家作品在后世的接受；利用人工智能技术笺注、校订别集等。在相关的研究当中，学术界正在意识到，古籍数字化和人工智能等技术的发展，使笺注、校订等这类文献整理基础工作，可能逐渐被计算机人工智能实现，渐渐被边缘化，最后可能走下古典文学基础研究的舞台。对这个问题，您怎么看？

郑： 古代文学研究含义比较广泛，至少应包括古典文献研究、文学史研究、文学批评（思想）史研究等几个方面。其中在古典文献研究方面，计算机可能发挥的效用最大。伴随计算机智能程度的提高，尤其是自然语言处理技术的发展，计算机通过大量学习人工句读，大体上可以实现机器自动标点工作。而像笺注、校订等工作也可以交由计算机处理。当然，这样的技术目前还不是很成熟，但假以时日，这个愿望并不难实现。

段： 刚才我们提到因检索功能为学术研究搜集文献材料提供了便利，使古代文学在宏观整体研究上有了突破。以前仅通过一人或几人之力无法完成的研究目标，现在可以并且比较容易地开展。如浙江大学与哈佛大学共同建设的"学术地图发布平台"，其中如《全宋文》《全元文》《全元诗》作者分布图、具体诗人行迹图等成果就是典型。并且其开放的编辑平台也为研究者在自己创建数据库的基础上生成学术地图、进一步展开研究提供了极大的便利。这个方面应该可以算是数据库建设给我们古代文学研究内容上带来的比较明显的改变吧。

郑： 地理信息系统（GIS）经过数十年的发展，已经是比较成熟的技术。GIS 的一个重要功能是空间分析，对系统中的人物、位置、联系进行分析，当数据量很小时，这种分析意义不大，与人工处理没什么不同。但是当数据量很大时，比如收录的作家信息不是几百、几千，而是自先秦至近现代以来的数万个作家，包括其族群、行迹、交游、创作、作品传播等信息，所收录的作品也不仅是《全宋文》《全元文》《全元诗》等，而且是尽可能完备的先秦至清末所有的文献，当我们设定某个时间点启动系统进行分析时，我们观察到的可能不仅仅是某位作家的静态信息，还能看到该时段几乎所有活跃作家的静止或移动信息。

例如元军攻陷临安（杭州）后的二三十年间，以关汉卿、白朴、马致远为代表的北方作家向杭州迁移，而杭州本土作家或作为遗民追怀宋室，或降元谋求新的出路。同时元政府在此调派四万户府军驻扎。族群迁徙、文化碰撞、南北交流在这几十年间堪称跌宕起伏、异彩纷呈。如果有这一时段的人口和作家历史地理信息数据库，我们一定可以发现传统研究方法易于忽略的细节和人口及作家文人流动的趋势等比较精确的数据。这些信息是依靠传统个案研究或作家群体研究所不能得到的。

段：从刚才与您的谈话，我们可以看出，"数字人文"研究似乎正在逐渐打破学科间的界限，这应该和数据库的建设有紧密关系。现在面世的古籍数据库，大多以古籍为数字化对象，而不是以现在通行的学科类别为区分标准，这就使得数字化古籍库在一定程度上模糊了学科分类，结果就是消解了历史、文学、哲学等学科间的材料隔膜，从而使得跨文化研究、跨学科研究成为一种趋势。就古代文学研究而言，我们关注到，今年3月国家社科基金重大项目"中国古代都城文化与古代文学及相关文献研究"的开题报告会上，您和诸多学者指出"全面辑录与中国古代都城制度、空间、文化以及文学相关的文献资源，基于全文检索、智能关联、知识服务三项功能，建立古代都城文化与文学专题文献资源数据库"[1] 是相关研究的重要前提和基础。可见利用数据库建设来为特定文学研究对象服务的意识以及跨学科的研究已经逐渐成为一种科研方法。这对我们以后的研究角度或者研究思路还应该有哪些启发？

郑：古代文学研究，文献是重要的基础，是前提。过去我们的研究因为没有数据库的支撑，只能选择标志性作家和代表性作品进行个案研究，而文学史研究不过是若干个代表性作家作品的组合。这些研究当然很有意义，但也存在证据欠充分、易于忽略非代表性作家和作品的弊端。所谓代表性作家和作品，可分为两种情况：一种是在当时产生重要影响，在文学史上地位突出；另一种是在当时默默无闻，但是我们今天因为文思向文艺

---

① 张娟：《探究古代都城与文学的演进轨迹》，《中国社会科学报》2019年3月13日，第2版。

思想观念的变化而感觉很了不起的作家作品。因此，所谓代表性作家作品是否具有代表性，有时是后知后觉的产物，未必符合文学发生时的现场场景。而数据库的建立，一方面可以最大限度地收集该领域的所有文献，很自然地为相关研究在深度和广度上打下很好的基础。另一方面，利用计算机的自动分词和统计功能，有可能发现传统研究范式下所不易发现的问题。

　　段：文献基础是古代文学研究的一个重要方面，我们通过您全面、详细的阐述可以说有了比较清晰的认识。那另一个方面，关于"数字人文"研究对古代文学研究思维的影响，您也多次提到过要从"数字化"走向"数据化"，要有"大数据思维"。大数据技术在我们的认知当中，好像对理工科的研究推进比较快，但对我们文科的研究，尤其是我们古代文学的研究还是比较慢的。这种大数据思维主要指的是什么呢？是基于古代文学全部的文本资料展开研究，还是强调整体性、宏观性的研究？您是这方面的专家，想请您就这些疑问做一个解答。

　　郑：所谓"大数据"（Big Data），维基百科的解释是："所涉及的数据量规模巨大到无法通过人工，在合理时间内达到截取、管理、处理并整理成为人类所能解读的信息。""由巨型数据集组成，这些数据集大小常超出人类在可接受时间下的收集、庋用、管理和处理能力。"

　　大数据时代需要处理的数据如此之多，速度要求如此之快，则有可能造成我们不再热衷于追求细节的精确度而是注重于事物的发展趋势，并在宏观层面展现出较以往更深刻的洞察力和预见力。在大数据称雄的数据海洋中，精确的结构化数据只占极少部分，大量非结构化数据成为有待开采的金矿。而要处理大数据，就必须在一定程度上接受不精确性。因此，我们需要放弃传统的追求确凿无疑的思维方式，放弃对一些局部或细节真实性的追求，转而追求对概率和趋势的认知。纷繁而有瑕疵的大数据所得出的结论较无瑕疵的小数据得出的结论更为可靠和科学。

　　大数据思维应用于古代文学研究，我以为主要有两个关键点。其一是必须将研究建立在足够数量的文献基础之上。没有数据谈不上运用大数据思维。过去我们的研究习惯于归纳出几个证据，然后得出自己的观点。在大数据时代，这样的研究方式显得有些以偏概全。应该把证据驱动转化为数据驱动。其二是要有大数据的思维方式，最主要的是放弃对一些局部或细节真实性的追求，转而追求对概率和趋势的认知。比如关于唐宋诗风格体式的异同，缪钺先生和钱锺书先生等已有很好的阐述。如果我们用计算机对《全唐诗》和《全宋诗》的字词、句法、情感表达方式等方面进行提取统计，也有可能得出一个关于唐宋诗主要风格体式异同的结论。这只是基于唐宋全部诗歌所作的一种宏观性的分析和描述，没必要举出一些极端的例子去反驳这个结论。因为本来宋诗中有些作品就与唐诗无异，而唐诗作家中若杜甫、韩愈等开宋诗法门，其部分作品也具有宋诗的特点。

段：您做黄庭坚研究，用到这方面的技术吗？或者您最近做的论文，有用到这种方法吗？能不能给我们举一个这方面的实践例证。

郑：做黄庭坚研究的时候还用不到这些，那时候技术还没有发展到这一步。最近我用大数据思维方式来做的是关于《佩文韵府》的研究。像《佩文韵府》这样的书，拿放大镜都看不清楚，那只是过去写诗的人，参考这个书看看有哪些韵，某个韵它有什么例子。现在已经没有人用这个了，而且字太小也看不清。但是现在建一个数据库来做一些研究，我们就能够让它发挥作用了。

《佩文韵府》编修的那个时间段，康熙比较喜欢唐诗，可是编辑组的成员大部分来自江浙地区，那一带宋诗的文化背景比较厚，所以他们中的很多人比较喜欢宋诗。当时诗坛提倡唐诗的王士禛离开了权力中心，主张宋诗的查慎行却深得康熙的喜爱。我们试图弄清楚，在各种因素交织下，当时北京的这些关键人物是选唐诗多还是选宋诗多，就可以得出唐诗跟宋诗在这个时段谁更受欢迎。

综合研究之后我得出一个数值，《佩文韵府》中选的唐诗是宋诗的 1.9 倍左右，可见康熙后期，文人宗唐之风还是很明显的。当然了，这个数值还不十分精确。首先，《佩文韵府》是在前人基础上编的。其次，里边还经常有错误，比如具体作品和诗人之间就存在张冠李戴的情况。所以我们认为它不精确。但是，就像刚才我说的，因为数据已经很大了，所以少量的不精确，不妨碍你结论的正确。因此《佩文韵府》通过不十分精确的大数据分析的方法，相比根据几个精确的数值和列举个别作品用归纳法得出来的结论更可靠。这个 1.9 倍左右的结论，确实不够精确，但它是严格意义上近似于正确，并且就目前来讲，这是最精确的一个数值了。我们传统的研究方法是不能得出这个结论的。

段：您结合古籍数字化、"数字人文"研究来做古代文学研究的方法确实比传统的方法在某些方面有一些优势，但毕竟科学是一把双刃剑。古籍数字化给大部分科研工作者带来了研究的便利，也拓宽、改变了学术研究的思维方式。不可回避的是，它同时也带来了一些问题。比如相关论文中各种数据、图表的泛化现象，用"检索代替研究""技术伪装学问"等就是突出的问题。检索使得生成数据比较容易，可是对相应原因的分析则比较欠缺。此外，还涉及研究成果中文献利用或者说引用的规范性、版权问题等。在学术界呼吁净化学术环境的大背景下，也想请您谈谈这个问题。

郑：这个问题也很重要。我个人认为部分论文中满篇都是各种数据、图表，而实际上没有多少建立在数据之上的分析，并不是一个好的现象。用"检索代替研究""技术伪装学问"等问题确实需要引起学界的警惕。通过电脑检索拼凑出一大堆材料不是严谨的学术研究。目前网上的电子书很多没有版本说明，即使质量较高的数据库也因机器识别和人工校对的不严谨而差错率较高。使用这些文献，必须与原版本文献至少是扫描的图片文献对照，否则极易出现问题。古代文学研究，是需要我们研究者与古代作家建立心灵的对话，需要对作品有良好的感悟能力，才能对古代文学现象作出有深度的阐发。前《文学遗产》主编陶文鹏先生就对满篇都是通过检索罗列出的各种文献，而没有思想、没有艺术分析的论文很不满，斥之为"电脑体"。我对此很赞同。

"数字人文"研究对我们研究的思维方式、治学范式一定是有影响的。它当然也有些弊端，也需要我们反思会不会带来一些问题。你也不需要说这事情好，就把它捧到天上去，还是需要时时刻刻反思，也需要互相补充。但是总体来说，技术的发展是不可阻挡的，不是说你不用这个东西就意味着它不好。技术驱动研究、数据驱动研究肯定是一个方向。它现在不能代替所有的传统方法，但是肯定会带来一些新的研究思路，会有不一样的研究效果。它会给我们传统的研究带来一些什么新的启示，为我们学术研究提供一些什么新的方法，或者能解决哪些我们老的方法解决不了的问题，这才是关键，更是我们需要探索的。

我们提倡关注数字人文研究，不能只有数字而没有人文，归根到底它应该还是人文研究，需要保持人文研究的根本属性和基本特点。技术和数据驱动是为了让我们的研究建立在更坚实的科学依据之上，是为了让我们的学术观点更具有说服力，也是为了让人文研究在新时期焕发出新的生命力。

段：您刚才谈到不能只有数字而没有人文。正如人们担心人工智能是否有一天会强大到人类不能控制，做出不利于人类的事情。那么数字人文应用于文学研究，是否有什么局限？或者说我们是否应该担心它会对人文精神造成伤害？我们是否应该为这种新的学术方法、学术范式规定某种边界？

郑：这种担心有一定道理，关键是如何趋利避害。首先，数字人文的目的是通过这种新的方法去解决一些传统方法不能解决或解决不好的问题，并非要完全取代传统人文研究，也不可能完全取代传统研究。我们不要试图将二者对立起来。如果运用得当，数字人文应能够促进人文精神的弘扬而不是阻碍、妨害人文精神。以最具个性化的也是最具人文特点的文学作品鉴赏为例，固然是我们借由作品与古代作家进行的心灵对话，似乎与冷冰冰的计算机毫无关系，但是有计算机的帮助效果可能不一样。我们阅读一首诗词，有时感觉很美，但往往知其然而不知其所以然。而机器可以帮助我们了解那些字面意义背后的东西，让我们能够更深一层地理解字面后面所潜藏的文化积淀，也就更能理解一首诗词美在何处。比如我们读纳兰性德词："一帽征尘，留君不住从君去。片帆何处，南浦沉香雨"（《点绛唇·寄南海梁药亭》），稍有文学常识的人都会联想到屈原《河伯》："送美人兮南浦。"江淹《别赋》："春草碧色，春水渌波，送君南浦，伤如之何！"白居易《南浦别》诗："南浦凄凄别，西风袅袅秋。"但计算机可能做得更多，它会把与"南浦"相近似的"隋堤""灞桥""长亭""阳关"等聚在一起，分析这些表达离别的意象相似、相异之处，统计它们被历代作家使用次数的多寡，并将这些信息共同呈现给读者。有了计算机的帮助，读者对文学作品的理解应该更为深入，而不是相反。

当然，我们仍有必要经常提醒数字人文是否会有某种局限性和弊端。

我个人认为，技术的发展不以人的意志为转移，不管是否喜欢，伴随计算机科学的发展和人工智能技术的更加成熟，数字人文这种研究方法必将成为未来引领学术发展的一个新的增长点，但是我们不能把数字人文当作万能的工具，超越其所能够发挥作用的范围，不要试图使用这种方法去解决所有人文科学中的问题，只有那些适合使用数字人文解决的问题，应用这种方法才是可行的。同时我们应对目前比较流行的数字人文理论保持必要的反思。比如对斯坦福大学弗朗科·莫瑞蒂（Franco Moretti）教授提出的"远读"（Distant Reading）理论，我们一方面应认真思考其独创之处、其合理有效的适用范围，另一方面也要避免因推崇"远读"而放弃"精读""细读"（Close Reading）。

我以为，避免数字人文产生弊端的最有效办法是学者必须具备深厚的人文学术修养。只有在具备深厚人文修养，精通传统人文学科的研究体系和研究方法的基础上，同时深入了解计算机科学的特点和数字人文的长处，从问题出发，将传统人文科学方法与数字人文结合起来，才能将二者的优势结合起来，趋利避害，在学术上开辟出新的天地。

从"风景"到"风景文学研究"[*]

——访张箭飞教授

● 张箭飞　金　蕊^{**}

【名家档案】张箭飞，武汉大学文学院教授、博士生导师，新疆大学天山学者主讲教授，《长江学术》副主编。哈佛燕京访问学者（2000～2001）、UIUC 费曼基金访问学者（2004～2005）。研究兴趣集中在文学与风景、植物人类学、英美文学与文化。秉承"缜密地想、优美地写"的学术理念。著有《鲁迅诗化小说研究》；翻译和校译译林出版社"风景诗学"丛书；在《外国文学评论》《文艺研究》等期刊发表论文数十篇，多篇被《新华文摘》、中国人民大学复印报刊资料等全文转载。

金蕊（以下简称"金"）：张老师您好，从您发表、翻译的论著中可以梳理出一个较为清晰的脉络，这个脉络大体呈现出您研究重心的移动：从鲁迅小说音乐性到文学与风景、文学与植物。您主译和审译了译林的"风景诗学"丛书，比如，《风景与认同》《寻找如画美》《风景与权力》《风景与记忆》等，它们为国内渐热的风景研究提供了重要的理论资源。请问您怎么界定并理解"风景"这一术语或概念？

张箭飞（以下简称"张"）：一说到"风景"，很多人脑海里面会自动地播放一幅幅画面，与旅游广告，电影外景地、风光视频，甚至朋友圈打卡的网红景点导连起来。如果再说得具体点，比如"新疆风景"，大部分人会迅速想到吐鲁番葡萄园、喀纳斯湖畔白桦林，脑补禾木村的童话仙境等，哪怕他们还没来过新疆。对于图像时代的人们来说，风景

　＊　本文原载《长江丛刊》2020 年 9 月上旬刊。

＊＊　金蕊，新疆大学中国语言文学学院讲师，博士。

图像无所不在，"目见"未必需要亲历。的确，在我们的日常语言中，风景与美景、风光、景色、景致甚至风土同义，"供观赏的自然风光或景物"。实际上，英语中的风景 landscape，有时译作景观，来自 16 世纪的荷兰画派，源出德语 Landscipe 或 Landscaef，最初也指眼睛立马能够抓取，目力所及的一片土地或者景色，时常意味着"一片土地的画面或意象"。

尽管观念史层面的"风景"意义不断扩容和嬗变，演进为"能指和所指"的概念迷宫，但一直保留着它的视觉（visible）属性。你去看看那些游客，包括我们自己，只要拍起照来，下意识地就会启动图画模式，将眼前所看到的风光景物"框定""修正""保存"为一幅画，就好像一幅大家都很熟悉的风景水彩或电影镜头，即便人物走进风景，他们的造型（pose）（其实，自诩理性的我们也一样）似乎模仿了某个场景，比如迎风张开双臂，策马缓行牧场……我们自己的姿态与既存的画面重叠起来——这种潜意识的美学认同——风景必须具有如画性（picturesque）和可看性——决定了我们的风景感知和审美取向。在这一点上，中外皆同："风景即我们所见之地貌（topographies）和我们游历之地带（terrains）"（John Wylie 语），或是深秋元阳梯田，或是午夜巴黎，当然，也可能是一般游客不可抵达的地带，如博格达雪峰。

有关风景的界定繁杂而松散，但有一条得到学界公认：风景是一种观看方式，也可以说："我看故景在。"说到"看"，中西词典里都有特别丰富的词汇，说明"观看"在各自的文化体系里相当重要。诸如"大视""审视""俯瞰""眺望"等观视动词建立了人与世界的"视觉关系"，决定着风景的美学特征。被"仰望"的风景，往往崇高甚至恐怖，如危崖悬瀑；而从某个制高点俯瞰的缓坡田畴，可能具有牧歌的情调。总之，不同观看方式会改变目击景象，激发不同的审美感情。这里，我要援引丹尼斯·科斯格罗夫（Danis Crosgrove）的观点："自景观在 16 世纪出现于英国以来，这一用法已经屈服于景观是可被眼睛从有利点观看到的一块土地这样的观点。有利点可以是高地、山头或塔，由此欣赏景色（prospect），它可以由窥镜或双目镜这样的工具来提供或加强，可以是绘画、油画、地图或电影的中介。……观看者行使某种想象权力将物质空间转换为景观。"① 科斯格罗夫是风景研究领域宗师级别的人文地理学家，是影响深远的《社会构成与象征风景》（*Social Formation and Symbolic Land-scape*）一书的作者。

　　说到"观看的方式"，不免涉及观看的工具。自 16 世纪以来，人类一直在改进观看技术，从透镜成像到遥感卫星摄影，尤其是遥感技术，更是刷新了我们感知风景的方式。遥感影像能够随意"缩放，定位和操控跨越全世界地形"，使观看者获得近乎上帝一样的视角和视域。所以 2017 年，《中国国家地理》杂志主编单之蔷在一篇文章中宣布"我们进入了欣赏山系的时代"："看唐诗宋词，古人欣赏的山大都是一座山峰，一道山岭，或者是若干山峰的组合。山系概念的提出已经是近现代的事了。比如我们今天经常提到的秦岭，是指一个庞大的山系，过去这样的一些山系还无法进入人们的欣赏范围。一是概念没有建构起来，二是没有技术手段。……今天不同了，我们不仅有了遥感地图；有了无人驾驶飞机；有了 Google Earth 的模拟飞行功能；我们还可以用虚拟现实的技术去构建一个在虚拟空间中的大尺度景观，如山系。"②

　　遥感影像呈现的地貌远远超越了我们的裸眼或望远镜所能达到的尺度和清晰度，长达 2500 多公里，宽达 250～350 公里的天山可以"微缩"成电脑屏幕那么大，如果需要，"隐"于其中的每一座雪峰、峡谷、湖泊……又会被放大显示。你可上中国测绘网查找一篇文章《云南省第一次全国地理国情普查公报》，遥感卫星从 400 公里高处的太空拍摄的云南自然风光和人文景观说明为什么"大地艺术"已经成为风景新面相。如果不借助"会飞的照相机"天眼，一般人真难发现楚雄州永仁县中和镇就像嵌入盆地的一片绿叶，而寻甸回族彝族自治县小黄坡宛如出自晚年塞尚笔下的普罗旺斯：抽象而生动的黄绿斑块，隐约凸显的山峰和田地，明显外在于观察者自身视野所及——这是传统角度和器材无法企及的如画之美，却由卫星图像清晰呈现出来，风景成为遥遥感知的"延绵、融合、可观"的整体——

---

①　参见《景观和欧洲的视觉感——注视自然》，载〔英〕凯·安德森等主编《文化地理学手册》，李蕾蕾、张景秋译，商务印书馆，2009，第 363 页。

②　参见单之蔷《喜马拉雅告诉我：我们进入了欣赏山系的时代》，《中国国家地理》2017 年第 2 期。

这个"遥遥"，在杜甫望岳的时候，"透明的眼球"最多感知 100 公里之遥，而现在，经过遥感技术"扩瞳"之后，我们的视域可以"覆盖"整个地球，"察觉"到全球范围细腻的景色变化。只要看看网络刷屏的很多延时摄影大片比如《西藏星空》等，就能明白技术手段与风景感知的关联度。

以后如有机会，我再来与你详细切磋风景可视性如何随着观看技术的升级换代而演化，伽利略望远镜、克洛德镜片、盖达尔相机、热气球摄影、直升机或大疆无人机航拍等渐次重塑我们的感知系统，丰富我们对于风景的理解。这里，我先推荐一本好书供你参考，尼古拉斯·米尔佐夫的《如何观看世界》（*How to See the World*）。作者写作的初衷在帮助读者"试图理解所见之物的意义"，以及"不断变化的世界"，全书不乏关于风景作为观看方式的"洞见"，比如太空俯瞰下的地球全景，飞速移动的火车车窗连续展开的路景等。

金：从您的描述和介绍中，我可不可得出这样的结论：风景是可见的地方，或者可见的可见？

张：非常精辟的结论！可见的地方，可见的土地，可见的空间——很多语境下，地方、土地和空间属于互相切换使用的术语。距离（distance）和视点（point of view）是理解风景可视性或可视化的要素。关于距离与风景的关系，国外学界有不少理论性探讨。我倒觉得新疆乡土作家刘亮程的某些感性表述，犹如瞬间强光，照亮理论的晦涩部分。他曾谈到新疆"遥远的地理环境"赋予他不一样的眼光，以及由这眼光所形成的景中人与景外人的观看区别，比如他在《半路上的库车》中写到自己遭遇的"窘况"："低矮破旧的小房子，深陷沙漠的小块田地，环屋绕树的袅袅炊烟，以及赶驴车下地的农人——仿佛我是生活其中的一个人，又永远地置身事外。"在风景研究话语体系里，景中人和景外人是一对非常重要的概念。有一种观点认为风景中的人，比如刈麦的村女，赶马的农人，是感知不到自己正置身于景外人凝视的这片风景之中。马克思主义批评家雷蒙·威廉斯有个著名的论断：风景这一概念本身就意味着分离与观察。威廉斯的意思是：景外人远远地站在某个地方，以某种方式，或借助某种技术（手段），如望远镜、便携式照相机等，打量和欣赏眼前这片土地，将可视性的地理要素，如树丛、溪流、群山等聚合成像，像一幅风景画，或者风景照。这里就涉及景中人和景外人的风景感知问题，不同派别的人文地理学家都有话说，歧见不一。

不过，我需要补充说明的是，风景的视觉因素至关重要但绝对不是唯一。随着风景研究的进展，风景的味觉、听觉、嗅觉等也渐成学者关注的现象。实际上，国内研究 soundscape、smellscape 的论文开始多了起来。我本人也开过相关博士研究生讨论课。有两位毕业生分别在声景和嗅景研究领域发表过文章，如果你感兴趣，不妨检索一下。可以说，诸如文学中的气味、文学中的声音等议题也可归纳在风景研究名下，属于互动跨越的子学科，也即 interdisciplinary studies，在方法论和核心概念层面多有叠合交叉之处。

金：您的意思是说风景研究具有跨学科性质？

张：显然如此。风景本身具有的多重属性，比如可视性、可听性、可嗅性等，决定了风景研究必须是跨学科的 interdisciplinary，这是第一个层面的意思。此外，跨学科还有 cross‐disciplinary 的第二义，与其他相对独立的学科交叉互惠，比如文学、社会经济学、历史学、考古学等。如果你去参考段义孚、西蒙·沙玛等人的关联著作，就能发现他们无不调动了多个学科资源来合围一个议题，如"地方感""恋地""空间记忆"等等。因此，英国文化地理学教授戴维·马特莱斯（David Matless）说："景观已经成为多门学科试图加以理解的主题……而景观研究有助于超越过去所界定的学科主题。"你看，新疆大学这次举办的"跨学科论坛"①，你们提出的三个研究任务——风景文学、植物美学、文化旅游，每个单项都需要跨学科协力合作。

金：这也是研讨会给予我们的强烈印象，每位学者的发言看起来各有自己的专业聚焦，但又沿着某些问题纵深探入其他领域，比如郑晓云教授的世界水文化概述就涵盖了水利工程与风景特征，而路成文教授的牡丹文化史梳理则从文学文本审美延伸到历史考证，甚至社会心理学层面。那么

---

① 参见新华社记者白佳丽采写的专题报道《新疆旅游趋热引中国学者关注》，新华网，2019年5月1日消息。

在您看来，不仅风景研究如此，风景文学研究也必然是跨学科的？

　　张：当然。做风景文学研究的学者，大都会从跨学科角度研究文学中的风景（landscape in literature）或者说，literary landscape。跨学科作为方法并非现代或当下学术史的发明，而是始于学术尚未细分固化的"很久很久以前"。在认识和解释世界及自身的过程中，我们每个人自觉或半自觉，也许无意识地启用多种学科手段，虽然在学术界，出于归纳、化约、简明，甚至话语权威性的需要，我们会划定一个相对独立（但不封闭）的专业区域。不过，这个区域一直处于变动之中，与其他学科展开方法交换和观念贸易，结果不外是：扩张地盘，或被其他学科兼并。比如，我们武汉大学的民间文学专业，原本隶属于中国语言文学系，后来归入社会学系——我本人刚入职的时候，就被分在民间文学与外国文学教研室，与钟敬文先生的学生李慧芳教授同事多年。其实，我读英语系本科的时候，就跨系选修李老师主讲的《民间文学》必修课，做过乡土风物传说的收集。一个很有趣的现象，国内好几位卓有成就的人类学家或社会学家毕业于比较文学或民间文学专业——这看起来属于学者个人的专业转向，其实证明不少专业之间有天然栈道，暗通或明跨，不是那么难的。

　　具体到风景文学研究，近年在国内渐趋升温，2016 年厦门大学主办过"文学与风景"全国性学术研讨会，只要你看看关联论文的题目，即使没有"跨学科的视角"或"跨学科视野"的字样，也能知道论文作者必定得有跨学科意识才能驾驭诸如"风景的文化建构""风景想象与国家认同"之类的论题。

　　金：我特别想了解风景与民间文学的关联。换句话说，如何从民间文学的角度进入风景研究？

　　张：你提了一个非常好的问题，恰好是我这次演讲"遗漏"的又与文化旅游密切关联的重要问题。仔细想想，中国民间文学里有多少风景传说啊，特别是那些耳熟能详传唱弥远的民歌，很多就是恋地、恋乡的风景歌谣，比如《这里是新疆》："我要来唱一唱我们的家乡，我们的家乡是最美丽的地方。连绵的雪山优美的草场，草场下面是城市和村庄……"我相信很多内地游客就是因为《达坂城的姑娘》《新疆是个好地方》《白麦子》这类民歌而对新疆产生"如画性"的想象，而我，作为一个学者，则"听出"和"看见"歌之不足则舞之蹈之的理想风景。

有本书叫《中国山川名胜传说》，其中有篇《黄果树瀑布的传说》，好像还被选进了语文教材，我至今记得比较清楚。我在参与贵州省旅游规划项目时，特意整理了一些民间传说材料，发现了很有趣的叙事要素，涉及地貌、阶级、性别、超自然力量等议题。传说之一的叙事重点放在"黄果树"神奇的果实上，它能够召唤藏于瀑布深潭中的金银财宝；传说之二收集于安顺布依第三土语区，讲述了一对情侣怎么用特制的网把牛头怪鱼网在深潭里；传说之三的情节最为经典：一对相爱的布依族情侣遭受土司的迫害，后来在神仙的帮助下逃跑，两人逃到龙宫过上了幸福生活。布依人相信白妹剪断的河流变成世界上著名的大瀑布。我几次去安顺开会调研，会很自然比照传说文本做一番现地研究，找一找故事提到的白果树、黄果树，思考飞瀑与白布的比喻关系。

很多地方地标性建筑或景点，比如武汉古琴台、桂林芦笛岩、新疆喀纳斯湖等的传说通常解释了名胜风物的起源，保存着当地人的风景想象和叙事，反映出他们的信仰或者环境态度，而这正好是文化旅游赖以生成并得以持续的部分。有些学者将民间文学，或者说民间的口述传说、谣曲等界定为"看不见的风景"，与媒体常常提到的"非物质文化遗产"意思相近。

对于"看不见的风景"，刘亮程也有类似的表述，但所指不同。他认为新疆人平实真实的生活属于"看不见的风景"。如果死抠"平实真实的生活"的语义，应该说"平实真实的生活"包括看得见的和看不见的——有些当地人的生活细节，即使走马观花的游客其实也能捕捉得到。比如，冒着热气的馕饼，飘出不可抵挡的香气。段义孚先生所代表的北美人文地理学派有一个分支，就是研究乡土风景的，像约翰·布林克霍夫·杰克逊，他的《发现乡土景观》一书对于国内景观设计和风景研究的学者影响很大。他们这一派都强调人们的日常生活、栖居方式以及文化实践如何改变了地貌，塑造了理想的或不那么理想的景观。

说到这里，我要推荐一本具有方法论启发价值的书，《图绘看不见的风景：民间文学、书写及地方感》（*Mapping the Invisible Landscape: Folklore, Writing, and the Sense of Place*），可能还未译成中文。作者 Kent

C. Ryden（肯特·雷登）教授在一所大学讲授地方文学、人文地理学、民间文学和环境人文学，你看他的学术背景，显然具有鲜明的跨学科特征。他的观点包括：土地是故事，再现为地名、地图、符号、边界、传说、口述史、文学等；人地之间的对话形塑出精神、风景及故事，而故事导连过去与现在；民间传说使地理生动起来，而传说和神话想象必须依托地理……总之，他的核心观点被我归纳为：风景故事既表达又激发人们的梦想和欲望。

此外，我还想推荐马修·波泰格的《景观叙事——讲故事的设计实践》（*Landscape Narrative*：*Design Practices for Telling Stories*），此书已有中文译本，是我的一门本科生选修课《理解城市：城市文学细读》所列的基础文献。波泰格开篇就说："我们生活在充满故事的世界里，我们用故事来型构这个世界。在历史、小说、生活经历、神话或奇闻轶事里，故事讲述起源、解释原因、划清已知并探索未知。"具体到风景名胜的各地民间传说，你会发现有大量文本在讲述风景的起源、解释地貌形成的原因——很多名胜，比如"大理蝴蝶泉"，另有地质学、生物学、气候学等构成因素，但民间传说赋予山川河流文学性的想象维度和情感强度，因而更具美学吸引力，构成"地方诱惑"的一部分，因而成为他人的诗和远方。

金：顺着您的思路，"地方诱惑"意味着"诗和远方"，那么"诗和远方"是不是指那些非比寻常、独一无二、令人过目不忘、惊心动魄的风景，比如我们新疆的喀纳斯湖和巴音布鲁克大草原？毕竟，像新疆这么遥远的地方，如果要想吸引内地游客千里迢迢而来，一定得有最值得看的不一样的风景。

张：问得非常好！"诗和远方"这一流行语很容易导致一个理解误区。近二十多年来，国内游倾向于"越远，越好"的壮游路线。在这种审美趣味的推动下，西藏、云南、新疆成为理想目的地。顺带说，境外游的中国游客基本包场了《孤独星球》推荐的所有"一生必去"，曾经不可企及的皇家园林、名人墓地、博物馆、建筑遗产等，没有一处不被国人熙熙"签到"。这一现象其实也非中国独有。历史地看，西方国家，比如英国，早于我们几百年就经历过"诗和远方"壮游阶段。壮游（ground tour），拔高地说，是精英阶级的地理探险和风景之发现；实事求是地说，是崛起的中产阶级的文化模仿，即通过名胜打卡之旅来接近贵族的美学教育。不过，壮游发展到一定阶段，必然转向日常风景的发现和大众旅游。今天人们谈论的文化旅游或全域旅游，乡村旅游是其重要组成部分。许多乡村旅游的"卖点"就是普通农民的生活场景和建筑。人们固然神往大自然神力和伟大人力创造的那些崇高壮美的"宏大景观"，比如独库公路沿线摄人心魄的悬瀑和神秘大峡谷，但也会从平常朴实的乡村生活细节中获得怀旧情绪的满足——这也是近年乡村旅游大热的社会心理基础。如果说，具有童话色彩的"新天鹅城堡"是德国巴伐利亚福森的"地方诱惑"，那么，一个没有什么神秘传说的桃园同样会成为某个新疆村庄的"地方诱惑"。

金：您已几次提到"看得见"和"看不见"的问题，那么支撑起文化旅游的"地方诱惑"，是看得见还是看不见的呢？

张：应该是二者兼有吧！这里，我可能要修正一下你的说法，一个地方的地方诱惑，或者说，风景诱惑应该是综合魅力，不仅指最易被我们眼睛，或者说眼睛的替代物，比如光学镜头，抓取聚合的"可视性画面"，也指需要调动其他感官感知的现实。读刘亮程的《在新疆》，我最感兴趣的是作家书写库车的那部分。根据他的描写，库车老城风景就汇融了色彩、声音、气味多重元素，置身于老城之中的游客，需要特别敏锐的感受力，捕捉、品味、辨识风景的丰富意义。

意大利作家卡尔维诺有个说法，我经常引用："看不见的风景决定了看得见的风景"，这句引自《看不见的城市》的名言，正好可以用来描述口传文学与风景形成甚至文化建构的关系，也正是民间文学专业大有作为的研究方向。

金：是的，我们民间文学专业已经开始跨专业研究了。比如，我们正在做本地社区民众的中华优秀传统文化认同的田野调查，西北地区花儿歌手口述史等，具体进行过程中，我们都会与社会学、心理学、人文地理，以及考古学等领域的学者合作。

张：太好了！你提到的社区民众的中华优秀传统文化认同就是很棒的选题，可有多个角度进入，从节日庆典到庭院美学，文化交融也是塑造日常风景的一种力量，并且在大地上留下印记，这些印记聚合成珍贵的风景资源。作为风景研究者，不管是从美学批评出发，还是从民间文学角度进入，都能发掘并诠释一个地方的"地方诱惑"。具体到新疆，构成"地方诱惑"的元素太多太多了，新疆味道、新疆气味、新疆声音……都值得细细感知和重新理解。也许你们举办这个研讨会的初衷就是启发大家的思路，启动后续研究，助力本地的文化旅游产业。

金：我还有最后一个问题，从您的学术经历来看，您从英美文学转到中国现当代文学，近期又转向风景文学和植物人类学，如果说跨专业的话，您的跨度是比较大的吧？（笑）

张：我倒不觉得这个跨度有多大。跨来跨去，没有离开文学本身。我不过换了一个审视文学的角度，追加了一些田野工作而已。事实上，就连中国古典文学研究者都已经走在田野调查，或者说现地研究的道路上了。我在演讲中提到的萧驰先生的新著《诗与它的山河》，就是这一研究路数的范例。萧驰先生从中国山水诗歌的审美历史出发，回应和修正了西方风景学念兹在兹的问题意识：何谓风景？这个问题是你一开始就问到的，我现在很愿意再回答一次：风景就是张力；是远与近，内与外，看得见和看不见之间的张力！

从形式论诗学到"广义符号学"

——访赵毅衡教授 *

● 赵毅衡　邹　赞

【名家档案】 赵毅衡，获美国伯克利加州大学博士并长期执教于英国伦敦大学，现任四川大学文学与新闻学院教授、博士生导师，符号学－传媒学研究所所长，集刊《符号与传媒》主编。代表性论著：中文类包括《美国现代诗选》《远游的诗神》《新批评》《文学符号学》《苦恼的叙述者》《当说者被说的时候：比较叙述学导论》《必要的孤独：形式文化学论集》《意不尽言：文学的形式－文化论集》《符号学：原理与推演》《广义叙述学》《趣味符号学》《形式之谜》等；英文类包括 *The Uneasy Narrator: Chinese Fiction from the Traditional to the Modern*，*Towards a Modern Zen Theater* 等。主编"符号学译丛""符号学前沿研究"丛书。另著有《居士林的阿辽沙》《沙漠与沙》《对岸的诱惑》等文学作品集。

一　诗意化写作

邹赞（以下简称"邹"）：赵老师，您好！非常荣幸能有机会与您对谈。我们都知道您是中国最早系统引介和研究新批评的理论家，20 世纪 80 年代您撰写的《新批评：一种独特的形式主义文论》为读者提纲挈领勾勒了英美新批评派的发展脉络和理论特征，您编选的《"新批评"文集》翻译介绍了 I. A. 瑞恰兹、兰色姆、布鲁克斯等人的代表性文章，为国内学界进一步理解新批评的批评理念和操作模式提供了重要资料。您后来关注视域转向叙事学和符号学，但"新批评"犹如无处不在的幽灵，印刻在您学

＊　本文原载《吉首大学学报》（社会科学版）2020 年第 4 期。

术生涯的每个阶段，无论是叙事学、符号学还是文化批评，新批评的影响都清晰可循。这在您近期出版的《重访新批评》和《赵毅衡形式理论文选》中可见一斑。可以毫不夸张地说，国内学界只要谈到新批评，您是无法绕避的环节。但我们这次访谈希望能另辟蹊径，先谈谈《远游的诗神》和《对岸的诱惑》两本书。书中典故丰富、史料信手拈来，很多篇章直接出自日常生活的碎片化思考，为什么会选择这种个人化或诗意化的学术写作方式呢？

赵毅衡（以下简称"赵"）：我也很高兴可以接受这次访谈。我是一个不太循规蹈矩的人，可是学术工作往往需要遵守一定的规范。束缚和自由之间总是二元对立的。有时候我会给自己放个假，以求达到平衡的状态。这两本书都是放假期间的产物。除此之外，我的翻译也得益于放假。学术研究的间隙可以做一些翻译工作。

邹：一般都认为学术研究和翻译工作应该是相互促进的，与从事专业相关的学术翻译尤其如此，鲁迅、卞之琳、钱锺书等名家都具有学者、作家、翻译家多重身份。对您来说，翻译工作和学术研究的冲突是什么？

赵：精力有限是一方面原因，另一方面我认为学术研究与翻译或者写散文还是有很多不同的。学术工作要注重规范性。比如写学术论文时引用别人的话一定要有注释，不能盲目地重复他人。构思好一个题目，需要收集并阅读相关材料，形成文献综述。学术研究需要严谨的态度，不断积累，层层递进，从而实现从量变到质变。即使和别人讨论同样的问题，也要讲得更为深入，更具新意。

邹：《远游的诗神》选用了大量微观史料、逸闻轶事，可以看出其中大量资料来自卷帙浩繁的英文旧刊，搜集难度相当大。我们在给学生讲授比较文学课程时，如果涉及中英文学关系或者形象学案例，常常直接从书中引用，比如徐志摩与英国文坛的交往等，学生对这些鲜活的文化交流经典个案非常感兴趣。这些史料是您在国外求学时收集到的吗？

赵：是的。这是因为我本人喜欢历史，经常会关注历史方面的内容。并且以《远游的诗神》为起点，我就开始关心中西文化关系。当初并没有写作这本书的计划，它完全是由平时阅读的材料组织而成。《对岸的诱惑》没有列入相关的引文注释，因此不是严格意义上的学术论著。这本书也不是被当作学术著作来写的，都是兴趣使然，所以资料出处并没有一一标记。

邹：这是一种饶有趣味的学术散文的书写方式。学者水平达到一定的境界，是可以把兴趣和学术结合起来的。您曾在一篇访谈中将《远游的诗神》《美国现代诗选》《建立一种现代禅剧》称作"打岔"①的学术研究，认为这几本书不太符合您自己预设的学术发展轨迹。如今看来，它们在您整个学术研究当中的地位和价值是怎样的？

赵：我希望自己的学术研究能够建构起一个完整的形式理论体系，上面提到的三本书显然无法纳入该体系。比如《远游的诗神》，我大部分材料是在美国图书馆翻阅档案收集到的。美国的大学有个习惯，学校图书馆会预先跟一些文化名人约定，把他们全部的书信、日记以及种种资料，生前或去世后交给大学的图书馆保存，分门别类整理成档案。20 世纪 70 年代末 80 年代初，互联网还没有普及，翻阅这些档案没有现在这么方便，现在很多档案都经过电子扫描处理，可以实现即时查询、获取相关资料。而那时候只能一页一页去翻。尤其像日记这种材料都是手写的，不易辨认。坦白地说，当时我没花太多心思在这件事情上。因此出处都没写。这本书的中文本出版了以后，很多人建议应该再出版英文版，因为好多资料出处都是英文档案。当初没有这个想法，后来就很难再做到了。

邹：看来这本书在您那里是无心插柳。不过对于后继的研究者，尤其是从事比较文学和跨文化研究的学者来说，这本书是极具价值的。书中有很多重要的线索，我们抓住某个线索就可以延伸出一些专题研究。遗憾的是，书中涉及的大量英文材料我们在国内很难找到。

赵：是的。很多人问我英文本在哪，英文原文是什么，我都忘了（笑）。因为我辗转过好多地方工作，大量资料和文件在旅途中遗失。言归正传，我的痛苦教训是：做学问要始终凸显主要脉络，太多分叉往往会导致很多事情半途而废。

邹：确实，英美一些学者会在生前把书信等珍稀手稿捐献给档案馆和图书馆，这些资料一方面可以为名人传记研究提供信息支撑；另一方面，

---

① 赵毅衡、邓艮：《一个符号学者的"自小说"——赵毅衡教授学术生涯访谈》，《社会科学家》2013 年第 11 期。

很多哲学家的文论思想并不是以皇皇大著来呈现的，而是分散在书信、日记中。比如马克思、恩格斯没有专门撰写过文艺理论著作，他们有关文艺的论述很多蕴含在与作家的书信往来中。英国文化批评理论家马修·阿诺德写的专著很少，由于他承担的督学工作性质，常年在英国乡间督学，因此他对文学艺术的看法，大多是通过信件表现出来的，所以说马修·阿诺德那两本厚厚的书信集（*The Letters of Matthew Arnold*；*The Letters of Matthew Arnold to Arthur Hugh Clough*）就很值得研究。

赵：我也认为这种研究方式很重要，在书信的只言片语中能挖掘出很多学术资源。

二 形式论诗学

邹：您早年师从卞之琳专攻莎士比亚研究，卞先生是国际知名的莎剧专家，他翻译的莎剧作品与朱生豪、梁实秋等的齐名，《莎士比亚悲剧论痕》更是莎剧研究者的必读之作。您后来从莎士比亚研究转向形式主义诗学，这个转向跟您本科阶段在英文系接受教育有没有关系？因为我们都知道，英美新批评主将 I. A. 瑞恰兹等人在 20 世纪 30 年代曾到清华大学讲学，他们把新批评的模式和观念带到了清华外语系，也形塑了中国高校外语院系的文学研究路径。

赵：这跟我本科接受的教育没有关系，主要是受到卞之琳先生的启发。卞先生是做莎士比亚研究的。1978 年我考上中国社会科学院读研究生，那时候才允许名正言顺开始好好读书。社会总体形势的变化，营造了较好的读书环境。为什么会跟着卞先生读书呢？因为他在中国社会科学院是头号专家，头号专家有权挑选学生。我是一个喜欢考试的人。虽然我的读书方式挺不适合考试，但让我准备几个月总是能考好。

邹：从您的研究路径能够管窥到工科思维的影响。

赵：确实是有的。我跟卞先生做莎士比亚研究，他很快就发现我有追根究底的思想。文科不是追根究底的，它追寻一种意义的可能性与丰富性。卞先生那一代三四十年代的清华、北大、西南联大的学人，当时主持清华大学外文系的是叶公超。他从国外邀请学者过来讲学，其中的重要形式分析学者有瑞恰兹、燕卜荪，他们两位是新批评的奠基者。瑞恰兹来中国之后对中国传统文化很感兴趣，撰写了《孟子论心》，同时在中国介绍新批评思想和符号学思想。他和奥格登合著的《意义的意义》被公认为符号学的开山著作之一。叶公超先生创办了一本杂志叫《清华学刊》，在他的影响下，一些清华、北大的学生就进入了形式理论的圈子，这批人包括朱自清、李广田等。事实上，形式论不是完全属于西方的东西，我们中国古代的《文心雕龙》里谈的很多就是形式。

邹：这个观点我们特别赞同。比如说今天我们讲比较文学和文化研究（Cultural Studies），就不能纯粹把它们看作西方的舶来品。事实上中国传统文化里很早就有比较文学和跨文化研究的实践了，只不过没有给予规范化的命名而已。文化研究也是如此，国内部分敏锐的批评家早在 20 世纪八九十年代之交就开始关注大众文化、文化工业和媒介产业，关注对象和研究方法与法兰克福学派、伯明翰学派之类有很多类似、叠合之处。因此并不是说西方的比较文学和文化研究理论经过翻译介绍到中国以后，我们才开始相关研究，这种线性思维是值得高度警惕的。

赵：在瑞恰兹和燕卜荪的影响下，一批中国学者开始做形式论研究。卞先生的诗是必须用形式分析的，新月派诗歌的特色也在于形式。这批人在形式论方面做出的努力到抗战就停下来了。那时正值全民抗战，学术界就顾不上形式论的发展了，不过形式论的研究在卞先生心里一直占据重要的位置，卞先生不愿让他那代人的努力白白浪费，叶公超的《学文》创刊后，卞先生本人亲力亲为翻译介绍 T. S. 艾略特的《传统与个人才能》，并对这项事业倾注了深厚感情。直到 1960 年，卞先生整理了《西方资产阶级文化理论批判资料集》，重新整合了形式论的阵容。资料是内部发行。1978 年我考入中国社会科学院，卞先生就希望我从新批评做起，研究形式论。

邹：我们在梳理比较文学学科史的时候会介绍几次"复兴"，其中一次是 20 世纪 70 年代到 80 年代末，以钱锺书先生的《管锥编》为重要标志。钱先生在散论中提到了符号学还有形式文论的一些思想，只是没有过多阐述。您当时做形式论研究的时候是受了钱先生的影响，还是回过头来发现他也提到了形式论？

赵：钱先生是故意写成很散的笔记。其实读《管锥编》必须有方法，把同题的笔记串起来读。我读研的时候恰逢《管锥编》出版，通过仔细研读该书，我发现书中关于形式符号的内容非常之多。比较而言，《谈艺录》尝试把问题讲得细致清晰，比如对"通感"的分析，而《管锥编》就是自己组合。

邹：从总体上评价，您觉得新批评派哪几位理论家对您个人的影响最大？

赵：瑞恰兹。因为他转向了符号学，是符号学的创始人之一，他的书《意义的意义》也是符号学的代表作。瑞恰兹试图要创造一个学科 symbolism，不是象征主义，而是符号研究。因为英文的 symbol 既有象征的意义，也有符号的意义，这个问题西方人很容易混淆，中国人反而不会。

邹：我们在指称当代西方文艺理论时，习惯于使用"形式主义文论或形式主义批评"，比如特里·伊格尔顿的《二十世纪西方文学理论》大致将脉络繁杂的当代批评理论归纳为形式主义批评、心理批评和"政治－文化"批评三大类。形式主义文论容易给人造成只重形式却完全忽视内容的印象，什克洛夫斯基的"剥皮论"、英美新批评的"细读"（close reading)[①] 常常被作为论据加以征引，实际上这种将形式与内容完全分离的论调显然带有本质主义色彩。辩证地看，文论流派有时仅仅是一个称谓，其内在的丰富性和差异性绝不应被简单抹杀。新批评被人贴上"形式主义文论"的标签，但很多新批评派的理论家并不是"非此即彼"的形式主义者，他们甚至很自觉地论述形式并非完全割裂内容的形式，形式与内容是一种辩证法。

赵：我不愿意称之为形式主义而叫形式论，因为形式问题需要专门研究，不是"顺便"就能明白的。很多人认为形式不需要专门研究，因为它就摆在那里。我不太同意这种说法：哪怕形式论在文学研究里起到纠偏的作用，也需要专门的研究，不可能不研究自然就会。例如：我们很容易读懂情节，却总是忘记我们是如何读懂情节。一般情况下，人文学科经常会

---

① 有学者认为将"close reading"译成"细读"容易招致误解，译成"封闭式阅读"更为贴切。笔者深以为然，"封闭式阅读"可以更加形象地传递出新批评派提倡的"文本自足"的观点。

发展到内容研究、版本研究、传记研究、学派发展史研究，却忘了形式本身也需要研究。如果通过形式能找到历史文化前进的轨迹，就会比较深刻。比如好莱坞作品一般会设置大团圆的结局，它们就会在形式上出现裂痕，找到这个裂痕就能揭穿大团圆结尾是特定意识形态操控的结果。从这个角度看，形式论是不可替代的。我重视形式论的意义和价值，但并不是说形式论应该成为主流，它可以是补充的、次要的东西，但无论如何需要有人专门研究。

邹：在七八十年代的语境中，批评界的主流声音是强调内容和思想主题，您在当时提倡形式论，有没有觉得是一次冒险或者理论上的创新？

赵：内容分析为主流并不是中国特有的，在任何时候任何国家内容分析都是主流。毕竟文学是关于人的世界的，这个世界充满了人际事件，倘若形式分析成为主流，那就偏离了人文价值。但形式分析不是自然而然就会的过程，需要学习研究。因此我同意"耶鲁四杰"之一杰弗奥雷·哈特曼的一句话："超越形式主义的路子很多，最无效的是不研究。"虽然一位思想家仅仅看到形式是不够的，但是就整个文学界来说，如果没人做形式论就会缺失一大块。我们可以从形式这个角度看到文化的各种问题，我把这种研究途径称为"形式－文化论"。

邹：韦勒克在《近代文学批评史》中专门介绍了英国批评家利维斯的文化思想，有学者以这本书为依据，认为利维斯也主张文本细读，与新批评有某些关联。以利维斯为代表的细察派与新批评派之间的关联是否仅仅体现在细读方面？

赵：利维斯和阿诺德是精英学派，英国文化主义学派一直坚持清晰的人文主义传统。利维斯与美国新批评派有辩论，的确不是一个传统上的。新批评为什么在三四十年代成为影响很大的潮流呢？其中一个至关重要的原因就是纠偏。因为从 19 世纪文学理论开始形成，学界一直没有发展出形式研究。形式研究受到一些人的批评，他们不明白形式研究是补缺的，但是这个缺要下功夫补。

邹：新批评很有生命力，比如我们现在分析诗歌，基本上还在沿袭新批评的路径。但也有些人说新批评过时了。您觉得新批评在当下有哪些意义？

赵：新批评作为一个文论流派的确已经过时，可是新批评作为一种方法集合显然没有过时，两者之间不能混为一谈。比如符号学反复讲符号修辞问题，形式论的"集大成者"就是符号学。新批评关心文本，现象学关心意识，符号学关心意义，实际上是相通的，因为意义是由意识产生的。我在研究符号学的过程当中，实际上把新批评的方法论都包括进来了。我认为新批评讨论的内容一点没过时，尤其值得关注的是"反讽"和"张力"，这两个是新批评讨论的关键词，恰恰也是符号学和叙述学集中讨论的重点。当时阅读和介绍新批评理论，筚路蓝缕，辛苦自知，但是没有浪费。新批评作为一个派别和作为一个学说，是两码事。

三　转向广义符号学

邹：您80年代初到美国加州大学攻读博士学位，那段求学经历对您后来不断拓展到符号学、叙述学，有哪些影响？

赵：我在加州大学比较文学系，发现比较文学系实际上不讲比较文学，也就是说，并不涉及流传学、渊源学、媒介学这些比较文学"经典理论"。对比较文学而言，当然会谈到跨文化比较，只是跨文化比较的方法会有不同的侧重面，有影响研究，也有平行研究。比较文学系唯一的要求就是跨语言、跨文化。如果不能跨文化、跨语言做研究的话，那就不叫"比较文学"了。因此我在比较文学系上课，首先面对的是要补修语言课。那时候要求必须有古典语基础也就是拉丁语，后来才比较开明了些，古汉语算是一种古典语。西方的知识分子学拉丁语、希腊语是从小就学的，我当时读博已经四十岁了，学习拉丁语的难度很大，一些变格变位背熟了马上就会忘记。虽然学习拉丁语是一个极其烦琐的过程，而且它是个死语，但是为了完成学校的硬性要求，我还是下了很多功夫的。比较文学系的核心课程是文学理论，实际上跟英文系的文学理论没有什么区别。总而言之，当时比较文学系教师对学生提出的一个基本要求就是要跨语言、跨文化，跨学科并不是很明显。

邹：比较文学学科理论一般分为三个阶段：第一阶段是欧洲阶段，以法国学派为代表，主导性研究范式是"影响研究"。1958年国际比较文学学会年会在美国北卡罗来纳大学教堂山分校召开，雷纳·韦勒克在会上作了《比较文学的危机》专题报告，这个报告被认为是美国学者向法国比较文学学派宣战的檄文。这里面的原因当然很复杂，其中最主要的有两个：一个原因是美国文学在 20 世纪突飞猛进，出现了所谓"井喷"现象，我们只要数一数 20 世纪诺贝尔文学奖得主的国籍归属就可见一斑。美国文学生产取得突出成就，这当然给了美国文学批评界极大的自信心，他们试图超越法国学派过分重视法国文学对外传播与影响的既定模式，毕竟美国的历史比较短，很难找出厚实的证据证明美国文学直接影响到了其他国家的文学创作，这样一来美国学者就提倡没有事实联系的"平行研究"。另一个原因就是当时新批评理论在美国大学流行，文学批评由文艺社会学式的"外部研究"转向侧重文本审美价值的"内部研究"，这就促使批评家自觉检讨和反省以历史研究和文献研究为特色的"影响研究"，关注兴趣转移到文本审美层面的研究。因此第二阶段是美洲阶段，以美国学派为中心，主导性研究范式是"平行研究"。第三阶段是亚洲阶段，以中国学派为代表，主导性研究范式是"跨文化对话"。您当时学习文学理论，主要侧重哪些流派和思潮呢？

赵：基本上所有的文学理论都要涉及。后来我在英国用了将近一年时间把所有课程学了一遍，从柏拉图开始，一直到现当代西方文论。

邹：您如何看待比较文学的跨学科研究？

赵：跨学科是很自然的一个推演。比较文学系为什么单设一个系，而且跟其他各个系并列？相当重要的一个原因就是比较文学系要求必须跨学科，最起码两个学科。这也是比较文学系与其他系的主要区别。

邹：《当说者被说的时候》是您在读博期间的成果吗？

赵：这本书是我撰写博士学位论文的时候做的笔记，因为我转向叙述学了。

邹：这本书被纳入文艺学和比较文学专业研究生的必读书目，但也引起一些质疑。您现在来看这本书，觉得最大的问题在哪儿？

赵：它集中于小说，把小说的一些最基本的问题解释清楚了。而对符号叙述学一些关键的梳理未能深入。

邹：您后来到了英国，取得英国伦敦大学的终身教职，在国际学术界的影响很大，后来选择正式入职四川大学，其间的机缘是什么？

赵：其实我本来就不想留在国外。首先，我是个中国知识分子，我的学术前途在中国，自己能够做点事的地方还是在中国。虽然我在国外负责比较文学，但毕竟是中国学者，如果要做一个普遍性的理论研究，在国外不太合适。我在国外就职，有义务也有责任推介中国文化和中国文学。但我的学术兴趣并非海外汉学，所以我选择回国拓展形式理论（叙述学与符号学）研究。

邹：您到四川大学以后组织了一系列引人瞩目的活动，在符号学领域内成立了网站，创办了学术集刊《符号与传媒》，组织出版了系列丛书。为什么会转向符号学研究呢？

赵：符号学和叙述学都属于形式研究，是我一直投入心血的研究领域。中国大学有个特点，师资队伍和学生数量比较大，这样就能允许我开拓一门特殊的学科。为了实现单开一个学科这个目标，我争取了十多年，终于实现了。

邹：您这些年所带的团队在叙述学领域主要做了哪些工作？

赵：我在叙述学方面主要做的是符号叙述学，所有媒介只要讲故事就是叙述。这样的话，叙述突然就变成了一个比较抽象的东西。在亚里士多德那里，模仿和叙述就是分开的，模仿是悲剧，叙述是史诗。从西方的叙述学一直到现在，都拒绝承认戏剧有叙述的部分，但明显可以看出戏剧是在讲故事。如果戏剧是讲故事，那么其他的各种问题就出现了。我们如果讲虚构的话，那么电影、电视就是故事。如果冲破虚构这条线，那么法庭的庭辩就是故事比赛：被告与控方律师辩的是故事，法官就是看哪个故事讲得通。游戏、比赛等实际上就是一个故事的展开。如果把这些都结合起来的话，就不是小说叙述学所能涵盖的。西方学界并不是没有注意到这一点，他们把这类现象称为跨媒介叙述，但是跨媒介叙述依然存在极大的局限性。比如梦，梦是媒介吗？如果梦不算，那么幻觉呢？我主要是想把这些全部打通，尝试探寻所有用来讲故事的符号文本，能不能找出共有的规律。

邹：您把传统意义上叙述学的言说对象扩大了，这种思路是否引起学界的广泛共鸣？

139

赵：严格来说很多学者是不赞同的。他们认为我把叙述学的研究对象泛化了。因为我是从符号学过渡到叙述学，所以我认为这是天经地义的。叙述学就要能够讨论所有讲故事的文本。如果做梦是个符号文本，那么预言和算命也是个符号文本，它们的确讲了一个故事，自然属于叙述的范畴。

邹：您把叙述学的言说对象扩大之后，对于传统的叙述理论话语，包括一些内在机制，在这些方面有没有一些创新？只是阐释对象的拓展吗？

赵：叙述学的研究对象扩大以后，有几个非常重要的问题需要回答：虚构与纪事之间有什么根本区别？记录式叙述与演出叙述之间有什么根本区别？历史和小说是记录性的，演出是表演性的，它们都在叙述例如关于唐代的事情，但意义形式是不一样的。一个文本告诉你的是某个过去发生的事件，它是基于过去去讲述过去，是过去的过去。一本历史书肯定是已经写成的书，是过去（发生的事件），而历史书写的内容是过去的过去。如果把历史故事在舞台上或是在电影里表演出来，就是立足现在去讲述过去，这个现在时刻特点引出一系列问题。最为突出的一点即它是难以预料的，无论是歌手唱歌或是马戏表演都有可能会出现失误，而这个不可预料性让我们感觉到极强的叙述张力。

邹：您后来明确提出"广义叙述学"，在这方面都取得了哪些成果？比如说在理论构建和案例分析方面，您能不能介绍一下？

赵：我们有一个很优秀的团队在围绕广义叙述学从事相关研究，主题涉及梦叙述、怪圈叙述、演出叙述、游戏叙述，尤其是电子游戏，我们很早就开始注重电子游戏的叙述方式。

邹："广义叙述学"和当今的文化产业在哪些方面可以形成对话呢？

赵：例如在旅游设计和广告方面都可以。因为旅游设计经常是讲一个故事，广告要讲小故事和微故事，我们的团队在这些方面做得还是比较多。

邹：如今我们会提到很多新词比如说人工智能时代，还有人用符号泛化来形容当下文化情境，每天都在翻新生产各种各样的符号。在符号泛化的今天，您觉得我们要对符号这个词做一个什么样的新的理解，或者重新评估？

赵：中国人始终把符号当成一种有形的东西。商标或者某个人被推为某种典型，都叫符号。符号是承载意义的。西方对符号的定义就是一物对一物，说 a 对 b，a 就是 b 的符号。我认为不是，a 之所以能成为 b 的符号，是 a 携带了 b 的意义。我现在突然沉默不语了，这也是一个符号，因为你知道我开始犹豫或欲说还休。存在状态是否有意义是由解释者来决定的，他做的某个动作，他的某个感知，是由解释者决定的，解释者认为这是有意义的，就是一个符号。

邹：当今社会处于互联网时代，互联网舆情的引导和监控无处不在，您觉得面对这种状况，我们学者应该怎样参与进来？

赵：我们团队现在有 5 位博导、7 位硕导，十多年来我们做的题目还是相当多的，互联网符号现在已经成为我们团队的一个研究重点。我们的任务是追求符号的文化意义，尤其是我们现在朝符号现象学方向发展。符号现象学就是谈意识、身体和新加入的机械的部分，这三部分怎么联合起作用的。我们有几位同事就在研究打扮、整形、健身，人机合体。机器人倒不是最可怕的，最可怕的是人机合体，因为它改变我们的身体以后，我们的意识还能控制它。

邹：在电影符号学方面，您肯定很有研究。因为我们确实没有专门去研究过电影符号学，不知道我们的判断对不对。电影符号学一个是从索绪尔开始，还有一个是源于美国的皮尔斯，形成了两脉，皮尔斯那一脉影响到后来的德勒兹。请您给我们介绍一下电影符号学的大致情况。

赵：实际上电影的发展极大地推动了符号学、叙述学的研究进程。电影是一种强有力的讲故事方式，它的媒介是记录性的，它的表演是演出性的，因此是共时的。某些符号学、叙述学的方式在电影之前是不可能出现的。比如《盗梦空间》有七层的故事，电影对符号学、叙述学起到了极大的促进作用。除此之外，电子游戏也扮演了重要的角色。电子游戏所能达到的主观与客观世界之间的复杂关系，远远超过了我们之前任何游戏所能达到的程度，这些都是需要我们关注的。谜题电影、怪圈电影是我们研究的重点，而且我发现进入这种怪圈叙述之后，现在的学生做得特别好，实现了实践和理论的结合。他们烧脑电影看得多，电子游戏玩得多，十分理解二次元到三次元的变换。这一点我是很高兴的，因为我们的研究不是一个死学问，赶上了时代潮流。

邹：我们讨论文化理论，本质上谈论的就是文化和经济、政治之间的结构性关联，其实这三种社会结构要素之间的关联是发展变化的。如果从符号学的角度考虑，我们应该如何去思考文化对于经济、政治的意义和价值？

赵：这个论题是符号学研究的重点之一。即符号泛滥的问题，经济中符号溢出的问题。如果我们的经济回到浅层符号时代，大家都去买农贸市场的产品，购买没有品牌的商品，那么我们的经济马上就会崩溃。因为在技术上没有增值的空间，比如说某种品牌的手机或汽车号称比另一种品牌的先进，据此在价格上差别很大，这样是否合理？波德里亚对此是持批判态度的，他认为这种现象是资本耍弄的花招。可是现在要提高内需，怎么办？提高内需不就是要提高品牌内需吗？如果大家不注重品牌价值，中国经济发展就会遇到难题。我们研究所集中力量在做品牌。为了深入追踪研究类似现象，我们专门成立了商品符号学研究所。

邹：谈到品牌就涉及您刚才讲到的产业符号。产业符号如今也是一个很热门的词。文化产业与创意产业，它们的区别是什么？

赵：文化产业现在面临着困境。文化产业和产业文化不同，产业文化就是品牌等，文化产业就是用营销手段把文化产品推向市场，形成规模，取得利润。这两者构成了一个光谱，中间没有断开。但是现在没有把这两者结合起来谈，谈文化产业的不谈商品、不谈品牌，谈广告的仅仅是到电影、电视剧为止。实际上这两者是合在一起的。所有的电影、电视剧都要做广告，不仅插入广告，而且做情节广告。虽然广告铺天盖地有的人受不了，但这是当今世界经济运作的一部分。

邹：这样一种产业符号会渗透到我们日常生活的方方面面。我们近期在新疆大学组织了一场论坛，论坛的主题是"风景文学、植物美学与文化旅游"。我们关注到新疆的植物资源，尝试叙述植物的故事，比如胡杨、天山雪莲、红柳和白杨树都可以做文章。

赵：还有沙枣。

邹：是的。棉花也应当包括在内，棉花是涉及新疆生产建设兵团的一个重要符号。您觉得像我们这种操作模式也算是符号产业吗？

赵： 当然是。

邹： 其实就是给它们赋值，赋予文化的意义。有了附加意义，就有可能成为地方的旅游品牌。现在的旅游，必须与文化结合。游客不可能只看天山，因为天山的风景与其他景点有很多是趋同的，需要把天山背后的文化意义发掘出来。

赵： 这就是旅游叙述学。

邹： 您在旅游叙述学方面有没有做出一些成功的案例？

赵： 我本人做不了那么多事，这是我的团队长期进行的工作，我们有专门研究旅游方面的学者。因此我们也受到批评，就是说把符号学的范围扩得太大了。就我本人而言，我情愿讲理论，因为这是我的专业领域，我只擅长做这个。但是如果我们仅仅研究理论，不做配套实践，就是不完整的。实践牵涉的方面越多，受到的批评就越多。其实符号学可以解决问题还是有一点道理的，因为符号学是意义学，人生离不开意义，人不断在寻找意义，没有意义的话人生就不存在。人的文化世界不就是一个意义世界吗？符号学研究的是人类如何表达与解释意义，任何意义都必须通过符号才能表达、才能解释。[①]

邹： 如果要对叙述学和符号学做一个比较，您觉得它们之间最主要的差异体现在哪些方面？

赵： 符号学是垫底的，起到基础性作用，因为符号学研究一切意义形式。叙述是有情节意义的文本，没有情节就不叫叙述了，叙述学是对有情节的所有体裁进行分析。哪怕是一场足球赛，你既可以当作符号学来处理，也可以当作叙述学来处理。因为它是有情节的，踢进一个球，是什么时候踢进的至关重要，到最后一个绝杀就到了故事的高潮。我个人觉得《广义叙述学》是我写得最尽兴的一本书，把电视、游戏、小故事、算命、法律操作这些东西都综合起来了，把似乎毫不相关的东西放在一起讨论。我在 2017 年还写了一本书叫《哲学符号学》，试图把符号学归到现象学，把意义跟意识结合起来，因为意义与意识、经验、社会都有联系。写完

---

① 详见赵毅衡《符号学与人的生存意义》，《华南师范大学学报》（社会科学版）2016 年第 2 期。

《哲学符号学》，我现在又开始了新的事业，探索"艺术符号学"，因为艺术毕竟是一个非常特殊的，似乎离实践最远的东西，非常值得研究。

邹：您的这个学说可以说是即将迎来第四次出发（笑）。习近平总书记提出"一带一路"倡议，又分别强调"三个共同体"，包括人类命运共同体、人和自然之间的生命共同体、亚洲命运共同体。在这样的语境之下，您觉得我们作为中国学者，应当如何从符号学角度去讲好中国故事？

赵：实际上，我的工作就是把不同的内容"悬置"起来，在形式方面试图找到一个总体规律，这是我长久以来的追求。从民族性与全球性的观点探讨跨文化传播，这跟符号学是很有关联的，我们一开始就叫作符号学媒介学。符号学和媒介具有非常密切的关系。比如，照相术作为一种新的媒介方式，很快就跨越国界了，而且跨越文化，什么文化和禁令都挡不住它。不过一旦带入内容，那就不太容易了。婚纱照是一个带有内容的媒介，我叫它媒体，媒体是一种社会介质，传播过程会更加复杂。婚纱照在很早的年代就进入中国了，当时属于比较高端和洋派的。现在的阿拉伯国家，照相机是非常普及的，却拍不了婚纱照。也就是说，技术和媒介传播过去以后，想把内容带过去会遇到很多困难。新的媒介方式怎么样传播到其他地区，同时把带有思想内容的东西传过去，我觉得是"一带一路"需要重点考虑的一个方面。

邹：我们在做电影研究的时候，会说历史一去不复返，应该怎么样去制造一种能够反映历史现场的东西，其中一个常用的办法就是复制那个时代的特定媒介，比如说讲到上海滩，我们就会用到留声机，播放当时的音乐唱片，只要音乐响起，受众一下子就会自然联想到旧上海滩的情境。这个能不能放到您讲的"艺术符号学"当中去？

赵：这个在叙述学里有一个专门术语，叫作时素，就是时间的因素。时素、地素、人素，都是一种矛盾的方式，文化矛盾、历史矛盾、语境矛盾，都有标记性，我们叫作标志符号。

邹：您最近专注于"艺术符号学"研究，试图从哪些方面取得突破？

赵：最重要的是艺术的定义问题。艺术被认为是无法定义的，无法定义就是艺术的定义，所有的后现代的艺术学家都反定义、反体系、反中心。我觉得后现代最后会变成反教条主义的教条主义，艺术如果完全无法定义的话，它就不可能存在。艺术虽然不断地自我突破，但它还是没超出一个边界的，所以我要求艺术返回功能主义，就是说艺术在我们的文化当中是有一个功能的，这个功能实际上一直存在。从符号学出发，我建议一种新的艺术"超脱说"定义，把艺术性视为借形式使接收者从庸常达到超脱的符号文本品格。①

邹：赵老师，您这本书里会不会去处理我们在十几年前的一些论争，比如说日常生活审美化、审美泛化等？

赵：我在里面提出了这样一种观点：艺术在我们生活当中的五种表现，只有一种是局限于原来的艺术的，大部分渗入我们的经济生活。它可以分成五个方面，即商品附加艺术、公共场所艺术、取自日常物的先锋艺术、生活方式艺术化、数字艺术。② 有的学者叫它泛审美化，让所有的老百姓都会审美，这个恐怕很难。而且这个完全跑题了。随着我们社会生产力的发展，这个社会在各方面表现得越来越精致和讲究，艺术就是在物的实用意义上增加的多余的讲究，它要超越实用层面的需要。比如，这个杯子上有三道环，这三道环在实用意义上完全没有必要，它们的存在完全是为了艺术。艺术与商品、商品经济关系紧密。我们现在已经不能满足于最基本的生活条件了，艺术对于我们人类来说越来越重要。虽然我以前也会谈到艺术，像小说、戏剧艺术等，但现在做"艺术符号学"是因为我觉得有必要在理论层面上展开普遍意义的讨论。

邹：现在很多人对"文化研究"往往持有某种偏见，您如何看待文化研究的理论和实践价值？

赵：符号学最大的用途就是文化研究。格尔茨、韦伯都说过文化实际上是意义的集合，格尔茨说的是文化是符号意义的集合。文化研究应当是符号学的一个最重要的对象。从罗兰·巴尔特的《神话学》开始，就不断在处理文化当中意义是怎么样产生的。我刚回国的时候，以为中国是有文化研究专业的，结果没有。我们每次报课题都很困难，有的报的是外国文学其他类，有的报的是中国文学其他类，或是中文系的文艺学里面，其实

---

① 详见赵毅衡《从符号学定义艺术：重返功能主义》，《当代文坛》2018 年第 1 期。
② 详见陆正兰、赵毅衡《"泛艺术化"的五副面孔》，《云南社会科学》2018 年第 5 期。

在中文系做文化研究也名不正言不顺，应该把文化研究单列出来。

邹：我们一般把文化研究放在文艺学里面，作为该学科的一个研究方向。

赵：但是文艺学限制住它了，文化研究现在离文学已经相当远了。国内人文学科建设几十年来有两个重大突破：一个突破是将比较文学确立为中国语言文学下设的二级学科，另外一个是把艺术学变成第十三个学科门类。我希望看到文化研究有朝一日也能够成为一个学科，虽然难度很大，但是值得努力争取。

关于比较文学若干问题的思考*

——访邹赞教授

◉ 张　艳**　邹　赞

上篇　比较文学的"死亡"与"新生"

一　比较文学的 "原生焦虑"

张艳（以下简称"张"）：邹老师您好！非常荣幸在这样一个特殊的时期，通过这样特殊的方式对您访谈。众所周知，比较文学自诞生以来经历了不少"危机"，每一次"危机"都会激发不同程度的思想论争，比较文学始终在一种"焦虑"的状态下前行。1984 年，美国学者乌尔利希·韦斯坦因（Ulrich Weisstein）在他的《我们从何处来？我们是谁？我们向何处去？》中提出："比较文学在近百年的正式生涯中一直极为敏感……一直处于不断自我反省和疑虑前程的近乎病态的渴望之中"①，您如何看待比较文学的这种 "自我反省和疑虑"？

邹赞（以下简称"邹"）：我的研究领域集中在"比较文学"与"文化研究"，这两个领域都容易引起误解，"比较文学"会被庸俗化为不同国家文学之间的异同对比，"文化研究"则被想当然地认为是"对文化的研究"。与其说学科化，我更倾向于将"比较文学"与"文化研究"界定为一个充满论争和交锋的智识领域，一种以实践性、批判性和跨学科性为典型特

＊　本文部分内容原载《长江丛刊》2020 年 11 月上旬刊。原文发表时限于刊物格式，未详细列出注释及参考文献。因此引文及注释均以本书收录的版本为准。特此说明。

＊＊　张艳，新疆大学中国语言文学学院文艺学专业 2019 级博士研究生。

① 乐黛云等：《比较文学原理新编》，北京大学出版社，2014，第 30 页。

征的研究范式，一场具有高难度和强烈挑战性的思想游戏。如果我们进行学术史层面的追溯，就不难发现"比较文学"和"文化研究"的兴起，一方面缘于对工业革命、全球化、现代性和资本主义政治经济情势的反思与批判，另一方面则是基于对人文学科现状的"不满"，尝试将学术思考的触角延伸到现代社会的多维空间，张扬一种超越纯粹知识层面的"活生生的学术"。

比较文学从诞生至今一直有一种"原生的焦虑"，这种焦虑具体表现在哪些方面呢？首先是关于学科化的思考。比较文学在学院建制意义上要不要成为一个"学科"（discipline）？抑或局限在"课程"（course）或者"科目"（subject）层面？我们知道，discipline 的义项还包括"行为准则""规范""规训"等，一旦比较文学成为一个独立的学科，那就需要建构起一整套人才培养体系，比如说讲席教授、教科书、课程设置、实践教学、职业指导等等。19 世纪后期，以法国学者戴克斯特为代表的先驱们就开始尝试比较文学的"学科化"。这里面其实存在一个悖论：能否学科化关系到某个特定领域在现代大学体制中的地位，与资源分配等实际利益密切相关，比如经费投入、本科招生、教师职称评定、科研平台配置。但不可忽视的是，一旦被学科化，也就意味着该领域被纳入现代大学教育的"规训"范阈，其发展模态也将紧紧围绕形形色色的评估考核杠杆，这在一定程度上又恰恰使得该领域可能丧失原先的活力，甚至自我解构。

中国内地高校的比较文学目前在学科建制中处于"两栖"状态，一部分放在中国语言文学所辖二级学科"比较文学与世界文学"，另一部分设在外国语言文学新增二级学科"比较文学与跨文化研究"。近年来，中国比较文学学会也一直在努力争取将"比较文学"增列为一级学科。

张：关于比较文学的学科化，学界的讨论还涉及比较文学究竟应该走精英化路径还是大众化路径，这二者之间是不是存在矛盾？

邹：我非常警惕对某个学科或者领域作线性的学术史梳理，因为这种叙述模式看似清晰，实则遮蔽了论题自身的丰富性和复杂性。为了阐述方便，这里姑且借用比较文学发展的"三阶段"说。自欧洲阶段的法国学派开始，比较文学就奠定了浓厚的精英化底色，它对研究者的综合素养有着非常高的要求，比如熟练掌握多门外语，具备科学的跨文化思维，对至少两个国家国别文学的深刻理解。我们或许关注到，梵·第根、卡雷、基亚、巴尔登斯伯格等法国学者很少专门去强调比较文学研究者的语言能力，他们为何不太凸显这一点？不是因为语言技能对比较文学的意义不重要，而是因为他们先在地认为一位文学研究者应该具备多语种背景，这对于在欧洲从事人文学科的学者来讲确实不是难事，除了母语，他们还熟练操持英语，再加上欧洲对古典学的重视传统，这就需要掌握拉丁语。

对中国内地学界而言，比较文学的精英化也是不言而喻的，比如季羡林、钱锺书、杨周翰等诸位先生对比较文学的界定和期待。当然，以原潍坊师专刘献彪教授为代表的一批学者提倡比较文学应该从象牙塔里走出来，要面向大众，"让大众共享比较文学"！这种西西弗斯式努力确实难能可贵。在刘献彪教授的积极推动下，潍坊市社会科学院成立了应用比较文学研究所，提出将比较文学融入中学语文教学。此后，刘献彪、王福和、尹建民等学者以中国比较文学教学研究会为阵地，竭力推动高校比较文学通识课程建设。① 我们不去评价这种努力是否达成了预期效果，因为影响因素是多方面的。不管如何，让中学生了解一些比较文学基本原理知识，帮助他们初步形成一种跨文化思维，这与当下中学教育重视人文素养和通识课程的趋势是高度契合的。

我们没有必要就比较文学应该走精英路线还是大众普及路线争论不休，我觉得二者要解决的是不同层面的问题。对那些专门从事比较文学与跨文化研究（比较诗学、中外文学关系、形象学、文学跨学科研究）的学者而言，肯定是走精英化的路径。倘若将比较文学作为一种可资参照的资源，为语文教学或者企业文化服务，那显然就更倾向于大众化了。作为学术研究的比较文学是根基，打牢根基以后我们就可以充分发掘比较文学大众化的潜质，在通识教育、跨国公司企业文化和大众传媒领域发挥效能。我觉得两者之间可以并行发展，并不矛盾。

张：20世纪80年代，中国比较文学迎来了"复兴"阶段，各种冠以比较文学命名的论著层出不穷，但人们对比较文学的基本原理尚未理解透彻，一些"X比Y"式所谓"比附文学"比比皆是。您在课堂上明确提

---

① 相关内容可参见尹建民等主编《刘献彪与新时期比较文学》，安徽大学出版社，2012。

到：比较文学的命名具有迷惑性，因为"比较文学"不是"比较的文学"或者"文学的比较"，它事实上是"文学关系研究"，很多情况下比较文学根本"不比较"，法国学派的影响研究就旨在从流传学、渊源学和媒介学等角度发掘不同国家文化现象或文学文本之间存在"影响/被影响"关系的事实联系。您如何看待比较文学的方法论问题？

邹：这正是我想谈的关于比较文学的"第二个焦虑"，这种焦虑缘于对比较文学方法论的误解。很多人没有认真研读和系统学习过比较文学原理，望文生义地认为比较文学就是跨国"文学比较"。多么痛的"领悟"！这也告诉我们比较文学是需要学习的，不存在没有门槛的比较文学研究。比较文学（Comparative Literature）中的 compare，不是我们平常理解的"将 A 和 B 对比"（compare A with B），更不是"将 A 比作 B"（compare A to B），此处"compare"的精准意思是"关系"（relation），简言之，比较文学就是"跨文化的文学关系研究"。需要指出的是，我们对比较文学的"比较"不能停留在一般认识论意义上的理解，它是一种具有特定问题意识、价值逻辑和学术追求的跨文化方法论，包括实证研究、演绎、统计、归纳、比较、对话等诸多方式。十年前我曾经就"何为跨文化意义上的'比较'"这一论题请教过北京大学陈跃红教授，陈教授是地质学专业出身，文理兼容的学科背景使他尤其擅长方法论研究，您可以关注下这篇访谈文章。①

张：1993 年，查尔斯·伯恩海姆在《多元文化时代的比较文学》中提出比较文学面临被"文化研究"湮没的观点。学界开始认真检视"文化研究"给比较文学带来的挑战和冲击，试图重新思考比较文学的学科边界和定位问题，对此您怎么看？

邹：这正是困扰着比较文学的第三个焦虑，同时也是我们讨论比较文学"文化转向"的一个重要问题。今天的比较文学在什么意义上还可以称为文学研究，而不是别的什么？大家可能对美国比较文学的发展现状比较熟悉，我们随便浏览下斯坦福大学、哥伦比亚大学等名校比较文学机构的

---

① 参见陈跃红、邹赞《跨文化研究范式与作为现代学术方法的"比较"——北京大学博士生导师陈跃红教授访谈》，《社会科学家》2010 年第 11 期，第 3～7 页。本文后收录于邹赞编著《思想的踪迹——当代中国文化研究访谈录》，黑龙江教育出版社，2014。

网站，就能发现它们的课程设置和人才培养目标早已越出了传统意义上的文学研究，关注重心转向影视与大众传媒、流散文化、身份认同、性别研究、亚文化等领域，与"文化研究"操持的思想资源、批评话语和关注对象有着高度重合。很多海外华裔学者到了美国的学术圈之后，打着比较文学的旗号，但研究对象往往聚焦在后殖民文化理论、流散诗学与大众文化研究。

我们可以设想：如果有朝一日绝大多数比较文学学者都不再关心文学，而是纷纷移位到大众文化与大众传媒研究，只热衷于讨论青年亚文化、广告与性别、地铁空间里的文化表征，那么比较文学的学术生态将会异化成一幅怎样的图景？"比较文学"的研究重心一定是文学文本！如果完全偏离文学，那就不是比较文学，而是"文化研究"或"比较文化"。所以我们要认真探讨如何坚守比较文学的文学性，探讨如何应对"文化研究"给比较文学带来的冲击。

二　比较文学的"危机"种种

张：您特别强调比较文学的自反性和批判性，能否具体谈谈我们应该怎样运用这种批评性思维去学习比较文学？

邹：纵览世界文化地图，我们很容易获悉跨文化交流的事实有着悠长的历史，但是"比较文学"这一术语的"发明"及其基本原理的确定却相当晚近，因此相比古代文学、古典文献学、文字学等学科领域，比较文学显得年轻甚至有些不够"成熟"。但这并不能遮蔽比较文学的强大学术吸引力。比较文学的魅力不在于其关注对象的广泛驳杂，而在于其自身的自反性、批判性理论特质。所谓理论的"自反性"（self - reflexivity），就是我们在思考和讨论某个理论话题时，应当采取一种质询和对话的姿态进入，要警惕话语"常识"所设定的思维陷阱，以一种建构主义的方式处理理论话语的当下效应。在一个"理论旅行"成为风尚的时代，理论话语尤其应当结合特定的社会历史语境进行分析评估，只有这样，各种生搬硬套的"强制阐释"才有可能得到纠偏。

正是在这个意义上说，比较文学显现出强烈的自反性，它的发展的每一个阶段都会从内部引发思想交锋，质疑比较文学学科边界和跨文化研究范式的合理性，这种众声喧哗的争鸣状态绘就了比较文学的当代图景。质疑、对话、论争，必然会推动学界对比较文学的反思向纵深发展。克罗齐对影响研究的批评，韦勒克对法国比较文学学派的学理反思，苏珊·巴斯奈特对比较文学与翻译研究之间关系的重构，斯皮瓦克对欧美比较文学的"西方中心主义"的激烈批判，这些比较文学学术史上的重要事件引发了比较文学的"危机论"。基于此，那种不明就里大肆鼓吹比较文学"消亡论"的谬论可以休矣！"方生未死，风华初显"，这就是我对比较文学发展现状的描述。

学习比较文学的宗旨，除了要掌握跨文化对话的基本原理，更重要的是要在一个信息爆炸、视听媒介泛滥的时代培养学生的批判性思维（critical thinking），激活人文学科的想象力。有两个问题值得高度重视：一是辩证思考中国比较文学的学科属性与学术史坐标。诚然，自先秦至今，有据可考的跨文化交流事实蔚为大观，但是从现代意义和学院建制的角度上思考，我们的比较文学与欧美国家尚存在时间上的落差，这就要求我们在引介"影响研究""平行研究"等理论资源时，不能完全脱离语境照搬照抄，而应当以批判性姿态与之对话，在对话的基础上达成某种共识，形塑中外比较文学理论的"共用空间"。二是要养成"复杂性"思维。比如比较文学的"危机论"此起彼伏，但并不代表预示了比较文学的黯淡前景，困境与前景，这两者之间绝对不要画等号。我想举个例子来支撑我的说法，我曾经专门研究过马修·阿诺德的文化观，作为英国文化主义思想传统的重要人物，阿诺德常常和利维斯一道被贴上"精英主义"的标签，我觉得这种思考问题的方式过于武断，极有可能遮蔽论题自身的丰富性。通过细读阿诺德的英文文献，尤其是那两本厚厚的书信集，我们发现阿诺德是英国文学批评界第一个开始阐释大众文化现象的理论家。当然阿诺德从来没有直接使用过"大众文化"这一术语，但是借助文本细读我们发现阿诺德所指涉的"大众文化"，意义上偏"mass culture"而非"popular culture"。从政治或者文化批判的立场来看，阿诺德的确是一个精英主义者；但是从一个批评家情感的角度来讲，我们会发现阿诺德具有强烈的底层关怀意识，比如他对伦敦东区工人阶级贫民的关注和赞美。因此，从整体上看，阿诺德不遗余力批评美国大众文化对英国传统价值观念的解构，但正是因为他对大众文化现象的重视（批评也是一种重视，不是吗?），助推了后来雷蒙·威廉斯等英国文化主义者把大众文化作为一个重要的问题提出来，开启了一种迥异于法兰克福学派的大众文化研究范式。由此观之，如果我们试图将一个论题推到中心位置，既可以积极地去倡导，也可以从批评的角度介入，虽然维度不一样，但是殊途同归。

张："比较文学学科的危机与挑战其实是不同范式的转换，各个学派之间的论战本质上是范式转换的必然。学科范式转换不断地促进着比较文学走向完善与成熟。"[①] 比较文学自诞生以来就经历了种种危机，您认为比较文学面临的危机主要有哪些?

邹：比较文学自诞生到今天可以说一直都"危机"重重。第一个阶段的危机主要体现在学派和范式维度，我在前面已经详细分析。第二个阶段的危机是20世纪70年代以来，文化理论的兴起对比较文学造成巨大冲击。这种冲击带来的影响应该是多方面的：一方面，后殖民理论、女性主义等文化理论的介入进一步拓展了比较文学的学术空间，拉近了比较文学与大众日常生活之间的距离。另一方面，文化理论的汹涌而至挤压了比较文学研究的既定范阈，从"比较文学"到"比较文化"的转型非常明显。2003年，有着后殖民理论"三驾马车"之一美誉的斯皮瓦克出版了《一门学科之死》，这本书的标题骇人听闻，在国际比较文学界掀起了轩然大波，学界开始反思"文化理论""文化研究"与比较文学之间的合理关联。此外，比较文学和翻译研究的关系也值得高度重视。20世纪90年代，英国学者、文化翻译学派的代表人物苏珊·巴斯奈特出版《比较文学批评导论》，她在这本书及其系列论文中试图重构比较文学与翻译研究之间的关系。一般认为翻译研究（"译介学"）是比较文学的一个分支，归属到"媒介学"范畴，但是巴斯奈特通过分析翻译研究和比较文学各自的发展状况，提出："比较文学作为一门学科的鼎盛期已经过去。女性研究、后殖民理论、文化研究这三个领域中的跨文化研究工作，已整体上改变了文学研究的面

---

① 周仁成：《比较文学学科范式转换的必然性与异质性问题》，《湖南社会科学》2012 第 6 期，第 218 页。

貌。从现在起，我们应当将翻译研究视为一门主要的学科，而把比较文学看作一个有价值但是辅助性的研究领域。"① 巴斯奈特的提法显然比较极端，她在后来又纠偏了自己的观点。进入 21 世纪以来，"世界文学"成为国际比较文学界的热门话题，在大卫·丹穆罗什、张隆溪、加林·季哈诺夫、帕斯卡尔·卡萨诺瓦等学者的集体推动下，人们开始思考从比较文学走向"世界文学"的可能性。

张：一般认为，只要想到比较文学法国学派，就会将之等同于影响研究，梵·第根在 1931 年出版的《比较文学论》基本框定了影响研究的基本原理。您认为比较文学法国学派与影响研究之间的合理关系是什么？

邹：我非常不赞成动辄以学派、诗派、词派来命名一个文学创作或批评群体，有时候这种命名仅仅是为了表述方便，其内在的同质性占据主导地位，但差异性也客观存在甚至非常明显。比较文学法国学派的内在构成是丰富的、多层面的，比方说巴尔登斯伯格、热纳的观点与卡雷、基亚、梵·第根等人就存在明显差异。但由于梵·第根的影响力最大，他的那本《比较文学论》出版后不久就由戴望舒翻译成中文出版，因此我们在言说比较文学法国学派时，往往采用的就是梵·第根的论述。

比较文学的第一个阶段在欧洲，以法国学派为代表，同时期意大利、匈牙利、德国、英国和俄国都有从事比较文学的学者、机构和期刊，法国学派的主导研究范式是影响研究。必须注意的是，影响研究是主导范式，事实上法国比较文学学者也有从事类似"平行研究"的，只不过没有成为主流罢了。

张：您认为影响研究的局限性表现在哪些方面？

邹：影响研究的缺陷包括三个方面。首先，在影响研究的框架之下，比较文学尚没有成为独立的学科，因为法国学者把比较文学框限在文学史研究之下，并没有明确提出比较文学要成为一个独立自足的学科。法国学派追求的是文化现象之间的自然关系，没有深入触及文化关联。所谓"自然关系"，就是通过考证的方式寻找证据链条，以文献史料和事件来证明 a

---

① 〔英〕苏珊·巴斯奈特：《比较文学批评导论》，查明建译，北京大学出版社，2015，第185 页。

影响到了 b。当然这是实证主义思潮在文化史研究当中的体现，重视呈现自然关系，而不是去发掘影响背后的深层文化关联。我在讲到法国学派时喜欢以踢足球为比喻，球场上的运动员好不容易把球带到对方的门前，尽管漫天飞舞炫耀球技，但是把球带到对方的门口时却缺乏射门的本事，这样努力的结果是始终在对方门外徘徊。"门外徘徊"就是梳理文化现象之间的"自然关联"，而真正把球踢进去才算是挖掘出 a 和 b 之间的文化关联。影响研究不能仅仅漂浮在文化交往的浅表层面，应当要下沉，要拓展有深度的跨文化对话。

其次，影响研究侧重于追问论题的真理性而非有效性。[①] 有效性是什么意思？就是它只能在某一种情境之下，或者针对特定的对象是有效的，这就特别凸显历史和语境的参照作用。所以从这个角度来讲，影响研究范式很难和其他学科发生密切的关联，所谓"关系"也只能停留在表层。

再次，以法国学派为代表的欧洲比较文学缺乏一种国际视野与世界胸怀，所谓文化"外贸"，基本上局限在欧洲国家之间，并且特别凸显法国文化的外销，由此经常被诟病为文化沙文主义。比较文学本来应该是一个具有开放性，不断探索、不断激发人文学科想象力的特定领域。但是以法国学派为代表的欧洲比较文学缺乏应有的视野，滑入了一种地方性知识的生产实践，成为欧洲国家之间文化贸易的演武场，遮蔽了亚洲、美洲、非洲等非欧洲区域的文学与文化实践。

最后，法国学派汲取了实证主义和科学主义思潮的理论精髓，其操作路径过分偏向历史研究和文化史研究，忽视了文学研究最核心的元素——审美分析。熟悉欧美文学批评史的研究者都知道，真正的职业文学批评家直到 19 世纪才真正出现，此前的康德、黑格尔，再往前追溯到古希腊古罗马，大多数批评家是以大哲学家的身份出现，文艺理论和美学只是哲学理论衍生出来的副产品。文学批评的职业化使得欧洲一些批评家开始梳理总结文学研究的范式，积极探索文化社会学、历史主义分析路径以外的其他批评模式，开始关注文本内部的审美价值。随着比较文学法国学派登上历

---

① 此观点受到北京大学比较文学与比较文化研究所张沛教授的启发，特此指出并致谢。参见何诗航《"比较文学与人文学"对谈》，中国社会科学网，2017 年 12 月 22 日，http：// orig. cssn. cn/wx/wx_xszx/201712/t20171222_3790345_1. shtml。

史舞台，他们开始鼓吹文化"外贸"，同时又偏离了文学的审美分析维度，这样一来，影响研究遭遇"范式危机"便不可避免了。

张：法国学派和美国学派分别代表了比较文学发展的两个阶段。法国学派为比较文学学科的建立和发展做出了开创性贡献，但是其自身仍有诸多不足，像您刚才提到的"过分注重实证研究""过分强调事实联系而忽视了作品的内在审美价值"等，美国学派的出现某种程度上弥补了法国学派的这种理论缺陷。那么比较文学的美国学派为什么会在二战后浮出历史地表？

邹：美国学派登临历史舞台，原因是多方面的，主要有三点。第一个原因是20世纪美国文学群星璀璨，文学的整体实力产生了世界性影响。美国的历史从独立战争开始算起，非常短暂，其文学发展深受欧洲文学尤其是英国文学的影响，这种"影响的焦虑"一直伴随着美国文学的进程。一如美国文学史家杨仁敬教授所论，"与英国文学或法国文学相比，美国文学的历史比较短，但美国作家一直致力于建立具有自己民族特色的文学，经过马克·吐温、麦尔维尔、爱默生、惠特曼、爱伦·坡、豪威尔斯和詹姆斯等人不懈的探索和追求，19世纪末，美国文学已基本上形成了自己的优秀传统。"[①]20世纪美国文学在世界文学的整体版图中占据着重要位置，在诗歌、小说、戏剧等领域涌现出大量经典作家作品，其中赛珍珠、尤金·奥尼尔、威廉·福克纳、海明威、斯坦贝克、索尔·贝娄、托尼·莫里森等一批作家荣膺诺贝尔文学奖。20世纪美国文学取得的辉煌成绩在很大程度上助推了美国学者希望扩大文学输出，借助文学影响力提升美国国家地位的诉求。而法国学派提倡影响研究，欧洲中心主义的印记非常明显，它先在地认为法国文学/欧洲文学处于影响放送者位置，建构起一套关于"影响—接受"的单向叙事神话。这种范式当然不符合美国比较文学学者的预期，毕竟美国文学是在欧洲文学的直接影响下产生和发展的，作为后发国家，美国缺少足够的文化交流史实和文献资料来证实美国文学对其他国家文学的影响。这样一来，美国学者肯定要从自身民族文化的主体位置出发，探索出一条符合美国文学发展态势的不同于法国比较文学学派

---

① 杨仁敬：《20世纪美国文学史》，青岛出版社，1999，前言第1页。

的新范式。

第二个原因要追溯到二战后美国的地缘政治及其外交策略，冷战是必须考量的重要历史坐标。二战之后，随着冷战铁幕的开启，美国加大了对外意识形态渗透，在高校和科研院所大量建立"区域研究"机构，借以搜集分析世界其他地区尤其是此前长期被遮蔽的亚非拉地区的政治、经济、文化状况，为美国制定对外政策提供智库支撑，露丝·本尼迪克特的《菊与刀》、亨廷顿的《文明的冲突与世界秩序的重建》都是"区域研究"的产物。20世纪50年代开始，非洲研究、东亚研究、拉丁美洲研究等成为热门领域，在"区域研究"的庞杂系统中，文学作为一种重要的文化表征受到关注，也就是说，伴随着世界性的热战的硝烟暂时停息、解殖运动的不断推进，那种以实地考察为前提的对"他者"文化的人类学研究操作起来比较有难度，代之以文献史料为基础的"书斋里的人类学"（如《菊与刀》），以及从文学文本中阐释、发掘有关他者社会发展的密码。这可以看作美国比较文学兴起的社会政治动因。

第三个原因要回到文学研究的内部。20世纪40年代，新批评的重心由英国转移到美国，并且很快成为美国大学文学系教学的主导范式，虽然在60年代遭遇女性主义、精神分析、后殖民主义、新历史主义等文化理论的冲击，但始终在文学教学和研究领域占据重要位置。这里必须提到一位关键人物，那就是美籍捷克裔学者、时任耶鲁大学教授雷纳·韦勒克。韦勒克既是文学批评史家，也是世界知名的比较文学学者，作为布拉格学派的传人，韦勒克的批评观念深受俄国形式主义和布拉格学派影响，积极提倡文学的"内部研究"，这在韦勒克和沃伦合作撰写的《文学理论》中有充分体现。新批评重视文本内部的审美分析，凸显文本细读的技巧与价值，这种理念显然迥异于法国学派的实证主义路径。1958年，国际比较文学协会在美国北卡罗来纳州立大学教堂山分校召开年会，美国学者在会前作了大量准备，韦勒克在会上作了题为"比较文学的危机"主题发言，他在发言中层层批驳法国学派影响研究的不足，强调比较文学应当超越影响研究的局限，将关注对象扩展到没有事实联系的两个文本，从跨文化角度发掘两个文本之间的美学关联。韦勒克的发言在彼时彼境确有振聋发聩的作用，宣告比较文学的美国学派登上了历史舞台，成为比较文学学术史上的一个重要转折点。

张：美国学者亨利·雷马克在《比较文学的定义与功用》一文中对比较文学做出了定义："比较文学是超越了一国范围之外的文学研究，并且研究文学和其他知识领域及信仰领域——例如艺术（如绘画、雕刻、建筑、音乐）、哲学、历史、社会科学（如政治、经济、社会学）、自然科学、宗教等——之间的关系。质言之，比较文学是一国文学与另一国文学或多国文学的比较，是文学与人类其他表现领域的比较。"① 相比法国学派对于比较文学的定义，我们从中是否可以窥见美国学派理论的某种超越与提升？美国学派的平行研究是否也有缺陷？

邹：美国学派提出了两个重要的理论主张，一是侧重于没有事实联系的两个文本之间的类同性研究。这在很大程度上拓展了比较文学的研究对象，但因为"限度"不好掌握，因此容易导致"X 比 Y"式的文学比附。二是提出文学的跨学科研究，这一点我认为是美国学派最大的贡献。在全球知识图谱中，人文学科的整体边缘化趋势是不争的事实，利奥塔的《后现代状况》就此做过专门阐述。人文学科的出路在哪里？我认为就是要尝试突破学科的传统边界，走跨学科、融学科之路。当然，跨学科不是一句廉价的口号，它需要系统研究和深入分析，比如说解决学科跨界的基本准则和界限问题。一般认为，文学和宗教、文学和音乐、文学和影视之间的关系密切而直接，"跨越"起来没有任何障碍。但是如果完全没有边界和准则的话，我们如何去理解和操作文学与物理学、文学与化学之间的关系？诚然，在 20 世纪 80 年代中国当代文论思潮的方法论热潮中，文艺理论界尝试将信息论、系统论和控制论等自然科学方法嫁接到文艺批评，比方说"阿 Q 性格组合论"，取得了一定的成效，推动了文学理论的范式转型。此外，文学批评的一些术语如"耦合"（articulation）、"熵"（entropy）等来源于物理学。至于文学和医学的关系，大家可能会以鲁迅的文学创作和他在日本学医经历之间的联系为例子。如今，在全民抗击新冠肺炎的背景下，文学和医学之间的关系成为热点议题。但是文学的跨学科研究能否无限度地跨越呢？显然不能！因为一旦把一个学科的疆界泛化到没有

---

① 乐黛云等：《比较文学原理新编》，北京大学出版社，2014，第 44 页。

任何指导性原则的时候，那么这个学科也就自我解构了。

美国学派的平行研究还容易陷入"去语境化"（decontextualization）和"非历史化"（de‐historization）的误区。法国学派尽管有种种不足，但是它一直强调对文献史料进行分析；美国学派的平行研究特别容易忽视文本所产生的不同的语境。知识是一种话语生产，它一定隐含着某种权力关系，所以历史与语境是文本意义阐释过程中必不可少的参照。

如果说法国学派表现出的是欧洲中心主义，那么美国学派在批判法国学派欧洲中心主义的同时，又陷入一种西方中心主义的窠臼。法国学派也好，美国学派也罢，他们都将比较文学的研究对象限定在欧美之间，再加上少量俄苏文学，很少去关注第三世界文学。因此法国学派的影响研究强调同源性，美国学派的平行研究侧重类同性。只有在第三世界内部成长起来的比较文学，比如中国比较文学，才会将视角主动投注到欧美世界之外的边缘文学，重视对异质性的考察，尝试建构一种真正意义上的跨文化对话。

张：我们知道二战前的比较文学主要是影响研究，到了六七十年代比较文学开始转向平行研究，80 年代以来的比较文学呈现出浓厚的"文化研究"色彩。在这种语境下，2003 年美国学者斯皮瓦克那本著名的《一门学科之死》引起了国际比较文学界的大地震。有学者认为这是斯皮瓦克在为比较文学唱"挽歌"，比较文学在某种意义上已经消亡（has had its day）。您如何看待"文化研究"对比较文学带来的这种冲击？

邹：应当明确的是，文化理论不等于"文化研究"，文化理论是一个范围更广、意义更加庞杂的概念；"文化研究"是一个专门的指称，狭义的"文化研究"特指二战后发源于英国伯明翰学派的文化分析范式。广义的"文化研究"还应当包括德国法兰克福学派和法国后结构主义。"文化研究"的政治性、实践性、介入性、跨学科性等理论特质，为比较文学反思西方中心主义提供了思想资源和范式参考，在一定程度上推动了比较文学的"文化转向"。

2003 年斯皮瓦克出版《一门学科之死》，很多人认为这是她在为比较文学唱挽歌。事实上，斯皮瓦克通过对美国比较文学的"垂死"之由展开深入分析，试图以一种极其理想化的方式重建比较文学"新生"之路。

《一门学科之死》对美国比较文学的衰败颓废之势直言不讳，并总结出造成这一现状的两大主要缘由。其一为比较文学在"跨越边界"过程中的"有限渗透性"问题，斯皮瓦克认识到由于欧美长期操持语言文字领域的话语霸权，边缘国处于被放逐的失语状态，比较文学实际上是欧美文学对世界其他地区的强势输出和单向度传播。权力关系的极度不平等使得比较文学在由边缘国"越界"到宗主国时遭遇重重困难。针对宗主国为所欲为地对边缘国进行"命名"和"绘图"，斯皮瓦克一针见血地指出："对于新的非洲世界来说，旧有的未经划界的非洲只是作为背景而存在，而对比较文学而言，它根本就不存在。"[①] 其二则是西方中心主义的全球化及其带来的对人的"不可判定性的恐惧"。斯皮瓦克认为资本与英语的世界霸权地位造就了比较文学与生俱来的欧美主导性，同时也是导致比较文学衰落的重要原因。欧美主流文化主导下的比较文学跨界进入边缘国时，他们试图站在主体位置去了解和追寻他者的意义，但最终无法从异质性主体身上找寻到有关他者的信息。他者已经是过滤之后的自我理解场域中的他者！

　　张：您刚才介绍了斯皮瓦克《一门学科之死》中关于比较文学的"垂死"之由，我们知道斯皮瓦克并非真正认为比较文学"行将就木"，而是以反讽的方式指出美国比较文学发展存在的困境，尝试探寻一条比较文学的"新生"之路。那么，斯皮瓦克认为比较文学如何才能走出一条新生之路吗？

　　邹：斯皮瓦克在精辟分析比较文学的"垂死"之由后，精心地勾勒了比较文学的"新生"之路。首先，她认为应该将比较文学这一人文学科与社会科学中的"区域研究"联起手来，"没有人文学科的支撑，区域研究仍将只能以跨界的名义越过边界，但是如果没有改造过的区域研究的支持，比较文学仍将被禁锢在界限之内而无法跨越"[②]。斯皮瓦克反复申明其引入"区域研究"的真正意图，"我并不赞成学科的政治化，我一直在竭力倡导对敌意政治的去政治化，并且欢呼一种友好政治的来临"[③]。其实，

---

① G. C. Spivak, *Death of a Discipline*, New York：Columbia University Press, 2003, p. 7.

② G. C. Spivak, *Death of a Discipline*, New York：Columbia University Press, 2003, p. 13.

③ G. C. Spivak, *Death of a Discipline*, New York：Columbia University Press, 2003, p. 13.

斯皮瓦克希望利用区域研究的资源，准确地说是"区域研究"的两个特性：田野作业和注重对边缘地语言的精准掌握，同时避开其"政治性"所带来的敌意，从而超越欧美中心主义，并促使在全球化背景下的跨文化研究和以语言（如中文、日语、韩语、阿拉伯语、波斯语、东南亚各民族以及非洲各民族语言等）为轴心的"区域研究"相结合。其次，斯皮瓦克认为比较文学必须克服"他异性"，期望以一种极为理想化的"星球化"来取代"全球化"。事实上，"星球化"是斯皮瓦克构建的以为能够实现"友好政治"并且远离西方中心主义的乌托邦。可能她自身也觉察到这一乌托邦的空间终究无法实现，所以《一门学科之死》未能对这一比较文学"新生之路"作更多令人信服的阐释。

张：斯皮瓦克对美国比较文学"垂死之由"的洞察颇具启发性。当下中国文艺理论界也在反思文论话语的主体性问题，比如有关"文论失语症"和"强制阐释"的讨论。您认为斯皮瓦克的观点对于我们思考中国文论建设有哪些启示？

邹：斯皮瓦克对比较文学濒临死亡的症结分析为我们思考全球化语境中中国文论的主体性问题提供了重要的参照系，"我们是谁？""他者是谁？""他者在我们的眼中如何？""他者是否可以被理解？""我们与他者之间的对话有无可能？"诸如此类的追问隐含着十分重要的问题意识：中国文论要在当今纷纭复杂、差异丛生的学术话语场域中奠定自己的地位，仅仅依靠"中西文论对话"和"古代文论的现代转换"的简单化的资源整合是远远不够的。中国文论面临着"漂泊"和"异化"双重创伤，交织着奥德修斯（归依故土）和忒勒玛科斯（寻父）的双重焦虑。"主体性"是当前中国文论建构的必由之路，一如斯皮瓦克的焦虑，遭遇"理论漂泊"的中国文论在西方文论的强势话语包围中陷入背离本土情境以及在文论现代化转型过程中自我他者化的尴尬处境。近年来，中国文论界充斥着"文论失语症""古代文论的现代转型""中华性与现代性对举"等论调。毋庸置疑，学者们对20世纪以来形式主义、英美新批评、精神分析学、神话－原型批评、解释学与接受美学、后现代主义、新历史主义、后殖民主义文化研究的急剧输入并迅速占据学术话语的核心圈层表示忧虑。中国文论的主体性建构需要解决的首要问题是如何在与西方文论的博弈与对话中确立

"何为主体""何为参照系"。

斯皮瓦克构建的比较文学的"新生之路"尽管充满着乌托邦式理想色彩，但是以其为镜，恰恰折射出中国文论主体性构建和坚守的两个重要策略。

其一，中国文论在现代转型过程中，其理论话语的现代转换、价值体系的现代转型、理论资源的现实效用均可借鉴跨学科的文化研究方法。可以说，以当代性、边缘性、实践性和跨学科性为基本特征的文化研究思潮，在日常生活审美化、以大众传媒为载体的大众文化蓬勃兴起、文学性蔓延的现实语境中，为新兴的文学样式诸如网络文学、手机文学以及形形色色的大众文化文本提供了有效的理论范式。赞成也好，反对也罢，"文化研究"的确在文艺理论领域安身立命并以极其迅速的态势攻城略地。一方面，借用文化研究的理论视角，中国古代文论中长期被忽略的边缘话语（比如通俗小说、民间戏曲）重新被发现、被研究，中国古代文论在进行所谓现代转型过程中，文化研究重视历史、语境与意识形态的学科品格为其提供了重要的理论参考。另一方面，发源于英国伯明翰学派的文化研究本身尚未进行有效的本土转化，如果将外来进口的文化研究理论不加分析地套用于中国文论，那将给中国文论的主体性带来极大的挑战。当前有学者提出所谓中国文论"理论的异化"，其实质就是担忧在经历西方"文化的转向"之后，人人似乎都意识到了"黑格尔的幽灵"，高谈阔论"文学终结论"，研究文学的学者也纷纷改弦更张，开始研究媒体、族裔、赛博空间、酷儿理论。在我看来，文论的研究对象虽然不应当局限于传统意义上的精英文学文本，但是当文论的研究对象蔓延得无边无际、文学的身影被挤压到绝对边缘时，文论也将被彻底"异化"，更何谈主体性？艾布拉姆斯曾用"回音室"的著名比喻来批判解构主义大师德里达。"德里达的文本之室是一个封闭的回音室，其中诸多意义被降格为某种无休止的言语模仿，变成某种由符号到符号的横七竖八的反弹回响，它们如不在场的幽灵，不是由某种声音发出，不具有任何意向，不指向任何事物，只是真空中的一团混响。"① 如果说没有意义的文本只是玄虚的幽灵般的能指游戏，

① 朱立元：《当代西方文艺理论》，华东师范大学出版社，1997，第333页。

那么，不以文学文本为研究中心的文论也就无法奢望主体性。由此可见，引入跨学科的理论资源有助于中国文论的自身建设，但同时必须警惕"理论的异化"，始终坚持以文学文本为中心。

其二，斯皮瓦克关于理想化的"星球化"的描述，其超越西方中心主义、强调中心与边缘互为主体，以及建立所谓"友好政治"的诉求为当前中国文论"理论的漂泊"提供了重新定位"主体位置"的启发。中国文论与西方文论之间的平等对话能否实现，最根本的前提是置双方为"主体"——互为异质性的主体，在反对西方中心主义的同时，也反对狂躁而空洞的本土文论世界化的口号式表态。一方面，"中国传统诗学迫切需要更新重建自己的现代话语系统，但是为重建自己的话语，它又没法不借助于参照系，也就是说，不能不以大军压境的西方话语作为参照系"①。因而，承认人类审美心理的基本共通性、文艺的历史类同性、诗学话语的历史性以及电子传媒时代的信息共享性，同时放弃僵化的文化意识形态与文化本位主义，在充分认识到差异性的基础上进行文论的对话，这是固守中国文论主体性的根本所在，钱锺书关于"通感"的讨论、张隆溪从阐释学论述"道"与"逻各斯"、叶维廉的中国诗学都是卓有成效的尝试。另一方面，中国文论在承认自我"时间性"的差异后，应该敢于超越传统意义上关于阐释者与被阐释者之间主客二分的局限，利用对方的文化资源、抓住机会主动提问，"是处于主动发问的位置，还是处于被动回答的位置，其对话的效果也会明显不一样。谁取得提问的权利，作为话题的'问题'或者说'主题'就在问题意识和追问的方向上较多地倾向于提问的一方"②。

苏珊·巴斯奈特这样评价《一门学科之死》："斯皮瓦克的观点很具个性，也很激进；从她的庶民观和对庶民的研究来看也是很合理的。这种理论源于她特殊的历史背景以及由该历史所决定的视角。"③ 以他者为镜，斯皮瓦克激进的、不乏理想化的对比较文学"垂死"之由和"新生"之路的

---

① 陈跃红：《比较诗学导论》，北京大学出版社，2005，第 145 页。
② 陈跃红：《比较诗学导论》，北京大学出版社，2005，第 149 页。
③ 〔英〕苏珊·巴斯奈特：《二十世纪比较文学反思》，黄德先译，《中国比较文学》2008 年第 4 期，第 4 页。翻译略有改动。

理论阐述，为思考中国文论的主体性提供了有益的参照。比较文学不会"死亡"，比较诗学仍将继续发展，只要坚持有效的主体位置、把握时机主动发问，中国文论就能从"漂泊"和"异化"的双重困境中突围，并且在与西方文论的动态交流场域中固守其主体性。①

三　从比较文学走向世界文学

张： 民族文学、世界文学、比较文学和总体文学是我们从事比较文学研究必须面对的几组关键词。进入 21 世纪以来，国际比较文学界涌现出大量讨论"世界文学"的论著，大卫·丹穆罗什、张隆溪等学者尝试提出比较文学的发展前景是走向世界文学。您是否认同这样的看法？

邹： 长期以来我们有一个误识，认为"世界文学"这个词是歌德创造的。2017 年 4 月，北京大学外国语学院世界文学研究所举办"'世界文学理论前沿'人文讲座与工作坊"，特邀欧洲科学院院士、伦敦大学教授加林·季哈诺夫开展系列讲座，本人有幸担任其中三场讲座的现场评议嘉宾。季哈诺夫教授的首场讲座就是"歌德之前与之后的'世界文学'"，通过爬梳"世界文学"的词语渊源及语义演变，他得出"'世界文学'一词并非歌德的发明"这一结论。我沿着季哈诺夫教授提供的文献线索作了详细的考证，认为比较确切的描述应当是：从词源学的意义上说，"世界文学"这一术语并非歌德首创，但是从文学研究的维度上说，歌德最先自觉讨论从民族文学走向世界文学的趋势。歌德偶然阅读了中国小说《好逑传》，仿佛发现了东方文学的新大陆。怀着这种激动的情绪，歌德在 1827 年和爱克曼的谈话中预言"世界文学的时代即将来临"。歌德的论断，一方面是对当时欧洲资本主义全球扩张的一种观照，另一方面也反映出启蒙运动前后欧洲对中国文化的选择性接受。应当说，启蒙运动前后欧洲对中国文学的接受状态，杂糅了意识形态和乌托邦两种姿态和心理。随着中国古典文学被引介到德国，歌德邂逅了中国文学史上名不见经传的《好逑

---

① 这部分对斯皮瓦克《一门学科之死》的相关论述，可参见邹赞《他者镜像——斯皮瓦克的〈学科之死〉与中国文论的主体性》，《新疆大学学报》（哲学·人文社会科学版）2009 年第 2 期，第 113～116 页。

传》，阅读之后夸赞它是东方文学的一朵奇葩。歌德对《好逑传》的溢美之词，不能简单认为是评论者缺乏审美素养，其根本原因在于"物以稀为贵"，这种"陌生化"经验是导致歌德感到惊奇、欣喜甚至狂欢的内在动因。此后马克思、恩格斯在《共产党宣言》里也有关于"世界文学"的提法，但他们是在资本全球流动的意义上谈论"世界文学"。波斯奈特等比较文学理论家在不同时期也论述过"何为世界文学"。

20 世纪 90 年代以来，国际比较文学界出现了"世界文学"研究热，其中弗兰克·莫莱蒂、帕斯卡尔·卡萨诺瓦和大卫·丹穆罗什的研究影响最大。莫莱蒂以世界体系理论为对话对象，发现世界文学是一个"不平等的整体"，他认为存在两种世界文学。一种是 18 世纪之前的世界文学，它是由多种独立的地方文化拼贴而成，具有很强的内在的差异性。另一种是 18 世纪之后的世界文学（"世界文学体系"），"由国际文学市场整合为统一整体；表现出不断发展的、时而令人惊叹的相似性；聚合是其主要变化机制；对其最好的理论诠释是（某些形式的）世界体系分析"①。莫莱蒂提醒我们，18 世纪之后的世界文学越来越倾向于整一、聚合和相似。在丹穆罗什看来，"世界文学"是一个复数概念，是结合不同文化语境的差异性建构，其中可以看出当代文化理论及后现代主义差异思维的影响。从文化生产的角度来讲，世界文学要面向国际市场创作，因此进入世界文学的路径及文本生产过程都将迎来诸多复杂的因素。任何一个国家在经历从民族文学到世界文学的演进过程中，基于社会历史形态的复杂性，它们走向世界文学的途径也各自不同。"复数的世界文学"是一个非常有效的概念，为我们尝试走出当下比较文学的困境提供了思路。丹穆罗什还从翻译维度来谈世界文学，认为世界文学经过多语言的译本和跨文化传播、变异，需要经受异质文明的检验，"凡在源语文化之外流通、影响力超出本土的文学作品，无论是以译文形式还是原文形式，都属于世界文学"②。有学者质疑外国文学译本研究的价值，认为外国文学研究一定要以源语文本为依据，

---

① 〔美〕大卫·达姆罗什、陈永刚等主编《比较文学与世界文学读本》，北京大学出版社，2010，第 249 页。

② 〔美〕大卫·丹穆罗什：《什么是世界文学》，查明建、宋明炜等译，北京大学出版社，2014，译者序第 3 页。

否则价值和意义会大打折扣。还有学者针对翻译文学到底应该归入中国文学还是外国文学而争论不休。这些论争在丹穆罗什那里或许都能找到答案。受丹穆罗什启发，我们应充分重视翻译文学的价值，将之看作居于外国文学和中国文学之间的"间性文学"。因此，丹穆罗什苦口婆心地指出：世界文学是不同民族文学间的椭圆形折射，既关乎源语文本，也指向译语文本。这就为我们立足当下思考"何为世界文学"这一重要命题打开了新的空间。

张：您认为欧美学界的比较文学"危机论"及其对世界文学的讨论，对于当今中国比较文学有哪些启示？

邹：我想从七个方面谈谈自己的思考。其一，尽管比较文学的"危机论"在欧美国家大行其道，但是比较文学在东北亚、南亚、非洲及拉美国家日益壮大。我们应当清晰地看到世界不同地方的比较文学发展状态并不均衡，也不是整齐划一的节奏。人家在高谈阔论比较文学"消亡论"，我们完全没有必要大惊小怪，各自的历史文化语境不同，比较文学的存在意义和发展前景也各不相同。对中国比较文学而言，比较诗学、海外汉学、中华文化对外翻译传播、中外文化关系、文学人类学，还有文化研究等，都是朝气蓬勃、活力四射的领域，何来"死亡"之说？其二，比较文学是不同语言、不同文化之间相互认知乃至冲撞的过程，它一定要在接续不断的思想论争和交锋中才能永葆活力，才能拓展和延伸问题意识，才能在质询和批判中调适研究范式。在跨学科成为核心关键词的 21 世纪，比较文学极有可能成为激发人文学科新的增长点的"元学科"，人工智能时代的很多新兴学科，有望寄托在比较文学的土壤中冒出来。从这一点出发，批判性、开放性、实践性、自反性应当始终作为比较文学的学科底色。其三，我们在批判和反思比较文学的"西方中心主义"时，一定要注意避免本质主义思维，重视"西方"这一指称的"复数"特征。其四，把握"一带一路"倡议提出的重大历史契机，聚焦"共同体"理念，推进中华文化对外传播，在跨文化交流场域中坚持"互为主体、平等对话；抓住机会、提前发问"①。在对话中达成理解，在共创中把握先机。其五，构筑中国当代

① 参见陈跃红、邹赞《跨文化研究范式与作为现代学术方法的"比较"——北京大学博士生导师陈跃红教授访谈》，《社会科学家》2010 年第 11 期，第 3～7 页。

文学经典的世界文学地位，尝试以当代文本唤起他者对历史文本的关注和重视，比如通过译介王安忆、麦家、刘慈欣等当代作家作品，借助这些文本对当下人类处境的碰触和思考，引发不同文化背景中读者的共鸣，进而激起对中国古典文学的兴趣。其六，推动"文化研究"与"世界文学"的融合。其七，重估世界比较文学的文化地形图，尝试探索"亚际比较文学研究"（Inter – Asian Comparative Literature Studies）的可能。我们新疆大学文学院有个团队这几年和《当代电影》保持合作，连续四年推出"中亚电影研究"专题文章，尝试探讨"亚际电影"（Inter – Asian Cinema）的可能。同样，作为世界比较文学版图中的小片景致，中亚比较文学研究，"一带一路"背景下中国同中亚国家之间的文学关系研究，都是我们即将重点投入精力的课题，此类跨文化实践，不但可以丰富比较文学的既有图景，也有望以文化异质性为焦点，将比较文学的轴心由欧美移向东北亚、中亚和西亚，探索比较文学在新时代的新的可能性。

下篇　关于比较文学教学的思考①

张：我关注到，您这些年的科研方向主要集中在三个领域：英国马克思主义文化批评、新疆兵团屯垦戍边的历史记忆与当代文化生产及当代中国大众文化研究。三个领域看似差异明显，但内在的逻辑关联非常清晰，即一方面从学术史角度梳理"文化研究"的缘起与发展，另一方面结合本土典型文化现象进行个案研究，前者可以算作"研究'文化研究'"，后者可称为"做'文化研究'"。但是从教学层面讲，您一直为本科生和研究生开设《比较文学概论》《比较文学与跨文化研究》《比较文学原著精读》等课程，重心显然放在比较文学领域，其中《比较文学概论》在 2018 年荣获第四届全国高校青年教师教学竞赛三等奖。您能够分享教学设计方面的一些心得吗？

邹：首先，要严格遵循教育部高等学校教学指导委员会颁发的《普通

① "下编"内容曾在新疆大学国际文化交流学院做过学术讲座，也以访谈形式回答博士生张艳的提问，详细内容此前以单篇论文形式刊登在《兵团教育学院学报》2020 年第 5 期。特此说明，并对以上机构及个人诚致谢意。

高等学校本科专业类教学质量国家标准》，精准把握课程的基本性质。《比较文学概论》是汉语言文学专业本科阶段的核心课程，通过认真研读"中国语言文学类教学质量国家标准"，对照该专业本科人才培养目标："中国语言文学类专业教育教学应坚持以马克思主义为指导，培养学生具有坚定正确的政治方向、扎实的中国语言文字基础和较高的文学修养，系统掌握中国语言文学的基本知识，具有较强的文学感悟能力、文献典籍阅读能力、审美鉴评能力和运用母语进行书面、口语表达的能力。"[①] 在此基础上我们确定了《比较文学概论》的课程性质：本课程以马克思主义文艺理论为指导。通过讲授比较文学学科的发生、发展及其基本原理，学生能够了解比较文学的基本概念和常用术语，理解有关跨文化对话的基本逻辑，掌握比较文学原理和方法在现实生活中的运用。通过鲜活的案例教学和小组展示，学生在具备既有国别文学和文学理论基础上，对已学中外文学和文学理论知识融会贯通，进一步开阔视野，打通学科界限，以比较文学的视野和胸怀来从事文学批评与文化研究。旨在培养并提高学生的理论分析能力、实践创新能力和跨学科应用能力，并为学生今后从事语言文学教学、文学批评和跨文化交流等相关领域的工作奠定基础。同时，作为汉语言文学专业高年级核心课程，为学生撰写毕业论文提供理论视角和研究方法。[②]可以说，《普通高等学校本科专业类教学质量国家标准》为科学制定各类课程人才培养目标提供了根本遵循，二者是"源"和"水"的关系，这种关系绝对不能颠倒，否则将直接影响到专业建设绩效和人才培养质量。

其次，对照本科专业培养方案，厘清课程体系之间的架构关联，明晰该课程在整个课程群中的位置。鉴于《比较文学概论》要求学生掌握扎实的文学理论、文学史、文学作品选读知识，因此该课程属于综合性较强的核心课，先修课程包括《文学概论》《中国古代文学》《中国现当代文学》《外国文学》《马列文论》《中国古代文论》等，开课时间一般安排在第六或第七学期。根据《比较文学概论》在汉语言文学专业课程群中的位置，

---

① 教育部高等学校教学指导委员会：《普通高等学校本科专业类教学质量国家标准》（上），高等教育出版社，2018，第85页。

② 本文引用的"教学大纲"内容，全部出自受访人制定的《比较文学》课程教学大纲，特此说明，后面不再一一标注。

尤其是充分考量其与各门先修课程之间的有机关联，就能够科学确定该课程教学的基本要求。我们总结出四方面的内容：第一，在保证该课程教学的科学性和系统性的前提下，重点突出跨文化对话的基本原则和方法。有关本课程的基本概念、基本知识和基本技能，作为教学的重点内容，要求学生牢固掌握并熟练运用。第二，坚持理论密切联系实际，在讲授比较文学基本理论的基础上，引入大量比较文学经典案例分析，使学生掌握比较文学的学科历史、基本原理、基本类型和研究方法，在本体论、认识论与方法论层面上培养学生的跨文化视野，使学生能根据影响研究、平行研究及跨文化研究的各自研究范畴和研究特色，能够借助中外文学文化交流史实，运用比较文学方法和视野，进行初步的且有一定价值的文学文本解读与文化阐释。第三，课堂讲授采取启发式教学，融"教育戏剧"的课堂组织模式于理论课教学之中，注意将培养和提高学生分析问题和解决问题的能力放在重要位置。第四，强化课后思考与练习的重要补充作用，根据正常教学进度布置一定量的课后作业。根据学生的关注兴趣分成若干小组，就"主题学""文类学""翻译研究""形象学""比较诗学"等专题完成相关案例。

再次，对指定教材及教学资源展开专题研究。教师在正式讲授一门课程之前必须深入研究教材，既包括主讲教师本人对教材内容的精细琢磨，也涉及课程小组之间的集体研讨。目前国内公开出版的比较文学教材蔚为大观，较有影响的不下数十种，那么如何通过纵横比较遴选出最具适用性的教材呢？我们综合考虑教材的权威性、前沿性及其在学界的学术影响力，最后选择教育部"马克思主义理论研究和建设工程重点教材"《比较文学概论》作为课程指定教材，同时将乐黛云先生主编的《比较文学原理新编》列为辅助教材。教材选定之后，就要在细读的基础上展开研究，弄清楚各章节之间的逻辑关联，勾勒出该课程的知识谱系与重点难点。为了帮助学生更好地理解和把握教材主要内容，我们对教材的知识体系作了进一步梳理和调整，将教材内容凝练整合成"绪论""学科史""方法论""比较文学专题研究与案例分析"四编，前三编侧重基础理论讲授，第四编凸显比较文学与跨文化研究的个案实践。此外，我们在充分研读教材的基础上明确了本课程教学的重点：结合"一带一路"倡议与跨文化交流的现实价值，掌握比较文学理论与方法对于当今世界的重要意义。系统学习文类学、主题学、形象学、翻译研究、比较诗学的理论与实践。深入思考跨文明比较文学的美好前景。[①]

最后，科学编写课程教学大纲，制定拓展阅读书目。作为课堂教学的基本指南，教学大纲的制定质量直接关系到课堂教学效果。除了"课程简介""课程教学基本要求""课程教学重点难点""课程教学内容"等主要元素以外，还需要列入"实践环节""课程考试形式和要求""课程评价"等参数。通过认真评估课程的基本要求，我们从中外比较文学经典著作中选择了若干文献作为"拓展阅读书目"，主要包括：叶维廉的《中国诗学》、张隆溪的《道与逻各斯》、宇文所安（Stephen Owen）的《中国文学理论思想读本》（*Readings in Chinese Literary Thought*）、斯皮瓦克（Gayatri Chakravorty Spivak）的《一门学科之死》（*The Death of a Discipline*）、韦斯坦因的《比较文学与文学理论》、季羡林的《比较文学与民间文学》、杨周翰的《镜子与七巧板》、鲁迅的《摩罗诗力说》与《文化偏至论》、钱锺书的《谈艺录》，等等，主要目的是为学有余力的同学提供知识拓展路径，为他们在课堂教学之外的自学提供指导。此外，我们特别重视课程评价环节，明确了本课程的评价方法：注重过程管理，以发展性评价为导向，采取内部评价与外部评价相结合的方式，自觉接受校院两级教学督导和学院教学指导委员会监督检查。始终坚持"以教师为主导、以学生为中心"的授课理念，及时听取学生报送的反馈信息，形成"学生评教、同行互评、督导检查"三位一体的良性评教模式。

张：您刚才的介绍具有很强的指导价值和启发意义。一般认为，比较文学由于其研究对象涉及"古今中外、四方对话"，因此教学内容在知识的深度和广度上都有严格要求。要讲好一堂比较文学课，高质量的教学设计是基本前提。您刚才从宏观上详细介绍了比较文学教学的设计思路，那么，一份高质量教学设计的基本要素包括哪些？

邹：教学设计是用来衡量课堂教学成效的重要指标，某种意义上说充

---

① 邹赞：《边疆多民族地区"比较文学"课程教学的新视野》，《比较文学与世界文学》2016 第 1 期，第 51 页。

当着整个教学环节的指挥棒。一份成功的教学设计，应该包括八个要素，既要考虑每个要素的具体要求，又要重视发掘各要素之间的内在关联。

一是学情分析。"在现代教学论的背景下，教师备课需要充分重视学生在教育教学中的地位，建构以学习者为中心的教学，备课不仅需要分析教材内容，也需要分析学情，通过对教学内容特点和价值的分析，选择讲授、自主、合作以及探究等多元的教学方式，促进学生积极主动地建构知识，发展能力。"[1] 教师在授课之前一定要对授课对象进行全面了解和评估，可以提前与班主任或任课教师取得联系，详细梳理学生的基本情况，尤其要掌握学生的课堂活跃度。现在普遍提倡"翻转课堂"，似乎不贴上"翻转"的标签，就显示不出学生的中心位置。在这种教学思维的影响下，所谓"翻转课堂"蔚然成风，但很多实际上不是真正意义上的"翻转"，讨论环节流于形式却难以深入其里，主动发言和参与展示的学生寥寥无几，教师虽然把课堂话语权有意识地传递给了学生，但由于对学生的具体情况不够了解，课前缺乏足够的沟通和设计，因此不但没有激活课堂氛围，反而加剧了学生的紧张情绪。这种"共享权威"的课堂话语权力分割显然未能取得预期效果。"翻转课堂"是一门很高深的学问，涉及教学法若干重要原理，需要在理论学习的基础上有机结合教学实践，提前让学生熟悉课堂管理规范，将讨论话题及小组活动的主题提前布置，并且明确要求及评价方式，鼓励学生在课堂之外自觉形成"学习共同体"。只有认真研究教学对象的整体状况，切实做到因材施教，才能从根本上贯彻"以教师为主导、以学生为中心"的课堂教学理念。

二是教学目标要体现出具体性、针对性和实效性的高度统一。每门课程有整体上的教学目标，各章节有各自不同的具体目标，后者是前者的支撑。比方说我们在设计"比较文学与翻译研究"一章的教学目标时，着重强调译介学基本原理的实践运用，明确指出：通过本章教学，学生掌握翻译对于比较文学研究的重要意义，学会区分作为语言教学的翻译研究与比较文学"译介学"之间的联系和区别。结合文学翻译的经典范例，阐明翻

---

[1]　胡红杏：《"高端备课"：基于课堂研究的备课新范式》，《西北师大学报》（社会科学版）2020 年第 4 期，第 46 页。

译中的"创造性叛逆"（creative treason）。理解翻译文学的具体归属，能够从中外文学的翻译作品中发掘出经典个案，论证文化意象在跨民族传递过程中的变异。

三是课程资源的选择、利用与推荐。一般来说，主讲教师熟悉所授课程的学术前沿动态，能够准确甄别并选定质量较高的精品课程资源以及其他各类网络资源。课程资源的获取渠道主要包括：其一，超星、爱课程、智慧树、学堂在线、中国大学 MOOC 等网站提供的精品示范课程；其二，主讲教师本人制作的网络教学资源。就《比较文学》课程而言，我们在设计第二章第二节"比较文学学科理论的发展历史"的教学方案时，要求学生在课后通过超星学术视频观看乐黛云教授专题讲座。西部高校在这方面可利用的资源较为丰富，比如可以借助对口支援高校的优势平台，实现课程资源的对接互惠。

四是科学把握各章节的重点难点。所谓重点难点，既指向各章节最为核心的内容，也涉及教学方法、教学评价等操作层面需要克服的实际困难。一般认为"形象学"是比较文学基本原理中难度较大的板块，我们在讲授"形象学"概论时，有针对性地将教学重点难点设定为：重点介绍比较文学形象学的"套话"研究、全球化语境中的中国形象反思研究。难点在于如何有效勾连文本内部研究与文化情境分析，厘清形象塑造的社会根源，进而为我们立足当下语境塑造和传播良好国家形象提供有益的参考。又如"文类学"一节，我们通过充分评估授课对象的整体状况，将教学重点难点设定为：重点介绍文类学的基本概念、研究对象及研究方法，厘清中西文类概念上存在的差异，介绍"缺类研究"的诗学意义。难点在于如何引导学生深入把握"缺类研究"的历史性和语境性，以"互为主体、平等对话"的姿态，认识到不能照搬西方的悲剧或史诗理论，而应该结合文学的民族性与时代性，以建构主义视角对待"文类残缺"问题。

五是选择合适的教学方法，彰显"因材施教"的教学理念。对人文学科的课堂教学来说，可以根据课程性质优化教学方法，综合运用"讲授法""讨论法""小组演示法""读书指导法""任务驱动法""网络自主学习法"等等。我们在讲授比较文学"开学第一课"时，采取的教学方法是"从经典时事政治导入，引导启发与小组讨论相结合"。尝试通过专题讲授，帮助学生掌握"一带一路"倡议对跨文化研究提出的新课题、新要求，理解比较文学在推动构建"人类命运共同体"方面应当发挥的作用。在讲授比较文学"译介学""主题学""文类学""比较诗学"等分支领域时，选择"专题讲授、案例分析与小组讨论相结合"的方法，教学重心倾向指导学生能够熟练运用比较文学与跨文化研究的基本原理，开展文学文本与大众文化现象经典个案分析。

六是教学内容与过程。这部分内容是教学设计的核心环节，我们试以《比较文学》"开学第一课"为例，谈谈具体操作办法。首先是以"问题启发"式教学导入新课，将全班同学分为五组，要求同学们聚焦党的十九大报告，梳理讨论报告中提到的与文化建设和文化创新有关联的论述。每组推荐一名代表发言，任课教师对发言进行简要点评，重点阐述习近平总书记提出的"坚持以人民为中心"和"推动构建人类命运共同体"重要论述。然后提出问题：在"一带一路"背景下，如何推动"人类命运共同体"建设？跨文化交流在其中扮演什么样的角色？其次是对教学内容的把握，根据教学目标及教学重点难点，将这节课的授课中心确定为三方面内容："一带一路"倡议提出的历史背景与具体内涵；"一带一路"倡议与跨文化交流的重要意义；结合"一带一路"历史背景，思考如何讲好中国故事，推动中国文化走出去，传播良好国家形象。"开学第一课"一方面自觉融入课程思政导向，另一方面紧扣课程内容，以《敦煌宣言》为文本载体，全面介绍文艺界在积极应对"一带一路"倡议采取的行动计划："要坚持文化平等多元共生。尊重不同国家、不同民族的文化传统和价值选择，以交流超越隔阂，以互鉴超越冲突，以共存超越独生，推动沿线国家相互理解、相互尊重、相互信任，加深彼此感情。要推动文化贸易与文化产业合作。尊重沿线各国文化安全，灵活运用市场机制，推进文化产品、文化要素的跨国界跨区域流动。积极开展国家之间保护传承文化遗产的交流与互动，推动沿线优秀传统文化的创造性转化和创新性发展，联合打造具有丝绸之路特色的旅游产品和遗产保护。"[1]

---

① 有关《敦煌宣言》的详细内容，可参见"中国文明网"专题报道，http：//www. wenming. cn/wmzh_ pd/jj_ wmzh/201609/t20160923_3753225. shtml。

七是教学评价与反思，即以教学法理论为指导，综合评估课程在知识技能目标、思维方法目标、情感及价值观目标的达成情况。具体而论，教学评价的宗旨在于"对通过师生之间的认知交往和情感交流而实现的文化传承与育人目标的达成度进行价值判断，从而依据评价结果对教学活动进行反思和改进，促进教学质量的提升"①。循此思路，我们将"比较文学与翻译研究"一章的教学评价概述为："通过课后交流，了解学生对译介学的认识程度，教师在指导学生课后完成译介学经典个案的同时，进一步掌握学生对跨文化视野下的翻译文学研究的理解程度。本次课程的关键环节在于以案例分析带出译介学相关理论，切忌离开文学文本空谈理论和'经验'。"

八是课后作业及预习任务的布置。课后作业要坚持适度原则，以帮助学生进一步巩固课堂教学内容为宗旨，任课教师要对作业完成情况进行认真批阅，及时向学生反馈信息，构建积极健康的作业布置、检查与评价体系。预习任务应当坚持"承上启下"的过渡原则，既要体现出对已学知识内容的复习总结，又要提前开始自学即将学习的内容。我们在设计"渊源学"一节的教学内容时，要求学生完成课后思考题"从历史材料与文本出发，举例说明文学作品之间的渊源关系；参与小组活动，完成一个流传学或渊源学经典案例分析"。同时引导学生预习媒介学的定义与特征，为进入新课内容做好准备。

张：感谢您对比较文学课程教学设计的基本要素的详细介绍，如果说上述介绍更加偏重理论层面的思考，那么在教学实践中您具体开展了哪些比较有成效的工作？

邹：纸上得来终觉浅，绝知此事要躬行。高质量的教学设计不能仅仅停留在理念层面，还需要到课堂教学实践中加以验证。作为第四届全国高校青年教师教学竞赛参赛课程，我们在《比较文学概论》课堂教学实践中采取了一些较有成效的举措，主要有以下几点。

一是讲好"开学第一课"，确定教师的"主导"地位，明确课堂教学

---

① 李森、郑岚：《促进质量提升的课堂教学评价改革》，《课程·教材·教法》2019年第12期，第56页。

纪律，在充分协商的基础上构建课堂教学"知识共同体"。任课教师要特别注重"绪论"环节，这部分教学内容要扎实推进，要开宗明义告诉学生这门课程的问题意识、学术史谱系及方法论特征，帮助学生在更高层面把握人文学科的学习规律，真正理解人文学科的终极目标不是信息的简单灌输，而是激活人文学的想象力，帮助个体重新思考人与自然、人与人、人与社会之间的结构性关联，并在此基础上发挥主观能动性，重新评估现代社会的公民身份及其责任担当。

二是根据各章节的教学内容灵活安排教学方法。比如讨论法，讨论法一定要以任务为导向，而不是一般意义上的"free topic discussion"（自由讨论）。如果教师在某堂课教学中需要使用讨论法，就一定要提前把确定的话题、明确的任务交代给学生，做好讨论之前的任务分工及规范提示。在讲授莎士比亚戏剧经典个案的时候，我们采用小组展示及课堂表演等方法，将"教育戏剧"教学理念融入课堂教学当中。此外还有关键词阅读法。由于《比较文学概论》课程的学习对象是高年级本科生及跨专业需要补修学分的研究生，具备一定的知识积累，因此我们在课堂教学中注重培养学生阅读理论书籍和经典文献的方法。所谓"关键词阅读法"，就是说一本书读完之后，如果能够抽象总结出三到五个关键词，把每个关键词都能讲清楚讲透彻，那么这本书就算是读懂了。

三是坚持课前指导与课后督促相结合，及时跟踪了解学情动态，建立教学经典案例数据库。根据教学大纲及教学设计，《比较文学概论》的前三编内容由教师主讲，第四编"案例分析"侧重小组展示，即学生在教师的指导下运用比较文学基本原理，结合个人知识背景及阅读体验，通过团队成员之间的协同联动，完成中外文学关系个案研究，在此基础上形成"案例库"，为编撰《比较文学经典案例教程》提供鲜活素材。

四是促进"课堂教学"、"社会实践育人"与"科技文化创新育人"相得益彰，发挥课堂教学的主渠道作用。通过在比较文学课堂教学中组织学生改编《李尔王》等经典名作，让学生在表演中体会跨文化对话的魅力和价值，同时提高剧本编创能力，并将之应用于特色校园文化建设及红色文化品牌创建，从真正意义上沟通课堂内外，发挥课堂教学在"三全育人"过程中的重要作用。

天山与崇高美：空间想象、地方感知、文学再现

——访张箭飞教授

◉ 张箭飞　高晓鹏　李红霞 *

高晓鹏、李红霞（以下简称"高、李"）：张老师，您好！非常高兴，在这个特殊时期，能与您展开这次云上访谈。自去年以来，您作为武汉大学对口支援新疆大学的天山学者，多次参加我们学院举办的论坛、主题会议、系列讲座等。这里，首先向您表示我们的真挚感谢，感谢您深度介入新大的学术生活和学院这次安排的研究生学术创新活动。

我们都知道您的主要研究方向是风景与文学，而新疆这个地区有着丰富的风景资源，在您的研究方向之下，根据您的个人经历和学术积累，您能谈谈可以着手研究的方向，或者突破口在哪吗？

张箭飞（以下简称"张"）：很荣幸接受这次访谈。自成为新疆大学编外一员以来，随着越来越了解你们的学术传统和优长，我越来越想将自己既有的研究与新疆风景资源对接。这里，我特别感谢新疆大学给我这个学术更新的机会，虽然机会总是意味着压力。我很庆幸自己能被新任务"倒逼"着跟进新材料，升级相关问题的思考。

武汉封城期间，我有幸参与你们学院的系列讲座。始料不及的是，讲到第四场，你们居住的城市也因为疫情发展受到较大影响。通过社交媒体，我发现新大同事要比封城早期的我们更加从容淡定，也许因为有武汉经验铺垫？你们笃信尘埃终会落定，也许因为傍依天高山远地阔的壮丽环境而心境安然——毕竟，一方水土养一方人，环境与人类性格及心理的互

---

* 张箭飞，武汉大学文学院教授、博士生导师；高晓鹏、李红霞均为新疆大学中国语言文学学院比较文学与世界文学 2020 级博士研究生。

相塑造关系，本身就是人文地理学或风景学长期关注的话题，而特别的事件，比如，突发的瘟疫或决绝的封城，会更加突出城市（风景）气质和居民行为的同构性。

前一次，在"风景作为观看的方式"一讲中，我重点讲到了鸟瞰和透视这两种主要观景方式——透视主要针对的是如画尺度的风景，如小桥流水人家、田畴村道旅人这样景深和景缘历历在目的风景，而面对天山、祁连山、秦岭这样连绵高耸目不可尽的山系群岭，也许鸟瞰是最佳的观看方式。

我查阅了一些材料，发现新大已经有人在做山系研究，比如，邹赞教授近年关于天山题材的影视作品研究，虽然主旨意在军垦历史、文化记忆、情感政治等，但已兼论风景的塑造力量。我注意到邹赞教授的中亚电影研究系列论文，那篇《历史记忆、文化再现与风景叙事——聚焦吉尔吉斯斯坦近十年重要电影》做出了富有价值的探索，一些观察和思考给后来者预留了跟进的线索，如"吉尔吉斯斯坦电影特别注重对'如画美'和'画境游'的影像建构。一方面，影片以'本土'与'地方'为视角，以当下世界现代性景观为参照，融自然风貌、民俗文化、民族审美于一体，图绘吉尔吉斯斯坦由传统走向现代转型过程中的社会文化变迁，表达一种对'如画'风景充满向往的'恋地情结'。另一方面，电影持续发掘'山地之国'自然文化资源的丰富意涵，启用外界对于中亚地域风貌的奇观心理与陌生现状，打造一批具有国家形象建构意义的风景符号"[①]更重要的是，这篇文章弥补了很多内地读者认知空白，也预留了跟进研究的可能。说实话，我本人从没看过吉尔吉斯斯坦电影，尽管知道天山透迤跨境西去，"把一半的美给了吉尔吉斯斯坦"，辉耀了半个盛唐的"天山明月"最佳赏月地点或许也在那边，而非这边的祁连山，这一现象促使我确信：文学研究只要涉及风景、人文地理或环境议题，一定会与研究者的"地方感"（sense of place）及在地（localization）资源发生关联，而一旦以新疆风景为起点展开跨学科的纵深研究，在一手资料、田野调查和风景感知方

---

① 邹赞、萨玛拉：《历史记忆、文化再现与风景叙事——聚焦吉尔吉斯斯坦近十年重要电影》，《当代电影》2020 年第 5 期。

面，新大天然地具有优势。所以，自去年年底，我就开始琢磨能不能从天山风景着手，与新大同事进行切磋？在我看来，"新疆是个好地方，天山南北好风光"，这首著名的民歌起首就点明了"天山"的重要性：它是新疆成为一个好地方的风景要素。

高、李： 提到山，中国名山真是太多了，关于山的名诗数不胜数，比如"一览众山小"的泰山，"相看两不厌"的敬亭山，"横看成岭侧成峰，远近高低各不同"的庐山等，尽管有南北和高度差异，但往往给人一种"旖旎"和"险而不怖"的审美舒适感。然而，一旦写到天山，大多数与苦寒环境，战士戍边关联，比如，"天山雪云常不开，千峰万岭雪崔嵬"让我们感到天山的寒冷与壮美。那么，您是从哪个角度理解天山的？

张： 说到天山，我的第一印象来自媒体。网上有不少文章讨论能看见雪山的中国城市有哪些？拥有都市雪山的乌鲁木齐、成都、拉萨谁最"豪横"？就我个人而言，被众多雪峰环绕的乌鲁木齐肯定碾压成都，一个声称肉眼能见 10 座雪山的盆地城市，毕竟"窗含西岭千秋雪"的成都胜景有个苛刻的气象限定条件，只能在"晴好的日子里"看到贡嘎雪山、峨眉雪顶、四姑娘山雪峰等，这就意味着一年只有 25 个晴天的成都眼福大大低于天气以晴好为主的乌鲁木齐。即使与把整个玉龙雪山搂入城中的丽江相比，与坐落在高原雪域的拉萨相比，乌鲁木齐依然稳居榜首。天山横贯东西，高大绵长，构成最美的两面雪屏，人们推窗见山，抬头见山，天山无处不在，随时可赏——乌鲁木齐人最值得我们艳羡：几乎日日与壮丽的博格达雪峰相守相看，领受自然的美学滋养。

"人是环境的产物"这句人人熟悉的大白话也可以转述为风景学领域的一个共识："人是风景的作品。"因此，我也许可以推论：疫情期间新大同事所展现出的从容状态部分拜崇高的天山所赐。

高、李： 天山确实是一个巨大的审美对象，能够挖掘的内容也有很多，而且山作为我们中国传统诗学里的重要意象，具有丰富的内涵。辽阔的中国大地很多部分就是山地，群山和河流养育了我们伟大的文明。不同于欧洲，中国人早在公元前 4 世纪就开始了山之崇拜，孔子曾说过"仁者乐山"，将仁与山联系起来，而那句日常用语"高山仰止"最能说明山在我们心目中的伦理价值。此外，不少地区的山葬习俗更是表明人与自然和谐共生的生命共同体观念。那么，在天山风景这个话题之下，您觉得哪些方面可作深入的探讨？

张：如你们所说，天山是一个巨大的审美对象，影响了新疆人民的美感生长。新疆之内许多地方，比如库车、哈密、阿克苏都能看到天山的存在。这里，我想套用康德的一个名言造句：头顶上的天山，心中的新疆。换到其他区域，没有一个省（直辖市、自治区）敢说自己拥有一个全域"共看"的高山或山系。比如湖北境内的华中屋脊，仅被神农架地区的人看见，而其他地区的人对它只能可想而不可望。

说到如何研究天山，进入的角度实在太多，有些海外学者的史地研究成果堪称一种探索侧光，我们不妨借来一用，比如松田寿男的《古代天山地理学研究》。根据我的阅读心得，我认为可先从风景学的三个关键词进入，确言之，接近崇高的天山这一巨大对象：空间想象、地方感知和文学再现。

高、李：空间想象、地方感知和文学再现，您提到的这三个关键词，我们非常感兴趣，它们是不是构成了一个概念的链条（chain of concept），合围包抄天山这一崇高客体（sublime object）？

张：是的。首先，空间这一概念，我曾在之前的演讲介绍过相关的解释，其中北美人文地理学界的宗师级学者段义孚先生的观点颇有启发意义。在《空间与地方：经验的视角》一书中，段先生开篇就直接定义和甄别"空间"和"地方"这一对人文地理学的基础性概念（其实，它们也是风景研究或环境美学的基础性概念）："我们都生活在空间之中。……地方意味着安全，空间意味着自由……空间和地方是生活世界的基本组成部分。"（《空间与地方：经验的视角》，第1页）在《风景与权力》里，主编米切尔教授则把空间、地方、风景当成三个可切换使用的词；而我对二者的转化（transformation）过程更有兴趣，也即空间如何转化为地方，地方如何转换为空间——只须好好读读刘亮程的《一个人的村庄》，基本就能了然在胸。黄沙梁是作者生于斯长于斯的地方，一个"受到保护的，自给自足的小世界"，满足了他"对诸如食物、水、休息和生殖等的需要"（段义孚语），通过他的风景叙事和想象，这个实存于沙湾县四道河子镇的地方转化为一个遥远而浩瀚的空间，位于我们眼睛看不到的万里之外。对很多读者而言，它可能就是一种无从抵达的万里之外，"引起空旷而无限的感觉"（段义孚语）。而这种感觉常常就是空间想象，对遥不可及的地方展开想象。就是发誓一辈子不想离开黄沙梁的刘亮程也曾想象过："村庄上空飞过的一群苍蝇对应到世界另一地就是一群庞大的轰炸机。"刘亮程所谓"世界另一地"其实就是他大脑创造出的抽象空间，"用心灵的眼睛设想的全景和无边界的空间"（段义孚语）。

当然，一度的万里之外也可转换为朝夕相对的地方。例如，一个外地人迁移到了曾是地图上一个抽象空洞的空间，逐渐与当地的文化产生了交融和认同，进而将生活的地方转换成自己的价值维系之地，变得像刘亮程一样，"紧贴着地生活"，感知地方的一切：壤土、水、空气，天空的每一朵云、炊烟中人说话的声音……他的体验和认知就是风景学所定义的地方感知，而敏锐的地方感知通常只有当地人才会具有。在大部分情况下，对一个不可企及的空间，比如天山，如此遥远，如此高不可攀，外地人只能展开想象，不会像游牧其间的哈萨克人那样自然而然地视某个牧场为自己的家乡，并产生强烈的恋地情结。以我为例，有幸为新大工作，每次匆匆而来，匆匆离去，对天山只有浮光掠影的印象，而这种印象很难转化成新疆作家笔下的那种地方感知——无论是刘亮程，还是李娟，作为当地人，他们沉浸于自己熟悉的环境里，越来越理解地方的意义。对他们而言，黄沙梁或阿勒泰就是一个"日复一日的地方"。与他们相比，我所拥有的只是空间想象或学术想象，我可以通过阅读天山的文学作品和学术文献积累对它的了解，也即在概念的层面认知天山，但不可能拥有邹赞教授的审美优势：推窗即见博格达雪峰，尚可利用短暂假期到东天山的江布拉克或伊犁河谷小住，或通过视觉、听觉等感知天山，积累丰富的风景经验。一点都不夸张地说，长期置身于这样的环境，他甚至能听到天山的声音，它的风声，雪崩的声音……

说到听觉和声景，我觉得刘亮程写得最好。有批评家说哈代写出了威塞克斯（Wessex）这个地方每棵树发出的声音，其实刘亮程的耳朵也像哈代一样敏锐，他摹写的风声具有高度的辨识性和地方性。在空旷荒凉的沙漠边上的村庄，声景格外突出。我特别喜欢他那篇《我认识那根木头》，就是因为他高保真的"录音"水平和文学再现能力。

谈到文学再现，不免会讲到当下的文学研究趋向，它早已从经典文本或纯文学文本批评转向更有文类兼容度的文化批评了。面对天山这个文学的巨大对象，文学再现的范围更广，样类更丰富。确言之，再现天山的文类除了纯想象性作品，还包括散文、游记、田野调查、新闻报道等。我查阅了一些晚清民初时期赴任新疆的内地官员和考察西北的历史地理学家的游记、日记。出于某些原因，他们的西行漫记可能写得简略甚至枯燥。但是，即使寥寥几语，哪怕只谈到天气、路况、打尖歇脚，如果我们仔细爬梳，还是能找到很有价值的材料。关于天山的文学再现，我特别留意了三个江南作家：洪亮吉（1746～1809）、汪曾祺（1920～1997）和沈苇（1965～），由江南美感陶冶出来的作家如何观看天山，他们的空间想象和地方感知值得深入研究。

有本辑入"西北史地丛书"的《新疆游记》引起我特别的注意，作者谢晓钟（1887～1948）是著名的边疆史学家，他在"横渡天山及哈萨克风俗"这一章描写了以崇高美为主的天山风景多重面相：优美、如画、怪异等，其中，五月二十二日日记就是一幅徐徐展开的初春天山行旅图，"无穷无尽的空间得以伸展开去……使我们在每一个转折之处都获得一个全新的视野"（苏立文语）："发济尔噶郎，循河南岸，正东行。三十三里，过济尔噶郎桥，架木为之，旁无栏杆，宽不三丈，水流澎湃，声激若雷，滩石磋碾，状极可怖。岸皆悬崖，北面犹陡，偶有疏失，即足丧身。过桥折北行，微偏西，十里，升陡坡。此处有路通济尔噶郎，较过桥近十余里，近以冰消水涨，未敢冒险凫渡。五里，阿克布拉克，译言浊泉也。千户长沙脱巴勒提（领百户长十一，有牲二万余头），于此备宿站，以时太早，尖毕复行。初折东入山，山谷幽邃，比于函谷，渐行渐高。五里，乌鲁布拉克岭巅。下陡坡，更斜下极陡之坡，右临洞底，何止千仞，鸟道一线，宽不盈尺，设一堕崖，人马立碎。一里，危坡尽，地稍平，有泉汇成涝池，芦苇丛挺，青翠可观。循左山麓行，下长坂，右临深涧，其岸壁立数丈，如地新陷入者。两山哈萨所筑冬窝土屋，无虑数十。十二里地势渐阔，一望新苇，仿佛仲夏江南之稻畦。"[①]

———————

① 详见谢晓钟《新疆游记》，中国国际广播出版社，2016。

高、李：在谈到天山风景的时候，您反复用到了"崇高"一词，关于崇高的讨论，从古至今，从未间断，而且"在西方，'崇高'概念与阿尔卑斯山相关，它使这个概念在欧洲语言中开始转向'自然'。对于当时的欧洲人来说，这是一座神山，可成为灵感之源"①。今天我们正探讨的天山，可以说是新疆的象征。崇高属于美学范畴，那您是如何看待天山与崇高的关系呢？

张：天山大气磅礴，风景整体无疑具有崇高美特质。不过，它的很多局部又具有优美、如画甚至怪异（grotesque）的特点。可以说，天山能将我们所熟悉的西方四大审美范畴可视化为最有说明性（illustrative）的风景范例并且丰富它们原有的定义。当然，天山给予观看者的支配性美感是sublimity（崇高性）。某种程度上，天山等于 the sublime（崇高美）。看懂了天山，也就理解了崇高美的定义、内涵及外延。在我看来，近距离观察或者（有幸）走进天山胜读很多美学专著。

说到这里，我忍不住又要提到哈罗德·布鲁姆，他在《西方正典》里反复强调的一种阅读方式对我影响甚深。他说你不要用弗洛伊德（也即精神分析学）解释莎士比亚，而要用莎士比亚解读弗洛伊德——这一卓识形成于大理论主导文学研究的时代，对于后理论时代的我们依然具有方法论的意义。在布鲁姆看来，是莎士比亚开了心理分析的先河，而弗洛伊德仅仅是编撰整理者……弗洛伊德在解读哈姆雷特方面并未交出一份合格的答卷；而哈姆雷特却对弗洛伊德的主题做出了最好的诠释。依此推论，风景学、人文地理学、美学话语以及由话语繁衍出来的著述更需要文学作品或像天山这样的大地作品对其进行诠释。如果去读有关崇高美的美学原典，比如埃德蒙·伯克的《论崇高与美两种观念的根源》、康德的《论优美感和崇高感》、齐泽克的《意识形态的崇高客体》等，可能会感到晦涩难懂，然而，一旦将他们那些艰深的表述置入"天山"的语境之中，很多问题变得澄明起来，也就是说我们更熟悉的风景现实照亮（throws a new light on）了晦涩的风景理论。在这个意义上，天山之于崇高美理论正如莎士比亚之于弗洛伊德。

---

① 高建平：《"崇高"概念的来源及其当代意义》，《浙江社会科学》2020 年第 8 期。

高、李：文学作品是作者对现实中的对象发挥想象，用语言文字（符号）对其抽象再现。在中国文学作品中，有哪些再现崇高天山的作品可以与崇高美理论形成互相印证关系呢？

张：前面我提到了洪亮吉，他是清朝中期经学家和文学家，列为"西北史地学"奠基人之一，因言获罪，流放伊犁，结果，政治厄运带给他一次寻找崇高美的壮游，成就了他的天山书写，比如《天山客话》《天山赞》《天山歌》。其中，《天山歌》的崇高美要素非常明显：

> 地脉至此断，天山已包天。日月何处栖，总挂青松巅。
>
> 穷冬棱棱朔风裂，雪复包山没山骨。峰形积古谁得窥，上有鸿蒙万年雪。
>
> 天山之石绿如玉，雪与石光皆染绿。半空石堕冰忽开，对面居然落飞瀑。
>
> ……

开首几句就勾画出天山的至高："日月何处栖，总挂青松巅"；至寒："峰形积古谁得窥，上有鸿蒙万年雪"；至险："半空石堕冰忽开，对面居然落飞瀑"……而一种英雄主义豪情从"九州我昔历险夷，五岳顶上都标题"之句磅礴而出。全诗充盈着"近似疯狂的迷狂式的惊奇感"（雪莱语）——非常巧的是，洪氏戴罪壮游天山的时期（18世纪末期），英国精英阶层也"在通往阿尔卑斯山各条路上进行崇高美的旅行"。他们和19世纪初的雪莱、拜伦等贵族诗人"翻山越岭，人游走在生死之间"，体验"惊心动魄的雄伟"和"巨大的原始震撼"。在这个意义上，并未与他们相遇的洪亮吉同样经历了搅扰人心的感官体验，也即浪漫主义诗人所说的"崇高的颤栗"。

高、李：您分析的《天山歌》，还有前面提到的"横渡天山及哈萨克风俗"，在洪亮吉和谢晓钟天山风景的书写中，不少字句指向危险、恐惧、难以进入的意义，那么，崇高性是不是与高度、险度、难度等有关？即使作为当地人的我们，虽然日日与博格达雪峰相对，但是真正能登上雪山的人屈指可数，托木尔峰、汗腾格里峰以及博格达峰基本上是留给专业登山者去挑战的。

张：非常好的问题。的确，天山崇高性与其不可亲近的高度有关——那些著名的天山雪峰，平均海拔都在 7000 米之上，对于普通人而言，就是"遥远而巨大"的景物，无法接近。我们一般根据高度把山岳分成低海拔、中海拔、高海拔。天山绝对是高山中的高山。

有意思的是，中国传统山水诗歌的很多名山海拔并不高，例如孟浩然笔下的岘山，李白笔下的天姥山。前者低于 100 米，后者不到 1000 米。说到岘山，武大珞珈山似乎都比它高。当然，若按文学地理价值估量，岘山绝对属于诗人仰止的"高山"，这又是另外一个话题：文学如何升华山岳的象征高度。

高、李：您提到具有文学高度的山，不一定都高不可攀，岘山、天姥山就易于登临甚至被人类开垦利用，而像天山这样高海拔的山，由很多危险陡峭的雪峰构成，是难以驯服的自然要素，让人感到恐惧，这可能就是优美与崇高美的差别吧？

张：是的。崇高之山引起恐惧，而优美之山意味着安全。面对危险的高山，我们会产生恐惧的愉悦，巨大的感动。伯克根据情感的强度区别优美和崇高。他说"惊惧是崇高的最高度效果，次要的效果是欣羡和崇敬"；安德鲁斯教授在《风景与西方艺术》中将崇高等同于"一种无法表达的恐惧"（fear beyond expression）。

高、李：当下旅游产业蓬勃发展，旅游文化也已经进入全民视野，现在的游山已经成为人们精神生活的一部分。中国儒家文化提倡"父母在，不远游"，意思是"远游"是不被鼓励的，所以在中国古代，"旅行"很多，但"旅游"的文化并不发达①，那么您前边提到对山的迷恋审美到如今旅游文化中的游山这种变化是怎么一步一步发展的？

张：从山之恋到游山的演化过程，段义孚和法国建筑学教授卡特琳·古特都有非常出色的论述。前者在《恋地情结》专辟一节讨论"环境态度的转变：山岳"，后者的《重返风景：当代艺术的地景再现》刚刚在国内出版，第一章第一节"山，远处的消费场域"部分观点也许是段著的隔代

---

① 彭兆荣、邹赞：《移动的边界：论旅游文化与旅游人类学——访彭兆荣教授》，《吉首大学学报》（社会科学版）2019 年第 3 期。

回响。概言之，中西对于山岳的理解都随着时间而变化，"……都是从以恐惧、逃避为核心的宗教意味，演化为一种从崇敬到赏玩的审美情趣，再演化为近现代的观念即认为山是一种供人们休闲娱乐的资源"①。

高、李：您大致给我们勾画了一幅山文化发展图景，山这个客体是如何进入主体的审美视野之中，如何变成美术绘画或者文学作品的呢？

张：对于这个过程，安德鲁斯教授在他的《风景与西方艺术》中做过出色的论述。总之，就是"由土地进入风景，由风景进入艺术"，具体到山，我们可以转述为"由山地进入山景，由山景进入艺术"。再具体到天山，一度拒人接近的天山成为审美对象，又再现为风景艺术——要比较完整地呈现这个过程，需要写好几本专著。我很期待更有在地优势的新大同事，也就是说作为天山风景一部分的景中人（insiders）的你们来做这方面的研究。

高、李：对于一些极远的地方，我们无法到达的地方，或者由于不在当地生活的原因，我们对这个地方做的就是空间想象，或者通过其他途径去了解感受这个地方，这和在那里生活的人的体验肯定不一样，比方说我们团队跟随邹赞教授做军垦文化研究，从沙海老兵的口中得知那个年代，那些地方的风景记忆，和来新疆到此一游的游客的记忆肯定很不一样。

张：这正是我需要了解尚不了解的地方知识。你们的口述史对象如何从内地进入天山地区？他们的第一印象？他们面对缺氧酷寒的心理反应？他们如何融入当地环境？兵团作家和艺术家如何描写自己逐渐熟悉的天山景物？……所以说，我高度认同邹赞教授近年来完成的新疆军垦第一代口述史工作，这项研究太有价值，必将丰富我们这些景外人（outsiders）对于天山风景以及它的崇高性的理解。

高、李：再回到崇高的山景的艺术再现这一话题。在研究吉尔吉斯斯坦电影风景的时候，邹赞教授要我们关注了一些周延材料，包括那些再现高山的风景画，如《雾海上的旅人》。

张：弗利德里希（Caspar David Friedrich）的《雾海上的旅人》，几乎所有谈论浪漫主义风景或崇高风景的专著都会选用这幅绘画作为插图。所

---

① 〔美〕段义孚：《恋地情结》，志丞、刘苏译，商务印书馆，2018，第105页。

谓雾海，其实也是山中云海。在 18 世纪后期，阿尔卑斯山之所以能够演进为欧洲人寻找崇高美的目的地，风景画家功不可没。说到这里，我插一句：西蒙·沙玛的《风景与记忆》第三部分专讲山之恐惧和山之审美。其中一小部分谈到中国黄山迷恋的审美传统，很有参考意义。

高、李：《雾海上的旅人》的景中人十分突出，尽管背对着观看者（这一点，与中国山水画很不一样，我们的人物基本都隐藏在山间溪谷之中）。他目光投射四周，凝视群山并产生某种思索。弗利德里希的这幅画创作于 1818 年，而早在 1808 年玛丽·帕拉迪斯登上了勃朗峰，成为第一位登顶的女性登山者，为何在弗利德里希那个时代高山风景画中不见女性的身影？

张：凝视群山，山也就变成了被凝视的对象。弗利德里希的凝视就是男性的凝视，或者说，帝国的凝视。无论中西，高山风景一度都是男性主导的风景。换言之，被视为崇高的风景，从雪山到沙漠到大海，很多世纪里，基本上就是男性风景，安德鲁斯（Malcolm Andrews）就把崇高界定为一种性别美学。直到某一天，一位女登山者，或者女扮男装的登山者也站在群山之巅俯瞰一切，才能改变风景的性别。

高、李：从登山运动着手研究性别问题，这真的是为女权主义研究提供了一个新的研究课题。对于这幅画，您是否还有新的诠释角度？

张：这幅画已从多个角度被人诠释过了，包括帝国、性别、民族、阶级等。我个人觉得，还是段义孚解读得最好，他写过一本《浪漫主义地理学》（*Romantic Geography*），可以为新大团队正在做的中亚电影研究提供一些侧光。他分析的浪漫主义的经典风景，如高山、沙漠、冰川等，其实也是大天山风景的构成要素。

高、李：我们都知道在西方有浪漫主义画派、浪漫主义音乐、浪漫主义文学等，"浪漫主义地理学"的确是一个新颖的领域。浪漫主义文学因欧洲 19 世纪浪漫主义运动的影响而产生，强调"自由取代理性成为最高价值，所有的范畴都出自人的自由心灵，一切理性规则和习惯都要用自由这一最高原则衡量一番"，诞生了拜伦、华兹华斯等文学巨人。在您看来浪漫主义地理学是如何产生的？它的产生和风景之间的联系又是怎么样的呢？

张：这个问题很大，我需要慢慢回答。其实，段义孚已经回答过了，但是如果讨论到作为浪漫主义风景的天山，我们需要新的答案。我相信，最好的答案一定会产生在新疆本地学者当中。

高、李：您耕耘在"风景与文学"的研究领域，并取得了令人注目的学术成果，对于想要进入该领域的研究者，请您推荐几本权威图书，谢谢！

张：就山景研究而言，尼克尔森（Marjorie Hope Nicolson）《山之阴郁与山之光荣》（*Mountain Gloom and Mountain Glory*），《浪漫主义地理学》（*Romantic Geography*）和《风景与记忆》是基础读物，其中，第一本不仅影响了段义孚，更是影响了沙玛。这三本书也可连缀成风景主题下的"山景研究"系列。

高、李：您的推荐为想要进入该领域的研究者提供了宝贵的线索，非常感谢。

张：其实，我更期待你们的修正性回应（revisionary response）。

高、李：您今天关于"天山与崇高美"的讲解将鼓舞更多的人真正地登上高山感知这种崇高美，同时为我们进入"登山文学""风景文学""文学与艺术"甚至天山文学提供方法论的光亮，也将激发更多研究者。

张：谢谢！

不断生成的大语言观与语言学科建设的实践探索[*]

——访赵世举教授

● 赵世举　沈淑花^{**}

【名家档案】赵世举，武汉大学文学院二级教授、博士生导师，国家语委中国语情与社会发展研究中心主任，武汉大学校务委员会委员，武汉大学语言文字工作委员会副主任，《中国语情》主编。主要研究领域为汉语语言学、语言应用、高等教育等。已出版《古汉语易混问题辨析》《〈孟子〉定中结构三平面研究》《汉语研究管见录》等著作十多部，在《中国社会科学》《中国语文》等刊物上发表论文百余篇，主持教育部重大课题"新形势下国家语言文字发展战略研究"等课题十多项。曾获曾宪梓教育基金教师奖、湖北省人民政府优秀教学成果一等奖。

沈淑花（以下简称"沈"）：赵教授，您好！您不仅在语言学理论上建树颇丰，在教学实践上也一直非常注重古今中外理论的融会贯通、新理论新方法的运用。在汉语本体研究方面，从雅学到古汉语语法到词汇理论再到词汇语义与语法的关系，您发表了一系列有影响的成果，提出了新的理论观点和重要新见，甚至对语言学界中某些颇具影响的成说进行了纠正。那么，您能谈谈您的研究方法吗？

赵世举（以下简称"赵"）：我对语言本体的研究都是建立在我的语言观基础之上的，即语言是一个有机联系的系统，是有内部层次的，对语言各要素的分析研究要将它放在系统中、层次中、联系中去考察；语言机制

＊　本文原载《社会科学家》2020 年第 10 期。

＊＊　沈淑花，新疆大学中国语言文学学院副教授、硕士生导师。

的核心是语义和句法的关系，语言机制是把自己的所思所想用恰当的形式表达出来，这就是语义与语法的表达。语言学中的形式学派与功能学派一直相向而行，形式学派过度强调形式的同时，也在逐渐向意义靠拢，寻求意义的解释。转换生成语法提出后，乔姆斯基及其弟子都是在做句法－语义接口方面的探索；功能学派在过度强调功能与意义的同时，也在逐渐向形式靠近，寻找形式的分析。二者最终寻求形式与意义的结合，这种结合点代表着语言研究的最终走向。从个人实践来讲，不管是在本体研究方面，还是在应用研究方面，我都是按照这个语言观去做的，其似乎都为后面很多学者所验证。我所做的古汉语的语法研究，在某种程度上预示了当今语法语义的结合；我所做的词汇研究（一个是谈词汇的系统性，一个是谈语义语法接口下的词义观）也体现了当今语义语法结合的趋势。

沈：原来是您的语言观促成了您许多研究成果的产生，尽管我一直很关注形式派或关注乔姆斯基，但是在分析具体问题时，却找不到最佳切入点。

赵：无论哪一个语言学学派，都有它的合理内核，我们应该吸取，并在此基础上融入自己的洞见。实际上，乔姆斯基的句法生成理论也是在不断地更新、融入。例如，在处理形式与意义的关系方面，转换生成语法提出之初，语义基本上是被排除在语言体系之外的，但是后来它的每次改进，都在不断地向语义、语用靠近。"大词库小规则"的提出实际上就是做到语义上来了。"大词库"就是凡是能够从词本身找到特征的，都放在词库里面去；"小规则"就是淡化过去那种形式的成分。所以，乔姆斯基句法生成理论的进化发展实际上也在吸收语义派和功能派。从根本上来讲，这跟科学发展的形势是一致的，因为在近代科学原子主义的影响下，所有的学术领域都被高度地细化，导致最后走向孤立、片面化，但事实上任何事物都不是一个单独体，而是一个综合体、复杂体，语言也是同样。所以，我们必须把语言的几个层面结合起来，才能对语言进行有效的研究。

沈：是否可以这样说，您的语言观在您研究雅学时便已初具雏形？您也知道，雅学在中国传统学术领域是比较高深的学问，20 世纪 80 年代，您便开始关注研究雅学，发表了一系列有影响的成果，可以说您是国内率先对古今雅学史进行系统整理研究的学者。您能谈谈当时研究雅学的动机是什么吗？

赵：我国传统小学存在的一个最大的问题就是坐井观天，就个别问题研究个别问题，看似研究得很专很精也很有道理，但是如果脱离了这个研究对象所处的环境和与之联系的方面，要想将之还原到它所处的系统中，就会出问题。从中国传统学术来讲，传统哲学研究和传统思维研究的系统观念都很突出，但是传统语言研究恰恰缺乏这种系统观念。过去对雅学的研究，都是单本书的孤立研究。但是，如果把雅书串联起来，我们就会发现很多有规律、有价值的东西，例如词汇演变、古人的观念系统等。通过对雅书的研究，我们可以探讨中国文化史、中国观念史以及不同领域的专门史。我当时使用了穷尽式的方法来搜集整理雅书，撰写了十几篇关于雅书的研究论文，就是想建构通过词汇来观察其反映的所有信息这样一个系统观念。这样可以把一本书、一个词的研究功能最大化。这实际上是我一贯的学术理念。

沈：您在雅学方面所做的工作实际上就是对词汇的系统性关注与研究，想必这就是您系统语言观实践的开端。关于词汇的系统性，学界的研究一直都是不足的，也缺乏相应的理论。

赵：是的，过去我们对《尔雅》认识不足，总认为它是训诂材料的一个梳理，这是一种狭隘的观念。其实，《尔雅》本身就是词汇系统性与语义系统性的一个体现。

沈：在您系统语言观不断生成的过程中，您也在各种实践活动中不断检验着您的理论观点，比如您对高校文科专业教学及语言学学科发展一直都非常关注，做了大量工作，也提出了不少好的建议。可以说，语言学学科建设与您的系统语言观之间应该是有脉络可循的。

赵：实事求是地讲，它们都是贯通的。因为我们首先面对的是一个大千世界。无论是自然现象，还是社会现象，一个很简单的事实是：第一，它本身是一个复杂体；第二，这个复杂体又是一个更大系统中的一分子，它的存在是一个系统中的存在，不是一个孤立的存在。所以，如果你想把这个孤立体弄清楚，就必须把它放在它所处的系统中联系地去研究它。索绪尔的语言价值观也就这个观点。我们传统小学忽视系统性中的整体研究，惯于孤立地看待一个词，把"一"就看成"一个一"。实际上，这个词受到系统中其他很多意义的影响，从某种程度上讲，它们决定了这个词该是什么。

所以，2002年我到武大做中心副主任时，我做的第一件事就是极力地打通现代汉语和汉语史。我们的中国语言文学专业在课程设置方面，习惯于把古代汉语课程与现代汉语课程分开，把古代文学课程与现代文学课程分开。这种做法实际上是把一个完整的知识系统割裂开来，会使我们的眼界变窄，会使我们所做的研究变成一种"画地为牢"的文学研究、汉语研究，谁也不理睬谁，由此带来的结果便是学生学习掌握到的是一个割裂的知识结构。所以，当时我就提出语言类课程应当按照学科分支，按照语音、词汇、语法来建构汉语的知识体系，不划分古代汉语和现代汉语，都叫作汉语。对文学类课程也一样，把古代文学、现代文学、当代文学之间的壁垒打通，从它的内部体系角度来划分分支，由此来观察中国文学的整体面貌及其发展规律。

今年教育部所提出的新文科建设，其内涵与我当年所宣传的理念是一致的。当年武大教指委拟定中文学科标准时，第一句话就是"中文学科是传承中国文化的核心学科"的类似表述。对此，我持不同的看法，认为这个观念很落后。因为中文学科不仅要传承，也要发展，当代文化建设也是中文学科的任务，文化创新也是中文学科的任务，怎么能只讲文化传承呢？但是，由于教指委中的很多学者是从事古代文学研究的，所以他们是站在古代文学的角度来拟定中文学科标准的。根植于传统文科基础之上的这种学术传统、学术观念所培养出来的学生必然会存在知识结构的局限性。所以，从带研究生开始，我都会给我的学生们反复强调：无论是从事古代汉语研究，还是从事现代汉语研究，一定要古今打通；把自己的研究限定在上古汉语或中古汉语或近代汉语等方面，将之进行截然区分，是绝对不合适的。

沈：可否这样说，受您系统语言观的影响，在本体研究的基础上，结合对外汉语专业教学实践，您提出了以词汇为主导的对外汉语教学模式这一教学观，并据此于2008年成功申报了国家社科基金项目"对外汉语教学词汇主导模式研究"？这应该是基础研究成果服务于应用，"以研促教、教研相长"的一个典型范例吧。

赵：是的，以词汇为主导的对外汉语教学模式的提出也是基于我的语言观形成的一个想法。过去，我们的对外汉语教学在结构主义语言学的影响下，都是从句法开始，以句型为主导。国内的第二语言教学，无论是汉语教学还是外语教学，老师讲授的第一课一定是判断句"我是谁"。后来有学者认为这一教学方法脱离应用，提出了情境化教学，即根据交际功能类型组织教学内容，不再关注形式。也有学者从词汇量是汉语教学中的难点这一现实出发，主张进行词典式词汇教学。在武汉大学文学院对外汉语专业教学实践的基础上，我根据汉语的特点、认知规律、语言习得规律等提出了以词汇为主导的教学模式。最初，有学者误解这一教学模式就是教词汇。其实，词汇不仅是一个抓手，也是一条纽带，它关联语音、承载语义、制约语法、规定语用、蕴含文化。

我所提倡的教学模式是以词汇为主导，不是单纯的词汇教学。这源于我的另一个语言观：语言的真正实体不是语音，而是词汇。语音只是语言的物质形式，语言的任何要素都要靠词汇来体现，所以我把词汇叫作语言信息的集合实体。词汇关联语音，语音要靠词汇来体现。语言的语音系统就是通过对一个个词的读音进行归纳而形成一个系统。古汉语语音系统的反切系联法之所以科学管用，就在于它抓住了"词汇是语言的真正实体"这个特点。词汇承载语义，哪怕一个句义或一个篇章义，都是靠一个个词的词义积累集合而成的。词汇制约语法，词和词的组合才体现出语法，严格来讲，单个的词不存在语法，语法存在于词汇当中。所以不管对语言的什么进行研究，都要把它落实到词上来。

正是基于这样的语言观念，我才提出了以词汇为主导的对外汉语教学模式，在教学中将与词汇相关的语音、语义、语法、语用等都结合起来。所以，由语言观到教学观，再由教学观到相关教材的编写。2008 年我申报的国家社科基金项目"对外汉语教学词汇主导模式研究"就是按照这样的思路设计的。

沈：围绕着语言观、教学观，我发现，从 20 世纪 80 年代至今，您的学术研究经历了四次大的转型，每一次的学术转型基本上是从零开始，而且每次学术转型都非常成功。您能给我们介绍一下具体过程吗？

赵：在学术转型方面，有人反驳我说我是学术研究上的万金油。实际上，我的每次学术转型都是应所在学院、学科的发展需要而不断转向的，并不是说我毫无志向和坚守。

第一次转型是从古代汉语研究转向语言规范研究。2000年，我从湖北襄阳师范学校调到武汉大学人文科学学院工作。当时武汉大学的文史哲在一个学院，我被学院安排做副主任。当时中文系的发展确实面临困境，只有一间办公室，什么也没有，连请学者来讲学都没有一分钱。为了改变这一状况，我向学校提议搞普通话水平测试，获得了湖北省语委和学校的大力支持，在武汉大学成立了普通话水平测试站。武汉大学是当时湖北省第一个建立普通话水平测试站的高校。为了做好普通话水平测试工作，我就把主要的精力放在了语言规范研究上。在研究过程中，我发现过去学界把规范看作单一的，什么规范都是一个标准，这其实是错误的。所以，我提出了语言规范层次观，并由此出发申报了我们学院第一个国家语委项目"语言规范层次观研究"。项目立项后，学校语委改组，我被推选为校语委副主任，这还是在文学院成立之前。

第二次学术转型是从关注语言规范转向对外汉语教学研究。2003年，武汉大学文学院成立（恢复建制）。当时我们面临着一个很大的难题，就是老师多、学生少，文学院生存难以为继。全院只有一个汉语言文学专业，每年只招收40～50名学生，而教师就有六七十位，师生比极不均衡。为了扩大专业建设，很多人（学校方方面面）主张搞对外汉语教学。当时我是犹豫的，认为把它作为一个专业过于狭窄。因为从人才培养的角度看，它的培养口径和建设基础都相对比较狭窄，不利于学生将来的发展。另外就是当时的对外汉语教学还没有现在这个热度，没有多少社会需求，所以我不太主张搞对外汉语教学。但是，由于方方面面压力比较大，社会上炒得也比较厉害，所以在几次开会讨论之后，我提出了一个折中的办法，即把汉语言专业和对外汉语教学整合成汉语言及对外汉语专业，但是学校没有采纳。没有办法，我就写本子申报了对外汉语专业。2006年，我去学校答辩，对外汉语专业申报成功。当初我们做对外汉语教学时，什么基础也没有，我们所从事的专业与对外汉语教学完全不沾边（因为武汉大学那时候有专门的留学生学院）。所以，我们的对外汉语教学是从零开始建设与发展的。

在对外汉语专业建设过程中，国内的汉语教学及对外汉语教学日渐有了影响，我关注到了对外汉语教学中存在的问题，产生了对外汉语教学词汇主导模式的想法。当时为了加强对外汉语专业建设，我们申报了对外汉语专业硕士点，紧接着又建设汉语国际教育专业学位，为此我才申报了国家社科基金项目"对外汉语教学词汇主导模式研究"，提出了以词汇为核心和纽带，集合贯通语音、语义、语法、语用、汉字知识，并适当兼顾文化，以课文形式呈现，构建综合立体型教学体系的观点。

第三次学术转型是从对外汉语教学研究转向语言科学技术研究。我当文学院院长时，武汉大学"985""211"项目已经做了两期了，但文学院都没能进去，因而也没什么建设经费。正在着急上火之时，学校科研部门通知我去开会，说"985"二期建设还剩些钱，学校希望能利用这些钱来培育有创新点、有竞争力的第三期项目。当时哲学学院、历史学院都有自己的项目平台，就文学院没有，所以学校让我们参与这两个平台项目申报。为了摆脱这种尴尬的从属地位，我们决定独立建一个平台。我这个人有个特点，就是学术关注比较广泛、不愿画地为牢。我从"985"项目关注前沿、跨学科、重大价值等关键点出发，广泛搜集资料提出建设语言科技这个平台。这个建议一提出就得到与会专家的赞同，认为比较有新意，于是让我写一个详细的计划方案。第二天早上，我立刻召开学科会议，召集语言文学学科的带头人和业务院长们进行讨论，让大家敞开思路大胆设想，并提出了三点要求：一是要保证我们的设想能立得住；二是平台建设一定以我们为主导；三是建设内容要能够落地执行，不能天花乱坠，不着实际。校院两级讨论的最终结果是认为我的想法比较好。于是，我就起草了"语言科学技术与当代社会建设跨学科创新平台"项目申报书，并亲自参加了校内外的三次评审，尤其是校外几次评审，都是匿名的，我们的票数都是遥遥领先。在最初的平台设计方案中，我们也把文学研究整合进去，但是最后敲定时，学校又把文学那一块拿出来了。其实，我们设计的文学研究是从文学文本这一角度进行的文学研究，比如说"文学的人文治疗"研究的是文学文本之中的语言疾病问题以及有关对语言疾病的看法等。这种从文本切入的文学研究实际上非常好，如果没有被删掉应该会形成一个很大亮点。就这样，我们文学院挺进了学校"985"第三期项目，在学校的 12 个平台中，我们文学院赢得了一个独立平台。

"语言科学技术与当代社会建设跨学科创新平台"立足于语言学，与武汉大学计算机学院、武汉大学信息管理学院、武汉大学人民医院以及湖北警官学院合作，整合多学科力量，做了三个大方向：第一个方向是我个人非常感兴趣的面向语言应用的语义研究，主要是语言信息处理和语义的本体研究，贯彻了我一贯的语言观和语义观；第二个方向是语言应用研究，例如与人民医院合作研究失语症，与湖北警官学院合作研究语言侦破技术，与信息管理学院合作做中文学科的门户，即研究中文领域的大资源库和搜索引擎；第三个方向是当代社会语言生活研究。进入学校"985"项目后，文学院获得了 300 万元项目经费，这对文学院来说不啻打了个翻身仗。对文学院来说，300 万元在当时就是一个天文数字。在此基础上，我和张延成老师还策划和主持筹建了"汉语国家推广教学资源研究与开发基地"，得到了国家汉办批准和巨额经费支持。这是武大有史以来最大的一个文科项目。

第四次转型是从语言科技转向语言政策、语言规划、语言战略研究。这次转型也是为形势所"迫"。自 2008 年教育部、国家社科基金设立重大项目以来，武汉大学文史哲学科中哲学、历史都有重大项目立项，就文学没有。当时就有学者拿此来揶揄激将我们。2010 年教育部社科重大项目招标发布，第一次出现了一个语言类项目，即"新形势下国家语言文字发展战略研究"。当时我压根没敢报，因为之前没有做过专门研究，也没有相应的思考。然而，学校社科部副部长却第一时间给我打电话，建议我申报这个项目。我告诉他我的顾虑，他却说没试怎么知道不行，并激将我，文学院要想取得零的突破，院长必须带头申报。没办法，我只能硬着头皮申报。恰巧 2010 年秋季我发表了一篇题为《语言观的演进与国家语言战略的调适》的文章，对国家语言文字在新形势下国家语言战略当中应做哪些调整发表了一些自己的看法。再加上之前我所做的汉语国际推广和语言规范也都属于国家战略的内容。因此，这些都不期而然地成为我此次申报教育部重大项目的研究基础。此外，我又邀请了语言战略相关领域的几个重要学者作为团队成员，一起论证确定申报内容。几轮筛选后我们武汉大学文学院胜出。我们胜出的原因在于：我们集成的这个方案是符合国家层面的一个全面的语言战略方案，民族语言文字的处理、语言教育问题的处理、外语教育的处理、如何进行汉语国际推广、港澳台语言文字问题等几个关键领域都涉及了。为了做好这个项目，我开始将更多的精力投入语言政策、语言规划、语言战略研究上来。做这个项目，需要我们密切关注语言方方面面的情况和变化，从而又衍生出新的研究内容来，这正好与文学院"985"项目平台的第三个方向"当代社会语言生活研究"不谋而合。在这个基础上，我们就以武汉大学的名义成立了"中国语言生活监测与研究中心"。2014年学院的年轻老师希望我带着他们做些事情，于是就策划将"中国语言生活监测与研究中心"申报为国家语委的机构，也获批了。

我的每次学术转型，基本上是从零开始，都是源于当时的一种客观需要。我个人的工作经历，决定了我的学术研究必须从工作的角度出发，为了学科的发展、为了学院的发展，去不断地拓展，这种情势在客观上起到了推动学科、专业发展的作用。面对每次转型，我始终持这样一个观点：任何学者无论做什么研究，要想把它真正地做好、做大，必须宽基础、大视野。有了这个宽度，我们很自然地就会不断地发现新的研究内容。研究视野宽广，才会有不同的东西可以突破；研究视野过于狭窄，其所关注的点很难有太多的东西可以挖掘。当然，我不否认学术研究应该从点出发、从小处入手。但是，我一直给我的学生灌输这样一个观念"从小处入手，但是一定要从大处着眼"。做任何一个点的研究，都要充分考虑到它与其他方面的关联性，要把它放在它所处的那个环境与联系之中来考察，只有这样才可能发现很多大的有价值的研究内容。

沈：通过您对自己四次学术转型的详细介绍，我发现您在每次学术转型中都践行了您的语言观，并一以贯之，而且之前您的系统语言观、语言规范层次观等，已经成功升级为不断适应学科时代发展步伐的具有开放性与包容性的大语言观。此外，从您的学科建设实践探索中，我也真切地感受到了您的那份责任与使命担当。我想您之所以能够转型成功并取得这么多的成绩，应该与理论与实践、基础研究与运用研究间的相互验证分不开。您一直注重基础研究与应用研究的结合，在很多领域颇有建树。但是现在存在这样一个现象，即很多从事基础研究或本体研究的学者在面对应用时常感到束手无措、无从下手，总觉得二者之间很难跨越，甚至有学者认为自己是从事基础学科研究的，可以不用兼顾应用！对此您怎么看？

赵：其实这也是一个大语言观的问题。你所说的现象，可以说是全国，尤其是人文学科领域普遍存在的一个现象。我认为首先要更新观念。我们的人文学科虽然受西方影响较多，但更多的还是建立在我们自己传统学术基础之上的，尤其是我们的研究方法更多地继承了我们传统学术特点。那么，传统学术有哪些方面的共性呢？我认为有三点：第一是以前人为标准、为规范、为追逐的目标。第二就是画地为牢，唯老师马首是瞻，否则，那就不是学问，而是歪门邪道。第三是很少从学术理念上去思考"我们研究学术是为了干什么"，比如说，我们做汉语研究或汉语方言研究，只是研究这个语言或方言本身，至于研究它们的目的则一般很少会去思考。正因为很少思考"为什么而研究"，所以也就很少去思考"怎么去研究"。所以，我觉得这需要我们从观念上去突破。我们做学术研究，立足于自己的基本传统，形成自己的基本视域和学术观点，这本身没有任何问题，但是我们却不能因此故步自封，应该在研究目的上有"服务于什么"这样一个意识。有了这种意识，就等于有了一个定盘心，有了努力的方向。有些学者就学术而研究学术，只根据自己的兴趣进行学术研究，至于社会的现实和国家的需要，则和自己没有关系，甚至认为学术研究绝对不能与政府或政治产生联系，否则就不是知识分子。这些观念都是非常错误的。

严格地讲，世界上的任何学术都是为人类服务的，不管它是大作用还是小作用，不管它是直接作用还是间接作用，一定要有用。当我们把自己的研究定性为基础学科时，实际上就已经有了一个预设，即基础是为他人服务的，而不是一个超乎一切之外的独立主体。人文学科研究包括基础学科研究，必须有应用导向，要有目标追求。比方说，我们中国语言文学的基础研究就应该着眼于我们的文化传承、文化发展、文化建设，我们做相关研究不是为了一个个具体的事项，而应该是为整个中国的文化传承、文化建设和文化发展打基础。我们可以不写剧本、不搞编剧（那是应用问题），但是我们可以为剧本创作、节目创作提供中国的文化精神、文化规律、文化内容。这就是在做基础研究的同时，也可以为文化建设服务。因此，我觉得我们的老师、我们的人文学科都需要突破观念上的束缚。

沈：转变观念是第一步，那么接下来的第二步呢？正如您所说，基础研究应该面向应用，要有目标追求，那么它们之间就需要有一个对接。这个对接点是什么？怎么去找到这个对接点呢？

赵：基础与应用的对接点就是现在我们经常强调的问题导向或问题驱动。具体怎么做呢？我们要去找与我们研究相关的领域有什么问题需要去解决，无论它是大问题还是小问题，是历史问题还是现实问题，我们应该为了解决这些问题来确定自己的研究内容。比如说，我们现在都意识到语言研究与国家安全紧密相关，那么我们就要仔细观察和分析当今国家安全领域里哪些方面需要语言学的学术资源支持、学术理论支持、人才培养支持，然后从这些方面去努力，这就是在为国家安全服务。也就是说，我们的基础研究不仅要有应用目标追求，还要有问题意识，要根据问题来寻找自己研究的领域和研究的课题。

做学术研究时，与问题意识相关联的是学者的责任感和使命感。作为一名学术工作者，我们要有责任担当，我们要时常思考怎么样做才能为社会的发展、国家的繁荣乃至为人类的进步做出自己的贡献。社会的发展进步需要每个人从不同的角度去贡献力量，最后才能形成推动社会发展的合力。我们应该从"做好螺丝钉"这个角度去看待我们所做的工作。当我们有了问题意识，有了责任感、使命感的时候，我们的研究视野就会很容易拓展，寻找需要研究的问题也会更加容易。

沈：我们每位学者都有自己的研究基础和研究志趣，有的是做本体的，有的是做应用的。那么，当我们找到基础与应用的对接点后，站在您的大语言观的立场上，应该用什么样的方法合适呢？

赵：首先，本体和应用本是一体，我们不能人为地把它们截然分开。做本体研究的学者，要有"本体研究成果能够进行应用"的意识，要去联系应用。反过来，要想做好应用研究，就得研究好本体，因为本体是应用的基础。比如说，做语言信息处理，如果对语言的规律没有深刻的了解，即使我们在技术层面有再多的想法，也很难去实现。因此，做本体研究，要立足于本体，面向应用；做应用研究，要立足于应用，紧紧依赖于本体。二者紧密结合，相向而行，需要我们把它们结合起来。这一点很重要。

然后，我们做研究应该从事实出发，而不是从理论出发。我们研究语言学是为了解决语言实践问题，不是为了解决语言理论问题。理论是为实践服务的，而不是实践为理论服务。实践是我们形成理论的基础，不能颠倒。我们的学术研究在方法论上经常犯的一个根本错误就是我们的研究往往都是从理论出发，为理论服务，而不是为研究对象服务。国内语言学研究常常走两个极端：一个是从事传统学术研究以古为标准，以自己的老师为标准；另一个就是深受西方语言学的影响，套用西方语言学理论进行研究。这都不是科学的语言研究方法。我经常给古汉语方向的博士生强调，虽然乾嘉学派代表了我国古代语言学的高峰，值得我们去研究和学习，但我们究竟要学习的是什么呢？我们要学习的是该学派的学术观念、先进的学术方法和经典的研究成果，而不能生搬硬套将之定为自己的学术发展目标。我们学习它的目的不是赶上它，而是要以它的研究为基础，实现新的突破。如果把学术研究的目标定位在赶上乾嘉学派，那么，第一我们能否超越它是个未知数（一般情况下是没有能力超越的，毕竟时代不一样了）；第二即使超越了，你超越的还是个清代的研究成果，离当代还很远，那么你的研究对社会有多大的贡献呢？我们有很多学者批判《马氏文通》，但事实上很多学者做的却是《马氏文通》的事。西方语言学理论确实有很多值得我们学习的地方，我们应该学习它，但是不能固守。西方语言学理论是在与汉语及很多民族语言完全不同的语言的基础上形成并建立起来的。语言之间尽管有共性，但也存在个性。把西方语言学理论直接拿来并套用在汉语及其他语言上，这样的研究除了给别人提供例证之外，还有什么意义？更何况，任何理论都有它的适用范围，都有它的局限性，都是在不断发展的。被学者们推崇的乔姆斯基生成语言学理论也经常在变。此时，如果还把乔姆斯基最先提出的理论拿来用，这无论从理论上还是方法论上都是成问题的。我们做语言研究应该不拘一家，为我所用，绝不能固守信奉一家、照搬套用。做语言研究就好比医生给病人做手术，为了保证手术顺利成功，该用手术刀时要用手术刀，该缝针时要缝针，该用什么工具就用什么工具！所以，做语言研究要从语言事实出发，要从语言问题出发，在方法论上不能犯错误。

最后，我们从现实问题出发做研究不能好高骛远、唱空调，应该从小问题出发，尤其是我们的年轻学者，更是要从小处入手，从大处着眼。其实，从具体的小问题出发进行研究也是为了解决大问题。汉语学界的陆俭明先生就是从一个句子、一个现象出发来探索与之相关联的具有普遍性的语法规律这个大问题的。我们在研究一个小问题时，一定要把它放在它所处的整体系统中去反观，而不能坐井观天、盲人摸象。有的研究，孤立地看貌似头头是道，可是一旦把它还原到我们所处的语言环境和社会环境中，就会发现它是错误的。另外，我们从"小处着手，大处着眼"进行研究，也是为了去解决更大的语言应用问题。比如说，在研究一个句法问题时，我们需要思考一下，通过自己的研究能否给第二语言教学提供更大的帮助？通过自己的研究，能否为语言信息处理提供一条规则？这样，我们研究的虽然是小问题，但可以发挥大作用。无论选取什么样的问题进行研究，我们都应该尽可能地把它的功能最大化。这样，即使我们研究的是过去的东西、具体的问题，也可以在无形中实现为大局服务、为国家战略服务、为社会需求服务、为人类进步服务的目标。这些服务都是通过一些具体的工作来实现的，而不是仅从口号上大力对接的。

沈：您的大语言观着眼大局，关注整体，强调实践应用。近几年跨学科研究成为科学方法讨论的热点，甚至有学者认为现在就是一个跨学科的时代，似乎跨学科代表了未来学术研究的方向，语言学也不例外。您在语言研究领域一直都很关注前沿，也非常注重学科的开拓性研究，比如您在武汉大学主持创建的"语言科学技术与当代社会建设跨学科创新平台"就是一个跨学科平台。您怎么看待跨学科这一新型研究范式？

赵：我认为跨学科并不是两个学科之间跳跃式地跨越，"跨"缺乏一种关联，真正的跨学科应该通过拓展而"跨"，而不是毫不沾边地随意跨越。严格意义上讲，跨学科指的是从你所做的学科领域向其他方向拓展，跟邻近领域形成交叉。第一个是我们自身领域的拓展，尤其是向应用领域拓展，即立足基础，面向应用。第二个是从本体出发向邻近领域拓展进而形成交叉。比如说，全球信息技术发展非常迅猛，这个领域亟须与语言学的结合，这就需要语言学者参与；在语言产业与经济发展方面，语言学者怎样从语言的角度就语言资源的开发利用做研究？在语言侦破方面，语言学者可以给刑侦专家提供哪些语言样本的对比？在语言康复方面，语言学者能否为失语症的诊断、治疗、训练、提供词汇量表、语法量表、语音训练的方式方法等？所以，跨学科研究应该是从基础研究的某个点出发，利用好、发挥好自己的优势，去拓展、去延伸、去交叉。假如说要找关联点来讲，从某种意义上讲，语言是最好找的，语言跟什么都有关系，所以从哪个角度都可能找到突破口。

沈：我相信您的系统的、综合的、立体的、交叉的、延伸的、不断生成的大语言观作为您学术活动与实践活动的源头活水，加之您对现实热点问题敏锐直觉的判断，定会为中国语言学的发展再添新枝、结新果。

回望巴别塔：巴赫金的诗学与文化理论

——访凌建侯教授 *

◉ 凌建侯　邹　赞

【名家档案】 凌建侯，北京大学外国语学院世界文学研究所教授、博士生导师。现担任北京大学世界文学研究所所长、中国中外文艺理论学会"巴赫金研究分会"副会长等。出版专著《巴赫金哲学思想与文本分析法》《词汇与言语——俄语词汇学与文艺学的联姻》，译著《20世纪俄罗斯文学》（第一译者）、《官家童话》、《艺术话语：艺术因素分析法》、《伊凡杰尼索维奇的一天》（第三译者），参与钱中文主编《巴赫金全集》第2、4卷的翻译工作。在《外语教学与研究》《俄罗斯文艺》《国外文学》《社会科学战线》等重要刊物发表论文40余篇，部分论文被《新华文摘》等转载（摘）。参编教材《世界文学简史》《西方文论》《西方文论选》等。

邹赞（以下简称"邹"）：我们知道，巴赫金研究曾经作为俄苏文论的重要组成部分被引入中国，并迅速成为人文社科学界的热点关注领域，甚至延伸出一种"巴赫金学"。尽管巴赫金研究的世界性热潮已经退却，但巴赫金的"复调"、"对话"和"狂欢"理论仍然为学界广泛援引，从某种意义上说它成为研究文体学、小说理论、大众文化的"常识性"思想资源。作为巴赫金研究在中国的重要参与者和推动者，您潜心钻研过巴赫金的文论思想，尤其是这种文论思想同其深层次的哲学思想之间的关联，请您简要介绍一下巴赫金理论在中国的译介情况。

---

* 本文原载《社会科学家》2012年第10期。文中有关巴赫金狂欢化理论与当代中国大众文化的分析，参见邹赞《巴赫金的狂欢化理论与大众文化》，《青岛大学师范学院学报》2009年第4期。

凌建侯（以下简称"凌"）：中国的巴赫金研究，始于 20 世纪 80 年代初，与西方相比，起步较晚，而且最初的接触，借助了两个媒介：英语和/或法语；陀思妥耶夫斯基。最早提到巴赫金名字的，据钱中文先生讲，是钱锺书先生，而巴赫金进入俄语学者的视野，则缘于他写的《陀思妥耶夫斯基诗学问题》，此书涉及很多问题，着重阐明什么是"复调小说"，提出"独白小说"范畴，追溯体裁的"狂欢文化"渊源，揭示作者与主人公的"对话交往"，分析话语的对话关系，令人耳目一新，不管陀思妥耶夫斯基的创作是否具有这些特征，巴赫金都不能不引起陀学界的重视。从这两个角度着手，应该可以厘清中国巴赫金研究的历程，包括翻译进程。

对西方巴赫金研究论著的译介，虽然晚于俄语的翻译，但贵在译力强大，涉面宽广，经常有出人意料又在情理之中的论题，对我们拓展巴赫金研究的范围，洞见其思想的深度与广度，提供了很大的启发，如译文《卢卡奇、巴赫金与小说社会学》《巴赫金、马克思主义和后结构主义》《形式主义与超越》《俄国形式主义与巴赫金的历史诗学》《巴赫金的对话诗学》《我者自述之——巴赫金视角观照下的叙事身份》《人与人际关系——米哈依尔·巴赫金》《对话与独白：巴赫金与雅各布森》等，有些西方学者的文章是通过俄文转译的，如《一个翻译家心目中的英语世界百年巴赫金》《德国视野中的巴赫金》《巴赫金在法国》等，有趣的是一位俄国史学家的文章《巴赫金及其狂欢理论》，收录在《搞笑——幽默文化史》集子里，是从英文翻译成中文的，还有与巴赫金思想相关的译文，譬如《西方马克思主义文学批评与美学遗产》《现代视野中的电影理论》《电影与符号学》《关于建构诗歌叙事学的设想》《民间文学与作家文学》《维亚·伊万诺夫的四维阐释学》等。特别值得指出的是美国学者写的传记《米哈伊尔·巴赫金》，其中译本对巴赫金在中国的传播，意义重大。我就是因为阅读了这本书，确立了研究巴赫金的志向。译著还有《巴赫金、对话理论及其他》《巴赫金：对话与狂欢》，而《巴赫金之后的陀思妥耶夫斯基：陀思妥耶夫斯基幻想现实主义解读》是一本陀学专著，但"多多少少使用巴赫金的方式"，即"巴赫金思想的主要问题"来探讨陀氏创作，对于"说着不太正确的语言，然而却是极富挑战性"[1]的巴赫金现象，有赞同，有批判，有吸收，有坚守，吸收的是巴赫金的问题意识，坚守的是陀学界长期以来的通行做法，即重艺术解读而轻理论阐释，而这也正是文艺学的两大研究领域——文学史与文学理论的分野。

中国俄语界的巴赫金研究，因为拥有懂俄语这个得天独厚的条件，翻译占据了重要地位，特别是钱中文主编的中文版《巴赫金全集》（6卷，1998年初版；7卷，2009年增补修订版），在中国学术界反响很大，影响深远。当然，巴赫金的个别论著先于全集已经翻译出版，如国内第1篇译文是《陀思妥耶夫斯基的复调小说和评论界对它的阐述》，这是论陀氏一书的第1章，20世纪80年代晚期译出了《陀思妥耶夫斯基诗学问题》与《审美活动中的作者与主人公》的第1章，1996年出版了早期哲学－美学论著《巴赫金文论选》，而著作权"有争议的文本"，如关于弗洛伊德心理学和形式主义的专著，有几种译本，例如《弗洛伊德主义批判》、《弗洛伊德主义述评》、《弗洛伊德主义》以及《文艺学中的形式方法》、《文艺学中的形式主义方法》；与全集初版的同时和之后，还有《巴赫金集》和刘虎译的《陀思妥耶夫斯基诗学问题》先后问世，刘译参照了英译本。译介巴赫金俄文原著，我们达到了两个要求：一是及时，全集6卷比俄文版还早；二是系统，比英译版单行本各自为政，合理得多。在北外举行的"斯拉夫文论与比较诗学"研讨会上，莫斯科大学教授克林格对中文版《巴赫金全集》大为赞赏，称中国学者翻译巴赫金非常出色，走在了同行前列。俄语界还翻译了一些巴赫金研究论著，比较引人瞩目的是《巴赫金传》，至于译文，除了论陀氏创作问题1929年初版时的一篇书评《论陀思妥耶夫斯基的"多声部性"——从巴赫金的〈陀思妥耶夫斯基创作诸问题〉一书说起》与发表于1991年的《文化盛世中的思赫金》外，其他都是21世纪之后的研究文著，如《怪诞美学与小说诗学——论巴赫金的思想与概念体系对当代科学的意义》《当代学术范式中的陀思妥耶夫斯基和巴赫金》《作为历史诗学问题的时空体》。

---

[1] 〔英〕马尔科姆·琼斯：《巴赫金之后的陀思妥耶夫斯基：陀思妥耶夫斯基幻想现实主义解读》，赵亚莉等译，吉林人民出版社，2004，原序第9页。

我们研究巴赫金，源自西方的影响，受到陀学界的关注，之后以译介方式不断摸索前进，且英语/法语界和俄语界较少沟通，出现了同一个术语有不同版本的现象，解读这个现象，原因是"统觉背景"的不同，我将它概括为"发散思维 VS 原汁原味"。六卷《巴赫金全集》的面世，也激起了非外语界的研究热情。进入 21 世纪后，我们的巴赫金研究达到高潮，仅 10 年时间里，出版论巴赫金的专著多达 15 部，论文数以千计。如果分阶段来看巴赫金研究状况，较为稳妥的方案是：从 80 年代初到 80 年代末的"摸索"，到 90 年代末的"慢热"，再到 2004 年以曾军出版《接受的复调——中国巴赫金接受史研究》一书为标志的"快热"，直到现在的"高潮"。如果西方的巴赫金研究到 90 年代中期开始"退潮"，因为将近 30 年的研究差不多走完了经典化的历程，那么我们的进程要慢半拍，所以西方经典化的经验为我们正在经历的巴赫金经典化所吸纳。经典化的必然结果就是本土化，我相信，我们对巴赫金的本土化很快接近尾声。

邹：外国文论思想的输入，既是一个向外部世界寻求先进理论资源的过程，也必然意味着本土性的转化、吸纳和融通，经历一个接受语境中的"经典化"过程，古希腊罗马诗学、西方现代和后现代文论等莫不如此。巴赫金显然也是一个被经典化的范例，请您谈谈巴赫金研究在中国的经典化过程。此外，巴赫金本身也是一个有趣而复杂的文化文本，他在特定的社会情景下提炼出"复调"、"对话"与"狂欢"理论，比较而论，巴赫金更加青睐"对话"而非"狂欢"，其中的根源是什么？其狂欢化理论与语言论哲学之间存在什么样的关联？

凌：这两个问题回答起来并不容易，不是因为看不到可能的根源，也不是因为理不清可能的关联，而是因为无论怎样深究，都有被斥责为"一厢情愿"或"自说自话"的危险，毕竟巴赫金本人从未公开厚"对话"薄"狂欢"，反而用十分赞赏的口吻说未来派诗人赫列勃尼科夫"充满了狂欢精神"，他也从未明确狂欢理论与语言哲学的关系。

读巴赫金的著作，给我留下最深刻印象的，是"对话""狂欢""独白""话语"这四个范畴。也许用这些术语就可以概括巴赫金学术遗产的核心思想，虽会给人以笼统之感，但胜在简洁明了。小而言之，对快速了解研究对象，快速加深对该对象的印象，不失为一条捷径；大而言之，把握文化现象和理论流脉，捕捉学术动态和问题症候，解读历史嬗变和传承创新，从术语入手，深入挖掘，横向拓展，因果渊源或可尽收眼底，很可能获得意想不到的效果。这不是在构建理论体系，不是在阐述学术史，但是释明的术语积攒到一定数量，往往比理论阐发、学史钩沉，威力更大。这也符合后现代状态下的人文思维的特点。米洛拉德·帕维奇采用辞典形式写哈扎尔民族文化史，正说明了这种特点。把历史演进中的节点问题（现象、事件和人物），依照某种规则，独立成篇，并使它们在互文中构成一个超文本，彼此的相关性、整个历史的发展逻辑，由读者自己根据全部词条来推断、判定。到了 21 世纪，俄罗斯不少人文学者开始编写一些有趣的辞典，如《20 世纪文化辞典》《20 世纪文艺学百科》等，来替代 20 世纪文化、文学发展进程的史著。国内《外国文学》杂志，开辟了"西方文论关键词"专栏，我是该栏目的忠实读者，受益匪浅。对外来文化的吸收，对传统文化的继承，从某种意义上说，主要表现在观念上，而具体体现观念的重要环节就是关键词。或许我应该写"复调""对话""狂欢""话语"的词条，由你自己来判别它们之间的关系，这样做就具有了更大的开放性。

从哲学角度看，巴赫金一开始试图构建自己的"第一哲学"，发现了长期以来占据主导地位的"致命的理论化"的独白思维倾向，着手寻找"反"独白的思维倾向，在陀思妥耶夫斯基的创作中揭示了对话思维，并继续探索对话小说的历史渊源，在拉伯雷的创作中看到了作为这种渊源的民间狂欢文化，或者说狂欢思维倾向，然后把对话思维应用于诸多具体学科的研究中，进而全面探讨人文科学的哲学基础和方法论的问题。对话的实质在于借助"个人的内心世界是自由的"达到个性的解放，狂欢的实质在于借助"人的物质性肉体是自由的"达到个性的解放，它们共同对抗独白思维，前者对抗的是"唯命是从"式的倾向，后者对抗的是"唯我独尊"式的倾向。俄国学者果果梯什维利认为，对话与狂欢彼此对立，又相互作用，共同构成了"反独白论"[①]，这一看法很有道理。

---

① 〔俄〕果果梯什维利：《巴赫金的正体与变体》，《哲学问题》1992 年第 1 期。

从文艺学角度看，巴赫金的"反"独白论是用诗学形态表述出来的，长篇小说发展进程中的反独白论倾向是他关注的主导问题。巴赫金认为，欧洲长篇小说有三大来源：叙事，雄辩－演讲，民间狂欢文化。民间狂欢文化的基本表现形式是：各种仪式——演出形式，如各种狂欢节类型的节庆活动与诙谐的广场表演；各种诙谐的语言作品；各种不拘形迹的广场言语。这三种形式无不与语言/话语/言语相关。后两者直接表现为言语。我只举一例说明第一种情形。在古希腊、罗马，συμπόσιον 是一种礼节，如为庆祝某事举行的典礼，有酬神的仪式，仪式后参加的人在一起饮酒，边饮边谈，称为会饮，该词后来为拉丁文吸收，称为 symposium，变成座谈会的意思。① "苏格拉底对话"遗留下来的"论爱情"篇什，就叫《会饮篇》。狂欢式转化为文学的语言叫作狂欢化，文学狂欢化促成了欧洲长篇小说发展的三条线索之一——狂欢体文学，复调小说作为一种体裁正是沿着这条线索形成的。关于渊源于民间文化的狂欢体文学的艺术特征，其中包括语言特征，巴赫金在不同时期都有说明，我在这里不再赘述，只补充一点：我们可以把巴赫金论陀氏复调小说、论拉伯雷狂欢小说、论歌德教育小说的三部专著和论长篇小说的四篇长文，以及探讨作为话语形式的言语体裁问题的论著，看作专论狂欢体文学体裁的一部书，由三编构成，第一编是三个个案研究，第二编是历史诗学的研究，第三编是为狂欢体文学理论提供语言哲学基础的语言学研究。

邹：自 20 世纪 80 年代以来，北美学界掀起巴赫金的译介和研究热潮，其狂欢理论的复杂维度渐次呈现出来。由于巴赫金考察民间文化的史学观与历史学家的视角存在很大程度的差异，因此有学者质疑狂欢理论是一种谬论，列呈的主要理由是巴赫金论及狂欢节的直接史料仅限于 1788 年歌德游记中的相关描述，您怎么看待这种论断？

凌：在欧美学界，人们看待巴赫金的狂欢理论，确实存在两种截然相反的态度。一种是肯定，譬如哲学家哈贝马斯对狂欢思想做出了正面回应；文艺学家普罗普赞同大众用狂欢与笑声反抗中世纪社会制度所强加的禁欲主义的观点；神话学家梅列京斯基认为狂欢观念完全正确；狂欢理论

---

① 《柏拉图对话集》，王太庆译，商务印书馆，2004，第 288 页。

为伯明翰文化学派，后结构主义者克利斯蒂娃、托多罗夫等，后现代主义者德·曼、哈桑等，女权主义及其运动，提供了思想养料。另一种是否定，持这种立场的主要是一些史学家。

史学角度的质疑，有其史料学的逻辑，理由充足。有的史学家的治学态度，令人肃然起敬："总之，在近 30 年来的研究与思考之后，现在我倾向于把民间狂欢文化观念认定为特殊的科学神话。这么说，丝毫不否定这一观念在对智力的强大刺激中已经发挥并且可能会继续发挥的作用。"① 这是俄国史学家古列维奇去世前对狂欢理论做出的评价。他是国际著名的中世纪专家，新文化史俄国学派的领袖，他很早就看到了狂欢理论的致命弱点，那就是缺乏切合所论时代的相关的史料，但是他更看重狂欢理论"在知识上是最有成果的，也是最有启发性的"，"启发"主要表现在从此开启了一个崭新的研究领域，即民间文化的领域，或者"沉默的大多数的文化"的领域，巴赫金首创的"笑文化"概念，也为其他史学家所接受，他们认为这个概念开创了文化史研究的新领域。②

全盘否定狂欢理论，连"民间文化"概念本身也不接受的，是以霍尔斯特·福尔曼和 D. R. 莫泽为代表的德国史学家。有学者对德国学界围绕巴赫金狂欢理论展开的论战，做了较为全面的描述③，认为，德国人素以严谨著称，精神生活以严密的经验论和索引式详细注释见长，所以拒纳了有史料缺陷的狂欢理论。实际上，一个公认的事实是有关中世纪狂欢节的史料相当稀缺，而文艺复兴时期的相关史料较多，但主要是带有官方色彩的文字记录，如各种行业协会的记载。德国史学界历来重视研究该时期作为基督教节日的狂欢节。我比较赞同以罗伯特·辛德勒为代表的另一些学者的观点，那就是有些人类现象和文化现象，不能因为无法被纳入具有特定科学依据的文化思想体系，就被视而不见。耶拿史学家奈里希·斯拉特瓦认为：慕尼黑史学家把口头文化传统称为"赫尔德时代以来的神话"，

---

① 〔俄〕古列维奇：《巴赫金的〈现实主义历史上的拉伯雷〉学位论文答辩 50 周年答编辑部问》，《对话·狂欢·时空体》1996 年第 4 期。

② 〔荷〕简·布雷默、赫尔曼·茹登伯格编《搞笑——幽默文化史》，北塔等译，社会科学文献出版社，2001，第 78、76 页。

③ 〔加拿大〕安东尼·瓦尔：《德国视野中的巴赫金》，米慧译，《俄罗斯文艺》2011 年第 2 期。

只相信有名有姓的作者的书面文字记录，只看到文化精英对广大文盲百姓的作用，其实，"忽视民间文化以及默信文化活动只能由宗教精英来实现，这一基本的世界观立场，而绝不是'与史料相矛盾'……是彻底拒绝巴赫金的真正原因。这里讲的是哲学－美学的前提，这个前提先于学术研究而确定从什么视角选取史料文献、对它们进行甄别与评价"①。我想，这番话基本上可以揭示史学界围绕狂欢理论的争论的内在逻辑。

客观地讲，学术研究有宽窄之分，宽意味着在跨文化、跨学科的语境中凸显问题的现实意义；窄指的是将学科细化，在细化的学科背景中探究问题。孰优孰劣，不好定论。但任何事物都有两面性，遵循得失平衡的原则，即我们常说的"失之东隅，收之桑榆"。巴赫金的狂欢观念，缺乏史料支撑，但作为一种理念，又具有极强的冲击力，对20世纪六七十年代的学术界来说，无疑是解放思想、催生新思维的刺激因素。俄国学者雷乌京修正了巴赫金只强调狂欢节民间源流而不及其余的做法，在研究德国断代民间文化史时，也顾及主流文化这个大背景，关注史料考证的同时，也重视历史－文化符号学的释义。② 再补充一点，希望不会让你觉得我在替巴赫金辩护。德国史学家与巴赫金考察狂欢节的角度不同，前者的着力点在于节日本身所处的社会生活，该节日的发生及其时代特征必须有根有据，一切都以史实说话；后者感兴趣的，与其说是某个时代的某种文化现象，不如说这类文化现象在历史长河中的作用与意义。从这个角度看，史学家眼中作为基督教节日的狂欢节本身，在巴赫金那里只不过是探讨民间文化问题的由头，他更加关注狂欢式的一切民间节日形式，包括无法考证的酒神节、农神节、葡萄节等，泰纳、弗雷泽、伊利亚德也都描写过这类远古文化现象，尼采对酒神精神情有独钟。

邹：具有狂欢化思维的文学作品不一定非要描写狂欢节，比如，流浪汉小说、莎士比亚戏剧中常常会安排"癫子""弄人"一类的疯癫形象。此类形象的塑造有便于表达民间观念，从当下的现实语境出发，疯癫形象

① 转引自雷乌京《中世纪晚期与文艺复兴时期的德国民间文化》，国立俄罗斯人文大学出版社，1996，第56~57页。

② 转引自雷乌京《中世纪晚期与文艺复兴时期的德国民间文化》，国立俄罗斯人文大学出版社，1996，第56~57页。

可说是反主流/反文化运动的策略性选择，您觉得中国当代的文学创作和青年亚文化从巴赫金那里吸取了什么样的理论资源？

凌：狂欢不是巴赫金的发明，欧洲文化史上古已有之，是巴赫金第一个揭开了它的面纱，并冠以"狂欢"之名，如同人的"潜意识"在弗洛伊德分析之前就存在一样。钟敬文先生认为，狂欢节是西方特有的文化现象，但东方各民族也有符合狂欢精神实质的自己的民间节日，所以狂欢理论，的确可以被用于解释人类一般精神生活和叙事文学中的某些特殊现象。

在狂欢节、狂欢、狂欢式、狂欢化范畴中，我们似乎更喜欢使用狂欢一词，汉译"狂欢节"派生于"狂欢"，所以两者的意义区别几乎被模糊了。在俄语中没有派生于狂欢节（карнавал）的狂欢这个概念。巴赫金的狂欢理论，严格来讲，译为狂欢化（карнавализация）理论比较妥当。狂欢化有两层意思，一是文学狂欢化；二是狂欢节的世界感受渗入常规生活，使节日期间允许打破禁忌的言行出现在日常生活中，这是常规意识的狂欢化。狂欢有丰富多样的表现形式，如戏拟、亲昵、骂詈、会饮，再如旁若无人、无拘无束、特立独行、标新立异，核心是笑（诙谐），强调物质躯体的下部，或称"民间真理"，用降格、贬低来颠倒世界，把一切相对化，以此对抗主流文化中无处不在的"严肃"，如各种形态的规矩、权威与权力，达到张扬个性的目的，现实生活中一般表现为叛逆、越轨、否定、抗拒、偏离、反传统。

小丑、骗子、傻瓜是西方民间节日里的重要人物，是诙谐文化的典型代表。许多莎剧作品里都有这类人物，如《哈姆雷特》中的掘墓人、《麦克白》中的酒鬼门房、《李尔王》中的弄臣、《罗密欧与朱丽叶》中的乐工、《一报还一报》中的街头混混路西奥等。悲剧中安排这类角色，呼应了古希腊时期悲剧演出的习惯（悲剧与喜剧结合在一起演出），给人的感觉是严肃变得并不那么可怕了，而这也正是乐观的民间真理的核心含义之一。作为文学形象的疯癫，历来为中外作家所看重，拿中国现当代文学来说，鲁迅、曹禺、老舍、张恨水、路翎、林海音、王安忆、张洁、迟子建、余华、贾平凹、徐小斌、苏童、徐晓鹤等，都刻画过脍炙人口的疯子形象，他们形态各异，从狂欢理论的角度看，大致可以分成两类，一类是作为病人形象进入艺术世界，其主要特征是在正常人的理性语境中成为情节发展的一个环节，起主导作用的是正常人的常规逻辑，也就是说，作者仅仅将这种疯癫看作文明社会里的边缘现象；另一类则具有文学狂欢化的功效，疯癫不只是正常人眼中的患病事实、社会生活中的边缘现象，更主要的是正常人的世界可以在疯癫语境中被颠倒过来，结果处于社会边缘状态的非正常人的逻辑得到了凸显，并与读者意识中的正常人逻辑发生激烈的冲突，于是产生了常规世界观被相对化甚至颠覆的效果。

亚文化是人类学、社会学、文化学的术语，其内涵在这三个学科中虽有所区别，但都是指游离于主流文化的次文化、边缘文化，强调生存形态与价值观念的偏离性。应该说，巴赫金所说的民间狂欢文化与亚文化有颇多交叉之处。就叛逆倾向而言，古今中外的青少年是有共性的，只不过叛逆的程度和表现方式有所不同。一般来说，在文化转型阶段，价值观出现更替时，叛逆比较严重，极端案例很多，中外许多文学作品和传记里都有描写。现在是信息爆炸的时代，这个时代为不少年轻人不分主次和轻重缓急地求新求奇、追星追潮、搞笑逗乐提供了更多的机会，也为反抗传统的束缚、创出适合自己的发展道路提供了更多的条件。不管学界有没有亚文化和狂欢文化理论，青少年都不会丧失"我的地盘我做主"这种追求自我的心理特点。但是很少有年轻人对纯理论感兴趣，绝大多数人更乐于看好莱坞大片、读穿越小说、上网冲浪、短信调侃、背包旅游、写微博、玩游戏、煲电话、侃大山等。我认为，理论如果对他们产生了影响，那主要还是间接的，如通过"无厘头"、憨豆系列电影，通过王朔的"痞子"小说，随着国际互联网的兴起，一部分才情出众的"艺术青年"（可能了解理论并率先用于实践），自编自导自拍自剪"恶搞视频"（如《一个馒头引起的血案》《宿舍新闻联播》等），写出"戏仿文字"（如《一句话概括中国历史》《超强历史课》等），翻唱"搞怪歌曲"（如《甩饼歌》《贵阳古惑仔》等），有人贴出炫富照、炫美照、炫丑照、蜗居照等，这些搞古搞怪搞笑的作品在网上不受地域和数量限制地引来了大批"粉丝"，并且很快就会出现更多的模仿者。总之，搞笑成为许多年轻人生活的有机组成部分，他们不管有否受到巴赫金狂欢理论的影响，直接的也好，间接的也罢，至少可以说明狂欢观念在当今社会生活中也具有重大的现实意义。

主流文化现象并不天生高人一等，如同城市居民，哪个祖上不是农民？《诗经》、《楚辞》、汉赋、唐诗、宋词、元曲、明清小说，中国古代文学史上的这些样式，经历了从边缘到中心的发展过程；风景画是西方美术的重要派别之一，它却渊源于中世纪的圣像画，一开始在肖像边角地带画上几笔橄榄枝还被认为大逆不道，后来整个肖像都被风物所取代了，形成了与肖像画平起平坐的风景画。撇开水平参差不齐、追名逐利的一面不说，青年亚文化中我最感兴趣的是求奇求特为博人一笑、自恋自嘲为抗衡现实、自娱自乐为寻找平衡的特点，其中蕴含的智慧和创新意识是很值得称道的。

邹： 您在仔细考证、爬梳社会文化史和思想史的基础上，总结出狂欢文化研究的三种视角："传统的、突出狂欢节的基督教主流文化属性；巴赫金开拓的、强调狂欢节的民间文化源流；折中的，既关注主流文化因素，也重视民间文化因素……"巴赫金之所以选择拉伯雷小说，原因在于拉伯雷小说的反古典教条和非官方性，尤其是对被官方遗弃的民间诙谐文化的意义发掘，据此而论，您怎样评估巴赫金有关民间文化与官方文化的读解？

凌： 我想结合史学家对狂欢节的看法来谈这个问题。巴赫金看待中世纪及文艺复兴时期的狂欢节文化，立足点首先是远古的多神教，其次是基督教教会统治时期存留着的多神教文化因素，所以认为狂欢节在形式上可以追溯到多神教仪式；史学家的出发点是基督教，然后是基督教化了的多神教因素，所以认为狂欢节只能是基督教的节日。巴赫金的立论得到了人类学、神话学、民俗学的佐证；史学家依靠对中世纪历史本身的研究，不主张人类学者与民间文化研究者把民间文化传统的研究成果与狂欢理论嫁接起来，以免忽略民间文化与具有基督教本质的中世纪欧洲文化之间的区别；巴赫金强调民间节日形式特征的普遍性，即表面上作为官方节日的狂欢节在起源上不应与古希腊、罗马的多神教节日割裂开来；史学家突出中世纪狂欢节的时代特殊性，即一切都应被纳入以基督教文化为主导的整个中世纪社会生活中。

巴赫金与史学对跱者的基本立场都是站得住脚的，但各有各的"过分"之处，譬如中世纪狂欢节不会因为具有基督教的特殊性而超越人类学者、民俗学者、文化学者所考察的民间文化传统，否则文化会失去了传承性，而巴赫金在"剥离"基督教节日的民间文化因素时抛开了社会的整体语境，片面地将官方文化与民间文化截然对立起来，突出了两者之间的对抗关系，没有看到它们彼此渗透、相互作用的一面。

实际上，两种文化既相互作用与渗透，也彼此区别乃至对立，至少它们具有相对的独立性。有史料记载，1552 年德国某地选出六天的狂欢节国王，这些天活动一个接着一个地举行，有祷告、登位仪式、耶稣会修道院的各种戏剧演出、喧闹的集体饮宴等，大不同于严酷的禁欲主义的日常生活，节日以"男孩国王"的发言结束："你们领略了这个世界，它是短暂的和易逝的，现在大家跑离这个世界吧。"① 史学家金兹伯格的《奶酪与蛆虫》一书，通过再现 16 世纪一个乡村磨坊主的精神世界，强调了大众文化对精英文化的非被动性和相对的自主性。总之，中世纪文化作为特定时代的文化是一个整体，应该在这个整体中来认识它的不同层面。

邹：您刚才的讲述很有启发性。巴赫金在充分展示民间文化蓬勃生命力的同时，也过分夸大了民间文化的乌托邦色彩。民间文化与官方文化之间存在一种复杂的张力：民间文化总是试图以笑声和诙谐的方式战胜官方文化的主要思想、形象和象征，并试图用"物质——肉体下部"语言去改换官方话语。民间文化通过节日宴饮、广场游戏等特定的时空背景，以滑稽、怪诞的表现形式，构建着极具理想色彩的相对于官方意识形态的"第二生活空间"。同时，民间文化与官方文化又存在一定的相互转化的关系，巴赫金分析了节日的两面性，它们既有作为宗教和官方意义存在的一面，又有作为民间狂欢节的广场的一面，"从中世纪官方宗教仪式和世界观中被排挤出去的诙谐，在每个节日的屋檐下都筑起非官方的，但似乎是合法的巢"②。事实上，民间文化的许多仪式表演都是对官方活动的戏仿，比如假面舞会。尤为可贵的是，巴赫金也认识到民间语言对官方意识形态或高雅文化的影响，"从民间深处带着民众的（粗俗的）语言闯入正宗文学和高级意识形态领域，在创作诸如卜伽丘的《十日谈》，拉伯雷的小说，塞

---

① 转引自雷乌京《中世纪晚期与文艺复兴时期的德国民间文化》，国立俄罗斯人文大学出版社，1996，第 53 页。

② 〔苏〕巴赫金：《拉伯雷研究》，李兆林、夏忠宪等译，河北教育出版社，1998，第 95 页。

万提斯的小说，莎士比亚的正剧和喜剧等世界名著的过程中起着重要的作用"。①

巴赫金以一种独特的史学观充分挖掘了拉伯雷小说的民间文化资源，其狂欢化理论阐释的对象始终是中世纪和文艺复兴时期的民间文化而并非大众文化，因此从理论发生学角度看，巴赫金的狂欢化理论并不能直接挪用为当代中国大众文化研究的思想资源，但也存在不容忽视的启示意义。约翰·道克尔、费斯克的大众文化理论都谈到了巴赫金的重要意义。从巴赫金的理论着眼，您如何辨异民间文化与大众文化？

凌：在巴赫金的词汇库里，民间文化（народнаякультура）等同于民间节日文化、民间狂欢文化、民间笑（诙谐）文化。民间文化与其英译大众文化（popular culture）存在一定差异，后者的俄文对等词"популярнаякультура"含义更宽，不一定以粗俗为特征，而在巴赫金眼中敢于表达真相又令人发笑的粗俗是前者的基本特征。民间文化传承远古时代的多神教因素，如"爱情"文化母题，是古代多神教文化"综合体"中"性"的高雅化形式②，虽然到了文明时代，多神教意义被弱化并逐渐消失了。巴赫金选取狂欢节来专论民间文化，是因为基督征服罗马过程中出现的这个节日，吸纳了各种已衰亡或蜕化的民间节日的因素，如仪式、道具、形象、面具等，相对较好地保存了此前各民间节日的形式特点。这样，狂欢节、狂欢、狂欢式、狂欢化等概念，成了说明民间文化与某类文学创作源流的重要概念。笑的形态多种多样，狂欢式笑只是其中之一，但它带有"降格""贬低"的粗俗色彩，历来遭到文人学士的排斥乃至指责。巴赫金把这类笑挖掘出来，并赋予其哲学意义：个人的肉体会消亡，但人民（群体）处于繁衍与更新之中，狂欢式笑正是因为面向未来与更新而具有把一切旧事物相对化的文化功能。

邹：我想从文化研究的角度谈谈我对"民间文化"和"大众文化"的理解。民间文化与大众文化是两个极易混淆的概念，从词源学出发，民间文化对应的英文是"folk culture"，大众文化的英文表达则有两个："mass

---

① 〔德〕巴赫金：《拉伯雷研究》，李兆林、夏忠宪等译，河北教育出版社，1998，第83页。
② 钱中文主编《巴赫金全集》第3卷，河北教育出版社，1998，第412页。

culture"和"popular culture"。麦克唐纳曾对民间文化进行界定："民间文化必须是为一个有凝合力的社团所生产，它清醒意识到自己在干什么，而且始终把握着生产方式，故而能够保证其产品的明确身份。"① 在麦克唐纳看来，民间文化直接源于下层民众的生活经验，它是民众自发的、有机的经验总结和自然表达，既不受惠于高雅文化，也不与统治阶级意识形态合谋。民间文化宛如普通民众的私家花园，自然生产、独立于外界的纷纭烦扰。民间文化在某种程度上近似于民俗文化，它形式多样、风格繁杂；其传播形式以口头传播为主，涵盖民间戏曲、歌谣、传说、神话、街头杂耍、说书曲艺等。普通民众是民间文化的主要生产者、传播者和消费者。麦克唐纳对民间文化的定义与雷蒙·威廉斯将文化界定为"一种总体的生活方式"颇有异曲同工之妙。事实上，伯明翰当代文化研究中心首任主任霍加特在1957年出版的《文化知识的用途》中，前半部分以民族志的方法追怀了童年时代的美好时光，那种有机的工人阶级社区文化无疑是典型的民间文化样式；书的后半部分则叙述了美国大众文化对工人阶级社区文化的破坏。可见，民间文化与大众文化也处于复杂的张力关系中。

那么，究竟什么是大众文化？mass culture 与 popular culture 曾经都被用来指称大众文化，mass culture 一般用来指商业气息浓郁、由大众传播手段生产出来的文化形式，比如肥皂剧、好莱坞电影与禾林小说②，这种意义上的大众文化具有贬抑含义。popular culture 是目前学界对大众文化的约定俗成的称呼。如果对大众文化进行"理论的旅行"，会发现形形色色的大众文化概念。以霍克海默、阿多诺为代表的法兰克福学派将大众文化斥为"文化工业"，认为大众文化既是对淳朴的民间文化的冲击，也与高雅文化截然对立，它缺乏创造性、重复而单调，仅仅是资产阶级国家生产出来的用以麻痹工人阶级意志的文化垃圾。英国文化研究学派的斯图亚特·霍尔则注重从权力角度定义大众文化，认为大众文化是形形色色的权力斗争的场所，这一视角源于霍尔的"编码/解码"理论，它一反"生产决定

---

① 陆扬：《大众文化理论》（修订版），复旦大学出版社，2008，第28页。
② 加拿大禾林（Harlequin）出版公司以浪漫小说形式把一个个爱情传奇送给读者，读者中人数最多的是女性。禾林浪漫爱情小说以爱情、亲情、激情、奇情为题材，杂糅欧洲恋情、悬念刺激、历险系列，大大吊起了女性读者的胃口。

论"模式，认为文化意义的实现在很大程度上取决于受众的解码。以《理解大众文化》《电视文化》等蜚声中外的费斯克援引布尔迪厄的"文化资本"概念，认为文化资本的拥有起着鉴别阶级利益、推动阶级差异并使之自然化的作用；杰姆逊将大众文化视为对应于后现代主义社会的文化形态，其主要表征形式为拼贴、复制、无深度、碎片化、零散化；鲍德里亚（又译波德里亚）则在消费社会中阐释大众文化。

通过这番梳理，可以发现大众文化的产生背景、表征形式、传播途径和接受群体均与民间文化差别明显。然而，大众文化与民间文化之间又存在千丝万缕的联系，澳大利亚文化研究学者约翰·多克的论述最具代表性。约翰·多克极力反对现代主义将工业、后工业时代兴盛的大众文化与前工业时代的民间文化等斩断联系，他列举澳大利亚电视中的"愚人形象"和巴赫金狂欢化理论中的"愚人"，认为："现代主义最大的神话就是认为前工业时期的通俗文化和19、20世纪的大众文化之间没有任何延续性。对此，我怀有异议，不断出现的愚人形象就体现着这样一种延续性。"① 巴赫金所展现的民间文化中滑稽、天真、淳朴、反成规旧习、牢骚满腹、游手好闲而又虚伪捣蛋的愚人形象，如今频繁地出现在各类电视节目中，成为大众文化叙事中的重要角色。约翰·多克还援引罗兰·巴特在《神话学》中对"角力"场面的生动再现，意图表明大众文化与民间文化之间并非已然断裂。我认为大众文化有着两方面的渊源：其一是官方与文化产业的有效运作，比如云南省连续推出的《云南印象》原生态歌舞集；其二是源于具有悠久传承的民间文化，比如中国古代四大民间传说相继被拍成电视剧，东北二人转也成为刘老根大舞台的看家本领并且在各大城市轰动演出。可以说，大众文化（诸如电视剧、广告）十分重视从民间文化中吸取养料，民间文化所弘扬和倡导的"爱情/家庭伦理"等已成为大众文化叙事的重要主题。

我的下一个问题是，巴赫金的狂欢化理论对于当代中国大众文化有着什么样的启示意义？

---

① 〔澳〕约翰·多克：《后现代主义与大众文化：文化史》，吴松江、张天飞译，辽宁教育出版社，2001，第275页。

凌：我非常敬佩巴赫金亲近人民大众生活感受和民间底层文化的立场，敬佩他敢于伸张民众话语权的勇气。狂欢理论的深层意义不正在于此吗？巴赫金迈出的第一步，引来了更多的探索者，以前不为史学界所重视的民间文化也成了史学专论的对象。狂欢理论已被公认为是观念连贯而完整、视野宽广、具有开拓性意义的民间笑文化研究的奠基之作。

邹：谢谢您的精彩观点。毫无疑问，巴赫金狂欢化理论的被发现、被译介和被接受是我国学术界的一件大事。由于巴氏狂欢化理论的开放性思维和对话姿态，它已经在中国人文社科的众多领域被介绍和研究。从文化研究视域出发，探讨狂欢化理论与大众文化的合理关系及其对当前中国大众文化的启示意义，不失为一种有益和必要的尝试。

追述与反思：伯明翰学派与文化研究

——访黄卓越教授[*]

◉ 黄卓越　邹　赞

【名家档案】黄卓越，北京语言大学教授、博士生导师，现担任该校文艺学博士点学科带头人、汉学研究所所长，"BLCU（北京）国际文化研究讲坛"主持人，北京师范大学文艺学研究中心兼职教授等职。已出版《艺术心理范式》《过渡时期的文化选择》《明永乐至嘉靖初诗文观研究》《黄卓越思想史与批评学论文集》等多种著作。主编论文集有《英国文化研究：事件与问题》《从颠覆到经典——现代主义文学大家群像》《儒学与后现代视域：海外与中国》等。近期主要研究方向为文化研究、中西文论、国际汉学、书写史理论等。

邹赞（以下简称"邹"）：据我所知，黄老师是国内最先开始对英国文化研究进行学术史考察的学者之一，2011 年由三联书店出版的《英国文化研究：事件与问题》可谓一次比较集中的成果展示。该书既有对"银幕"理论、"新时代"理论、道德恐慌研究、种族符号与消费问题的细察，也包括关于迪克·赫伯迪格、托尼·本内特、安吉拉·迈克罗比、拉克劳等文化研究学者的专题研究。从该书呈现的内容出发，我认为您试图达到两个目标：一是重点关注那些至今在中国文艺理论界鲜有译介和研究的重要事件与理论家，有意识地将英国文化研究的重要学术论争、学术事件嵌入理论研究之中，以期能够补白当下中国学界对于英国文化研究的某些误区和盲区；另一层面的意图正如您在前言中所写："在学术史层面上所进行

＊　本文原载《社会科学家》2009 年第 7 期、《吉首大学学报》（社会科学版）2013 年第 1 期。

的梳理，并不等于鹦鹉学舌，仅仅学会他人的语言；而是表明，我们也有能力介入国际文化研究的话语场中，而不是只会做旁观的看客。"① 有意思的是，国内有学者对中国大陆的文化研究现状抱怨甚多，其罗列的"罪责"往往直指"研究文化研究"，认为我们的文化研究脱离了中国本土情境，问题意识欠缺，尤其缺乏扎实的田野实践与个案分析，过分沉湎于"他山之石"，说白了，就是"研究文化研究"有余而"做文化研究"不足。作为一位自觉的文化研究学者，您如何看待学界的上述指责和抱怨？

黄卓越（以下简称"黄"）：自中国学界引入文化研究的理念以来，大致也是在这样两个层次上推进的，一是引介英、美等国的文化研究成品，疏通与考察其学理系脉；二是"做文化研究"。"做文化研究"这一概念也是斯图亚特·霍尔、保罗·杜盖伊等一批国际文化研究者合撰一书的标题，试想借此显示出文化研究是如何被"做"的一种范例。该书的撰者以文化研究的若干概念为出发点，围绕着"索尼随身听"的"故事"展开了大量调查，对随身听这一人工流行制品的设计、生产、表征、消费等环节进行了细致的具例化、语境化的研究。借之，我们看到所谓做文化研究不是停留在理论与阐释的层面上，而是有一个再具例化、再语境化的实践程序，而这种具例化不仅填充了文化研究作为知识"构体"的各种细部，还是一种介入实践的方式。文化研究的这一"做法"，当然也是为文化研究的前后历史所证明的，只是随场段（conjuncture）的变化与理论的推移而有所变化。同时，这也是文化研究与文化理论的重大区别之处。文化理论，我在这里指称的是法国的后结构主义等，其话语的冲动主要表现为一种"向上的还原"，这也与欧陆学者固有的"哲学"惯性与偏好是相关的，通过解构一种普遍论的哲学而又建立了一种新的普遍论哲学。而文化研究从一开始走的就是偏于"向下的还原"的路径，面对的是确定场域中的人群、事件、符码制作方式等，尽管文化研究从来也不缺少自己的理论或概念。也正是在这一意义上，《英国文化研究：事件与问题》这部书专设了一些事件性研究的专题，固然是想让读者可借此窥得文化研究的一些实践路径以及它是如何在特定的语境来逐渐形塑其言述惯则的。

---

① 黄卓越等：《英国文化研究：事件与问题》，生活·读书·新知三联书店，2011，第4页。

　　就中国大陆的情况而言，由于我们所称的这种特定意义上的文化研究
是带有某种继发性的，故汲取国际文化研究的经验，甚至去努力地保持与
国际文化研究的某种同步，是很有必要的。从目前国际学术的展开过程
看，随着"理论的旅行"与"全球对话主义"的发展趋势，不同国家与民
族的知识话语都已经开始交织在一起，形成了你中有我、我中有你的局
面。这种互系性不仅是指话语模式，而且连带生活语境与研究对象，以后
者而言，或说得较重一点，事实上从近代以来，我们的文化景观已很难确
保一种单纯、明净、质朴的本土化质素，而是被许多来自不同方向的"河
流"冲刷过了，这种趋势至当前尤在加剧之中。互为镜像将成为未来学术
的一个重要取向，如此而方能更好地反视本土的问题。本土化的提法从特
定的意义上讲是中肯的，有警示性价值的，但是重复过多也易成为一种滥
调。从这个意义上看，也可将文化研究看作一种能够将本土问题意识与全
球问题意识较好地勾连在一起的学术实践。

　　有人说，国内的学者在"做"自己的文化研究这一线上还走得不远，
成就不够显著，我承认这一点。这固然也与我们还存在一个学科理念与思
路转换的问题有关，广而言之，比如如何重新定义"大学的责任"与功
能，重新辨识学科安排的合法性，如何调整过于狭窄的文本中心主义的学
术训练方式等，都有关系，而这些又都不是即刻可获，而是需要去逐渐改
善的。但是也不能因此而无视这十几年来文化研究已缔建的一些实绩。关
于这点，似不用广征博引，只要看看这些年来我们在媒介研究、性别研
究、新文化史研究此三个方面的变化，就会发现我们的步履已经是迈得比
较大了，在文学研究、大众文化研究领域中同样也不乏大量颇见力度的实
践成品。与之同时，也应看到文化研究的引入对我们的话语使用样式、观
察事物的视角等产生的重大影响，这些也贯穿在了大量并不以文化研究为
标榜的具例性研究中。对比一下十多年以前的中国研究状况，我们当前的
知识话语与学术范型的确已经发生了重大的转型，其中，文化研究所带来
的推动力或许是最为重要的。当然，有些质疑性看法的出现，也是事出有
因，从整体上看，目前国内的学术场域有趋于零散化的危象，话语的空间
交集多有不足，很难形成比较收聚的学术交流与对话场域，这也造成了有
时不易发现那些已经在根本处发生的一些变化。

邹：您在关注英国文化研究之前，主要的学术兴趣集中在中国古代文论尤其是明清文艺思潮、中国传统文化以及思想史方面的论题，后来视域拓展到文化研究和海外汉学，这种研究兴趣转移的外在契机是什么？

黄：从某种角度而言，也可以从一个学者的"性地"上来了解其所作的学术选择或定位。我自以为是那种狐狸型的学者，或也可以视为刺猬型兼狐狸型的学者。依我之见，刺猬型的学者都是比较坚执于某个单一理念的，会一条巷子走到黑。我虽然也会先去凿某个洞，但同时会东张西望，贪图一些更广的景致，并以能够去凿出更多的洞穴为乐趣。当然狐狸型的学者也有自己的"悲哀"，这就是有些不知所归，不知归于何处。用世俗的眼光看这一问题，就是当人们称呼某些刺猬型的学者为某某专家的时候，狐狸型的学者总会处在一种尴尬的情状中，这也是其在一种社会必需的命名仪式程序上所遭遇到的尴尬。当然你想进行一些知识创新或探索，也可以将这些俗谈置之度外。如果我们愿意，也可以借用文化研究的术语（源于葛兰西）来表示这种区分，这就是将那些毕生致力于某一学科研究的学者称为传统知识分子或专业知识分子，而将在一更大的、边界模糊的区域中，比如文化研究领域中游走的学者称为"有机知识分子"。有机知识分子的特点是以整体的社会及其问题间架，而不是以学科的边界或求真的幻觉为自己的工作范畴的，因此只有大幅度的跨疆域、跨问题式研究才能够满足他们的需要。

就我自己的学科转换来看，也不可能离开历史的语境只从性地差异上来解释。在 80 年代，我首先进入的是西学领域，这与当时的思想革新运动息息相关。90 年代之后，返身于对本国史的研究，则与某种思想上的受挫，进而以期沉淀自己的心态，检讨历史的经验等想法有关。与之同时，随着体制性松绑进程的展开，"社会"这一区域开始浮升于中国的地表，即社会开始成为人们活动的框架及各种势力竞争的场域，我们的关怀就不可能仅仅停留在"书架上的知识"，学术也必然会处于一种新的转型之中，文化研究也就是在这样一种氛围中进入我与其他一些学者视野的。可能有些学者仍然会将文化研究作为一种单纯的知识型"学术"来处理，在古典学术的框架下来看待文化研究，但是依我的看法，文化研究从一开始便将自己定位于一种"介入"性的而非规避性的知识生产方式，源于一种社会焦虑而非自我平静，因此若有涉于此，也需要改变一个学者对学术功能的看法，并且在学术与社会这"两个世界"之间摆出其位置。虽然我目前仍然在几种学术形态，比如在古学研究、文化研究、汉学研究等之间穿梭，看似有些割裂，但文化研究也给我带来了一种整体的、观察历史与世界的新的视野，因此也会有助于在其他领域中的观念与思维的更新。比如彼得·伯克等的一些新文化史研究，就对我启发很大，尽管其处理的是历史编纂学，这好像是一个已经习以为常地被划归古典学术范畴中的领域，但我们仍然可以将文化研究理解事物及其运动的方式嵌入其中，造成解释的置换甚至有时是激变。我也相信每个时代都有自己的学术范式，再过十几年，旧的，也就是延续多年，直到目前还主导学术研究的纯实证主义范式在知识生产无限膨胀之后，以及生命意义瞬间流转的时代里，有可能趋于衰落，文化研究或许可以作为引渡未来学术范式之构建的津梁，也不得而知。

邹：我们知道，缘起于英国伯明翰大学当代文化研究中心的文化研究思潮，经过"理论的旅行"来到中国大陆，并且已经发展为极具活力的理论资源。人们在梳理文化研究的学术发展史时，往往会追溯到伯明翰学派。现在大家对伯明翰学派耳熟能详，但是对该学派的学术谱系并不十分清楚，请您介绍一下伯明翰学派的谱系。

黄：严格地说，1964 年 CCCS 即伯明翰大学当代文化研究中心的成立，标志着伯明翰学派的出现。由于该学派参与了英国政治、经济、文化等领域的一系列对话，提出了许多就文化研究来说具有关键意义的理论命题，极大地拓展了知识表述的话语疆域，在学术界造成了重大的影响，许多学者往往会将这一系脉看作英国文化研究的代表或唯一代表。尽管在该中心成立以前即已介入文化研究的雷蒙·威廉斯、理查德·霍加特和 E. P. 汤普森中，只有霍加特主持和参与了当代文化研究中心的机构性事务，但是斯图亚特·霍尔仍然把"三大家"的工作看成英国文化研究前期的主要思想来源，并将之与后来发展出来的 CCCS 在观念和逻辑上连接起来，构建出了一个具有一致性诉求与目标的早期英国文化研究的识别谱系。当然，这也会产生另一种误解，好像从 20 世纪 50 年代到 80 年代，在英国只存在一个文化研究流派，即伯明翰文化研究学派。

事实上，三大家之后，在作为确定机制的 CCCS 中心以外，仍有其他一些学者也在从事一种类同于文化研究的工作，比如莱斯特大学的格雷汉姆·默多克（还有戈尔丁）。另外，威廉斯的学生伊格尔顿继承并纵深发展了威廉斯一线的理论系脉，更多注重于将文化研究的视角切入对文学、美学等的分析。既然这样，如果我们扩大一些视野，消除伯明翰当代文化研究中心的"神话"，就可以发现，像默多克、伊格尔顿等一批学者的研究仍然与 CCCS 有许多深度意义上的契合点，再将外延扩展一些，则也可将新左派中比较关注"文化"问题的一些成员，甚至 70 年代以后出现的如本尼迪克特·安德森、拉克劳，或更晚一些的迈克·费瑟斯通等归入泛义的英国文化研究谱系之中。言及于此，也有必要提到 70 年代出现的银幕派的归属问题，托尼·本内特曾认为其不属于伯明翰学派，这是对的，因为它是在伯明翰学派以外活动的，提供了另外一种更为激进的，带有结构主义取向的研究路径。但我们还是要注意到霍尔在《文化研究：两种范式》中的表达，霍尔认为"文化研究"是包含文化主义和结构主义两种模式的，就此而论，以结构主义为主要阐述特征的银幕派就依然可看作泛义的文化研究的一个分属。如果我们查看一些当时的资料也可发现，其实银幕派与 CCCS 之间的纠缠与联结关系要比一般想象的复杂得多，不但 CCCS 受到过银幕派思想的一些促发，而且两派中一些成员也有若干阶段性的重叠。以上几个简单的例子，或已可告诉我们，实际存在的是两个不同的命名框架：一是英国的文化研究，二是伯明翰学派的文化研究，两者的涵盖面是不一样的。霍尔后来去了开放大学，文化研究的动力中心也部分地开始向外转移。90 年代以后，伯明翰大学的文化研究中心尽管还维持了一段时期，培养出了一批新的学者，却已经无法与 70 年代相比，不再是当时思想斡旋的一个中心，直到因招生与经费等的困难而歇业。但由于文化研究已在此时扩展到英国的其他多所院校，因此，伯明翰当代文化研究中心的隐退并不意味着英国文化研究的衰落，这是两码事。

梳理从 50 年代始至今的整个英国文化研究历程，可以大致分为两个大的时期：第一个时期，为 50 年代到 80 年代后期，其中又可细分为三个小阶段即文化研究的三种范式——文化主义、结构主义和新葛兰西主义。在第一个时期中，CCCS 中心或曰伯明翰学派在整个英国文化研究中起到了引领性的作用，尽管如刚才所说，同时也存在其他一些可以用"文化研究"标识其工作属性的相对边缘性的、小一些的系脉，它们也是不能忽视的。第二个时期可称为后现代主义的文化研究时期。如果说文化研究的前一时期偏重于现代性视角的叙述，那么后一时期则明显受到了各种后现代叙述的影响，更多地表现出解中心、多元链接，以及对消费主义、全球对话主义、电子科技世界等热切关注的理论特征。与此同时，文化研究也开始泛化。一是研究主体的泛化，不再限于伯明翰文化中心等少数的机构，而是在英国各个大学都成立了与文化研究相关的系所。进而，文化研究也由英国本土向国际学术界泛化，并逐渐消弭原有的国族边界，融入一种边界不定的"国际文化研究"大范畴之中，后者在目前已成为一个既可自身识别又有话语共生的广阔平台。二是研究主题的泛化，扩展到更多的研究领域，并出现了许多新的研究领域，如图像学研究、后文化地理学、生命政治学、城市研究、身体研究、殖民旅行研究、新文化史研究、后译学等等。其中尤值得一提的是美国文化研究在此期的勃兴，并大有后来者居上的趋势，与之同时，美国的研究也极大地影响到了当地的汉学研究，而通过这种"新汉学"的中间通道，又将其影响折射与传播到中国本土。

邹：伯明翰学派的成员构成十分复杂，一般来说，CCCS 的几任主任如理查德·霍加特、斯图亚特·霍尔、理查德·约翰森和乔治·拉朗，他们应该是毫无疑义的。伯明翰学派还应该包括被称作"伯明翰帮"并都曾在 CCCS 获取过研究生学位的成员，如保尔·威利斯、迪克·赫伯迪格、安吉拉·迈克罗比、大卫·莫利等；至于深受 CCCS 影响的一批学者，比如格雷汉姆·默多克、约翰·菲斯克、托尼·本内特等，学界对其是否应当归属于伯明翰学派存在分歧，您是如何看待的？

黄：虽然伯明翰学派已成为一个过去式，但作为在一段时期内确实存在的观念实体，无疑也会有自己的框架与边界，至少我们可以借此来梳理 60～80 年代英国文化研究的主要发展概貌。而哪些学者属于该学派的成员，首先应看其与 CCCS 之间实际发生的关系，你指出的那些成员，都直接源于伯明翰文化研究中心，差不多是伯明翰学派的中坚性人物。此外，托尼·本内特也可归入这一系脉之中，他虽然未在伯明翰大学正式学习或任教，但从其早期的一系列著作看，已经自觉地以伯明翰文化研究中心的理路来观察马克思主义的审美、大众文化等问题，他也在80年代初参与了伯明翰学派发起的葛兰西转向的一些理论争论，并成了这一讨论中的一个引人注目的成员。他后来的研究重点集中在对福柯思想的转化，偏向于从"机构"的角度研究文化，即其所谓"将政策引入文化研究"，看似有些特殊，但如果我们知道伯明翰的那些重要成员几乎都有一个自己独特的研究视角或区域，那么就不会因为某些特殊性而感到意外。

像你所说的默多克与菲斯克，他们与伯明翰学派的关系就比较复杂。默多克曾明确地表示他的研究可称为"文化分析"，而不是"文化研究"，他也不是伯明翰文化中心的正式成员，但是他的研究又与伯明翰文化研究之间有多重的关联，根据资料，我们看到，在CCCS中心当年出版的《仪式的抵抗》一书中，即有他撰写的《阶级意识与代别意识》一文，可知他参与了当时"青年亚文化"的研究，默多克也提到自己的研究受惠于斯图亚特·霍尔把经济力量设想为"首先"而非"最终"的因素的观点等，因此他的富有个性的研究与伯明翰文化研究之间构成一种交叉或相切的关系。根据我在此前的分类法，当然不能将之确定地归于伯明翰学派之中，但可视之为泛义的英国文化研究的重要参与者。至于菲斯克，我知道他早年曾在英国学习，可能还在CCCS中心做过研究，断断续续也见到他的一些文章与CCCS学人的著述编辑在一起，他自己也写过如《英国文化研究与电视》一类的文章，当然，更主要的是他的思想很明显地表现出一种对伯明翰文化研究后期理路的延续，处在葛兰西转向的延长线上。因此，英国的一些学者对他的批评也是将之与伯明翰学派的后期变化联系在一起的。就这些方面来看，至少离开伯明翰的学脉，我们是很难对其进行思想上的定位的。这种情况，也就是本身不是英国籍的学者，但因受CCCS的思想影响，并在当年造访于CCCS，与CCCS之间有着密切联系的还有荷兰的洪恩美（即伊恩·昂，后来去了澳大利亚）、美国的道格拉斯等。在70年代之后，整个西方社会面临新的知识危机，对自由资本主义与旧马克思主义都持有高度的怀疑，而此时CCCS的理念正好对68风暴之后的思想真空形成了一种填补，因此也吸引了众多其他国家知识分子，这个历史背景我们长期未曾注意，需要在这里简要重申一下。

邹：文化研究作为一种学术思潮，由伯明翰学派以3A（Anglo‐American – Australian）为轴心向世界其他地区播撒，并在 20 世纪 80 年代以来产生了全球性的影响，各种不同版本的文化研究聚合成"复数的"或"复调"的文化研究，诸种理论话语与思想资源杂陈并置、互为参照，其间交织着不同面相的对话与争鸣。请您介绍一下文化研究的理论旅行路线。

黄："英国式"的，或"CCCS style"的文化研究大概从 20 世纪 70 年代开始即由英国向美国渗透，道格拉斯·凯尔纳在得克萨斯大学奥斯汀校区任教时，即牵头组织了一个奥斯汀文化研究小组，从开始消化伯明翰学派的研究进而走向更为自主的研究，都与伯明翰学派之间有密切的渊源关系。顺便提一句，最近我看到国内一些学者在研究凯尔纳、拉克劳这一批后期的理论明星时，往往忽视他们思想中实际存在的伯明翰渊源，以致对各种概念来源的分析没有具体的着落，不能不说是一种缺憾。在凯尔纳同时与之后，美国其他一些大学的学者也开始积极关注英国文化研究，比如格罗斯伯格等就是很有代表性的人物。菲斯克后来也主要是在美国做那种"英国特色"较为鲜明的文化研究。

也有必要解释一下美国的文化研究。由于美国的社会问题与英国不同，因此，美国的文化研究在早期更加偏重于后殖民主义与大众文化研究，有自己的问题意识与研究特色，我们不能简单地将美国的文化研究纳入英国文化研究的框架中来理解。事实上，美国的文化研究有其自身发生的渊源，时间上也比较早，并且还在一定程度上影响过英国的文化研究，只是到了奥斯汀文化研究小组等大批学者有系统地在美国引入英国文化研究的思想以后，美国的文化研究中才呈现出英国式研究的一些影响，两国的研究在后期也更多地交融到了一起。2006 年我到伯明翰大学 CCCS 中心原址访问时，现社会学系的一位学者就向我介绍过，到此经常来访的是各路美国学者，可见美国人是很重视这个大西洋彼岸的学术发源地的，这也可以从后来许多美国学者在陈述"文化研究"的进程时见出。

作为英联邦国家，澳大利亚的文化研究与英国文化研究的关系也同样很密切，托尼·本内特在 1983 年赴澳大利亚格里菲斯大学任教，1994 年才重回英国，其时，也有其他一些学者或从英国学成返澳，或从英美等地移居澳大利亚，进一步推动了当地的文化研究。目前，像国际文化研究界甚为知名的如洪恩美、格雷姆·特纳、哈特利等都在澳大利亚各大学从教。相对而言，澳大利亚文化研究的特色，更多地表现出对传媒与文化政策研究等的兴趣。所谓 3A 轴心国的提法有一定的道理，但也无须过分强调，因为在凸显了澳大利亚或 3A 文化研究的地位的同时，也易遮蔽另外一些区域的研究。

由于特殊的原因，印度形成了以"Subaltern Studies"为核心概念的文化研究，以古哈为首的一些印度学者在 20 世纪 80 年代初即开始编辑以"庶民研究"为题的系列丛刊，Subaltern Studies 是从英美的文化研究中获得部分的灵感（丛刊也是在英国出版的），并逐步在国际学术界获得了广泛的声誉。为此，我们知道像斯皮瓦克、霍米·巴巴、查特吉等著名文化理论家皆出于印度裔也就不足为怪了。斯皮瓦克的成名作《庶民能说话吗?》就是从这一研究中延伸出来的一个话题，而斯皮瓦克此后的研究也依然是沿着这一路径走下来的。印度文化研究有自己的特点，又更多地将着眼点集中在族性问题与大众政治的范畴，这也是与印度近代以来的殖民史及种姓制度史等有深度的关联。这也给我们一种启示，任何国家或地区的文化研究的确立与展开都会基于深厚的历史体验，建立在对自身特殊的压迫模式的理解与抵抗之上的，绝不会是仅仅出于对某些词语或话语的移用。

文化研究传入东亚与南亚地区相对稍晚，日本、韩国与新加坡等有不少学者长期在做这方面的研究，像东京大学的吉田俊哉就与英国的费瑟斯通有长期的合作，2007 年便由吉田俊哉所在的东京大学传播系与费瑟斯通领导的文化研究小组在日本共同举办了一次约 500 名学者参加的国际文化研究大会，他们也都来北京与我们做过交流。这些地区的文化研究多偏向于关注大众媒介、娱乐工业、性别、地区文化身份、流行文化的跨区域传播等的问题。东欧地区的文化研究在前一阶段则主要偏重于研究后社会主义与文化之间的关系，试图借此而构筑一个区域性的话语场域，像斯洛文尼亚的阿莱什教授的研究就比较有代表性，相较而言，齐泽克的研究反而更靠近国际的普泛性话题。20 世纪 90 年代以来，中国台湾和香港地区学术界也颇涉文化研究，一方面坚持发掘文化研究与在地经验之间的关联，另一方面则努力打造自身研究的国际品格。其中，像台湾学者主持的 *Inter - Asia Cultural Studies*（《亚际文化研究》）便是办得很好的一份英文刊物，也有一个较为明确的区域性目标。就这个层面上看，中国大陆的文化研究就显得指向性有些不够明确，这或许与中国是一个学术大国有关，在资源上很难获得集结性的整合，同时，许多学者或许也并不愿意将自己合并到东亚或亚洲的概念之中，而更愿意突出身份的本位性。

鉴于视野上的限制，诸多地区的情况我接触得并不多，进一步的了解需要请教于这方面的专家。总的来看，一方面，英国甚至美国对其他地区文化研究的影响至少在早期是如实存在的，但另一方面，以问题意识而言，各国与各区域的文化研究又都有本土性的根源，因此也无法用影响源来直接解说其他区域的研究，这也与文化研究对"场域"性的追求有一定的关系。文化研究并不将自己看成一种普遍性的理论，而是看作一种场域性的知识与思想重建的方式，即由不同的地方性知识来共建一个有着重叠与交汇关系的国际性话语同盟。目前国际文化研究界的主流口号是"去中心"与"多中心"，从中我们可以见出这一思想学派的基本旨趣。

邹："文化研究"这一称谓常常招来各个学科领域的学者们的诟病，人们往往混淆"文化研究"和"对文化的研究"，要厘清二者之间的区别，就必须对源于伯明翰学派的文化研究的学术特质进行定位，您认为"文化研究"的学术特质是什么？

黄：文化研究在中国兴起的初期的确受到较多的质疑，甚至抵制，原因比较复杂，有从狭窄的学科界定角度出发来反对的，这主要反映在文学学科中；也有从国际右翼主义立场反对的，不一而足，这些事实上也是可以理解与消化的。就我看来，可怕的还是那些出于虚妄与无知心理的反对之声，这在每一个时期都会有。有些学者，没有任何外语阅读能力，往往是在捕捉到一些知识皮毛之后，就大放厥词。其实文化研究是一个非常庞杂的系统，精深的研究者尚不敢许诺自己就是一个全知者。消除这种无知，需要我们对这一领域有更深的探入，并在对话中扩展我们的认知。另外，如你所述，我们现在所说的文化研究，是一种"大写的文化研究"，不同于泛论式的、旧的意义上的"the study of culture"，也就是说它有自己的理论定位。

但要解说清楚文化研究的"特质"，想必也还是很困难的，许多学者曾尝试这一工作，但不能说就很令人满意了。这一方面与文化研究的多维度、多学科特征有关，就像是面对一个多棱形的晶体，需要从众多的侧面去分析它，然后才可能获取一个综合性的结论。另一方面也与其过程的"延异"性有关，从某个本来就不是很有确定性的基点出发，后来又裹挟进太多的思想与方法，不断地随语境而转换自己的身段，被各种理论与话语所重构，始终将自己置身于一种"交叉路口"。因此有时就像是好不容易得出了一个定义，但它又快速地从我们的唇边飞走了。当然也可以通过一些对比来加以解说，比如相对于一般的，或经典化的各种学科知识，文化研究则具有反思性、实践性、批判性、跨域性、边缘话语、日常话语等特点，而这些仍然是很笼统的说法，或者说只是它的一些"形态"而非"基质"。如果一定要尝试性地找出它的几个关键特征的话，我以为，首先的一点就是要抓住其对"文化"概念的理解。文化研究将关注的重心聚焦于"文化"，而不是经济或政治行为等，是其认为文化具有一定的独立性意义，这个文化既是我们所使用的语言、符号、表象与文本等，也是一种生活方式，它既是传统的，也是当代的。尤其是在社会的转型过程中，文化愈益成了组织我们感知与理解模式的主要手段，与之相关，我们的政治与经济等的运作也都需要借助这些符号或生活方式来传递其价值，建立与之相一致的体验世界的模式。正是在这种情况下，文化不仅是我们的生存空间，而且是权力博弈的一个场所，文化的建构总是会成为霸权实施的必由路径，文化的解蔽与修正则会成为抵制霸权的必要方式。从这个意义上看，我们便无法将对文化的研究归入"纯粹"的知识范畴中，毋宁称之为一种有关"文化政治"的学说。文化研究当然还有一些其他重要的特点，如果有机会的话，可以对之展开进一步的讨论。

邹：2002 年 6 月，英国伯明翰大学校方关闭了该校的文化研究与社会学系，一时在文化界和学术界掀起轩然大波。学界开始反思"文化研究"，我在梳理斯图亚特·霍尔的文化理论时发现，霍尔曾经指斥当前的文化研究越来越脱离社会实践，陷入一种"理论主义的自我迷恋"。《文化研究》期刊的主编格罗斯伯格也明确指出："文化研究越来越远离经济，这是一个危险的信号。"您如何看待霍尔和格罗斯伯格的观点？

黄：文化研究在英国诞生之初，即表现出对本土的经验性思维与阐述方式的熟练运用，与外来的理论没有太大的关系。雷蒙·威廉斯、理查德·霍加特、E. P. 汤普森等开启的"文化主义"范式偏重于关注英国底层阶级的历史及英国文化观念史的演变，都不是从某种理论预设出发的。英国的学术模式与欧洲大陆的有所不同，偏重于经验主义的方式，即使吸收外来的理论，也会与其经验的论证或民族志式的研究相结合。从霍尔开始，英国文化研究学者主动吸收外来的理论话语，像阿尔都塞、葛兰西、罗兰·巴特、巴赫金、德勒兹、拉康和德里达等的理论，都曾被取用以充实他们的武库。我认为，开放的心态与理论资源的多元化是英国文化研究能够不断推进的一个主要原因，同时又能够将这些汲入物汇归到自己的经验主义模式中，以便更好地解释现实，这与结构主义的理论演绎方式是不同的。当然，"理论"和"经验"对立也是有的，它们之间也发生过论争，比如佩里·安德森与 E. P. 汤普森之间的争执，汤普森甚至专门撰写了《理论的贫困》一书来表示其对理论与理论预设的质疑。相对而言，霍尔及后来伯明翰成员的视野要显得更为开阔一些，对理论还是抱有很大热情的，但他们更注重的依然是理论向经验切入的可能，并期望在理论与经验之间进行有效的调适。霍尔的这个说法，也就是他提到的"理论主义"，我想肯定会有某种特殊针对性，像安德森、"银幕"理论，或还有后来的一些研究，甚至于"后结构主义""后现代主义""后马克思主义"等，都会存在某种理论主义的嫌疑。如果一旦走向"理论主义"，英国文化研究就会完全变形，它最主要的实践性、场域性特征就会遭到消解。

文化研究的确经历了由对经济决定论的反驳到走向忽视生产的所谓"文化民粹主义"的过程。如结合英国文化研究自身发展的理论路向来看，霍尔、汤普森等都属新左派的马克思主义批评家，关注的视野最初集中在阶级的向度上，经济自然会成为他们思考文化的一个重要视点。但霍尔等人又反对经济决定论，反对用经济或政治的视野来解释一切文化问题。特别要注意的是，经济视角并没有被他们所排斥，但他们的这种经济视角与一般的政治经济学研究模式还是大相径庭的。文化与经济的关系被他们看作一种"接合"（articulate），而不是最终谁"决定"谁的关系。在英国文化研究那里，文化是一个独立性相对较强的概念，与经济、政治处在一种动态的关联中，这其实已是对旧有的政治经济学模式的解构或者超越。但经济与政治的重要性或说是生产的重要性并没有被忽视，直到 20 世纪 80

年代后期，霍尔在为《新时代》写导论时，依然很重视经济模式变化对后现代文化出现的影响，他认为由旧时代向新时代的过渡与后福特生产方式替代福特式生产方式是密切相关的，尽管这种过渡也被看作更为广泛、深邃的社会与文化发展的一种结果。当然，在文化研究的后期，确也开始出现淡化政治经济或生产维度的趋向。在后现代主义语境中，文化问题越来越突出，亨廷顿、费瑟斯通等都曾强调过文化在当代社会中的特殊意义甚至是中心意义，"传媒帝国主义""文化帝国主义"等成为研究界的热门话题。与之同时，消费与受众的研究视角也日益在文化研究的进程中成为一种"抵抗"性的话语，甚至超越了与"生产""结构"等的平衡，由此而容易忽视由生产出发的、被看作普遍存在的结构性力量，进而削弱文化研究的反思性和批判性功能。现在大家看到比较有代表性的就有菲斯克等的主张，从而引起像格罗斯伯格、麦克盖根、凯尔纳等人的担忧与批评。我认为这种警示性的批评是有价值的，因为一旦文化研究丧失了解蔽与批判的维度，甚至过分强调日常生活或消费行为中固有的抵制性效果，那么就有可能被归并到自由主义的逻辑话语系统中，失去它的立根之本。

　　邹：尽管斯图亚特·霍尔曾明确宣称，文化研究不存在所谓确切的起源，但学界还是尝试解密英国文化研究的"起源"，并出现多种结论：有的学者以伯明翰大学当代文化研究中心的学术建制为标准，有的会追溯到战后英国成人教育，有的则强调将霍加特、威廉斯、E. P. 汤普森的三本奠基性著作为标志，还有的学者会溯及英国文学的文化批评传统，当然，也有学者强调工业革命的重要意义。其实上述因素对于英国文化研究的塑形都产生了直接或间接的作用，但是不管怎样，文学批评始终是一条无可回避的主线，您如何评估文学批评对于英国文化研究的意义？

　　黄：霍尔的确有此宣称，以为文化研究不存在所谓确切的起源，这也源自福柯对话语谱系界认的说法。怎样看待文化研究的起源与历史，取决于不同的角度。从命名的意义，甚至从机制确立的意义上看，我们固然可以将伯明翰当代文化研究中心在 60 年代的成立，看作文化研究创建的一个主要的标志。然而从霍尔《文化研究：两种范式》及其他大量文章的表述看，似又可再做前溯，将 50 年代后期以来文化研究三大家等的工作视为文化研究的先声。当然其中也应当包括霍尔自己的工作，因为文化研究后来展开的许多重要话题已在 50 年代霍尔所主持的那本杂志《大学与左派评论》中萌生了，霍尔在 1958 年发表的《无阶级感》同样也是文化研究思想创立进程中具有纲领性意义的一个文本。但是即便如此，诚如雷蒙·威廉斯在《文化研究的未来》一文中所云，文化研究的出现与战前，甚至更早时期左翼知识人所推动的成人教育的工作有直接的渊源关系，很多人，而不是限于三大家或四大家，都将他们的经验带入一种向前延伸的潮流中，启迪了文化的转型与文化研究的创建。进而，从"文化"这一概念的措用与表述看，这一缘起还可再度往前探寻，一直追溯到 19 世纪初工业革命开始所发生的影响及一个多世纪以来智识群体对这种影响的反应上。如此一来，威廉斯所概括的"三大革命"（经济革命、政治革命与文化革命）也就不可避免地要被插入对"文化研究前史"的考察中。虽然目前我们会依据霍尔所立的权宜性断限，将当代文化研究的一种规范性起点确定在 50 年代，以便有一个在学理梳理上可加辨识的"树桩"，但不应将之视为某种突如其来的事变，而是应当看作由"漫长的革命"延续与转换而来的一个节点，从而也将后来兴起的文化研究一并视作这场未尽的革命的一部分。通过一种长时段的考察，观念史运行的环扣性就会逐渐显现，借助这样的视角来重新审视文化研究的起源与使命，将能加深对文化研究的理解。最近我所带领的一个团队也正在做这方面的工作，以期将后来发生的文化研究衔接到一个更长的观念史变动的序列中，希望不久能够见到这些成果的问世。

霍尔在其《文化研究及其理论遗产》一文中也曾谈到，文化研究来源于多种话语，并且是由大量不同的历史观念汇集而来的。通过对文化研究前史的探查，可以看到诸多的话语是如何以缠绕的方式与文化研究勾连到一起的。毫无疑问，你提到的文学批评及其话语也是对文化研究思想之成形产生过最为重要的影响的一脉，这不单是因为早期介入文化研究创建的那些人物如霍加特、威廉斯、E. P. 汤普森、霍尔等最初都来自文学学科，更重要的是二者在观念上形成的作用与反作用。这首先与英国 19 世纪以来的文学批评同时也是一种"文化批评"有密切的关系，无论是阿诺德、罗斯金，还是 T. S. 艾略特、F. R. 利维斯等，一方面，他们并没有将自己的文学批评限定在文学自足的区域以内，而是将某种文化观，对文化的解释，作为文学批评的一种指导性理念，即将"文化"看作评判文学的内在尺度。在另一方面，他们也均撰有专门的文化批评著述，以形成与他们的文学批评的某种对应或呼应。因此，我们可以看到，在文化研究前史的推移中，文学批评实际上承担了文化解释的最重要职能，而新兴的文化研究若要对"文化"做出新的解释，也就需要通过对前期文学批评的梳理、清理与超越才能完成，这也在威廉斯的《文化与社会》一书的撰写中获得了显明的反映。现在我们讨论 50 年代后文化研究的发生，一般多会关注它对前期文学批评与文化批评的清算，即新的文化观与前期文化观之间的断裂，但这还是不够的，如果想更为全面地看待二者的关系，也应当注意到其间存在的一些承继关系，比如在文本研究的方法、批判主义的理论特征、对大众传媒的关注等方面，文化研究都对前史状态中的文学批评或文化批评有所承继，当然有些是以翻转的方式去完成的。从批判主义这点看，两者又均属基于某种边缘立场而对主导意识形态所展开的抵制，并均能将自己的思考放置于一种宏观历史即文明史变迁的背景上。

邹：如果追溯英国文化研究的前史，会发现英国存在一个威廉斯所谓"文化与文明"传统，马修·阿诺德、T.S. 艾略特和 F.R. 利维斯是这一传统的关键人物。"文化"被他们建构为一个有机的能指，用来抵制甚嚣尘上的大众文明。不论是阿诺德理想中的古希腊罗马文学，还是利维斯大力倡导的英文教育，其内在的实质都是指向一种"文学文化"，伊格尔顿曾经质疑这种"文学文化"的批判效应，对此您如何评价？

黄：对英国文化研究的前史，可有两种断限，一是以 19 世纪初的浪漫主义文学批评及科贝特、欧文等的社会批评为端倪，二是以维多利亚时代的马修·阿诺德为起点，这两种界分都有理据可述。但无论怎样处理这些界分，均可将之纳入两种观念传统之演进的历史框架中来考察，一种是所谓"文化与文明"的传统，另一种是"文化与社会"的传统。

在"文化与文明"的传统中，文化被看作代表了人类教养之阶梯、具有"美好与光明"——从而也是"完美"质素的一种心智方式，而文明这一原来与文化几乎同义的概念，由于历史本身催发的断裂，逐渐与文化相分离，并最终成为工业主义、无政府主义等现代性恶劣倾向的代名词。从观念史的角度看，这一传统在 19 世纪初即萌生于对现代文明批判的脉流中；从概念史的角度看，则至阿诺德处才真正全面地阐述了"文化"的要义，将文化这一概念置于思想表述的中心。在"文化与社会"的传统中，这个"社会"，首先指的是批评与阐释的活动中呈示出的社会维度，比如包括了对社会生活形态、社会机构的关注等；其次指的是批评思想中包含的对群体性社会价值（公共化或"共同体"等）的肯定。这一传统同样起源甚早，并绵邈流长。如果说，在前一传统（"文化与文明"）中，所包含的两个核心观念要素是以对立的方式展现的，那么在后一传统（"文化与社会"）中，两要素却是以肯定的方式铰合在一起的。从总的趋势上看，在19世纪到20世纪中期的漫长时日里，文化与文明的传统是最为凸显的一条主线，包括了人文主义批评家们所集中阐述的各种论域，而逐渐形成中的文化与社会的传统则隐含在批评家们次生一级的思想形态中，并依据不同批评家的情况而有强弱不一的传达，但无论如何又都属于遭到掩抑的那种观念。两条线索明暗交叉，跌宕前行，而文化研究学者如威廉斯等则是希望通过对文化与社会传统的某种承接与改造，最终将之升华为一种更具广泛包容性的思想标识，从而以之作为对文化与文明传统的某种勘正或拨转，进而开辟出一条理解"文化"的新路，这也就是我们所谓"文化转向"，也就是从文化与文明的传统转出而面向文化与社会的路向。其中，对"文化"这一语词的使用没有改变，但对之指意的解释却发生了变化。

关于"文学文化"的提法，见于利维斯的著述，如在《教育与大学》一书的序言，以及其所编《细察精选读本》等中均有提及。据我上面已介绍的，在英国文学批评的话语系统中，文学被看成储存文化之最佳精华的一个容器，因此，这样的文学就是文化的一种再现方式，必然也是一种"大写的文学"，同时是一种高雅文学、经典文学，文学与文化为此而被粘连到了一起，并构成一种可径直称为"文学文化"的传统。现在我们一般也称从阿诺德至艾略特、利维斯等一系所倡导的文学批评思想为"文学文化"，这是有特定意指的。这一提法在美国也较盛行，前可追自白璧德的新人文主义批评，新近的论述者则有理查德·罗蒂等。文学文化的批评学目标旨在建构，也旨在批判。以批判的一面看，它主要是从贵族人文主义与道德理想主义的角度出发，借助于"有机社会"这一守护神般的理念，贬斥工业与商业文明所造成的功利主义、大众社会及其文化消费等景观。

从某种意义上看，这种批判是有必要的，也获得了文化研究者有所保留的认同。然而它也存在很多问题，比如如果只是独持一种精英主义的标准，那么如何看待在更为普遍的民众中所一直通行，且也作为其日用资粮的流行文学、民间文化呢？如果仅限于那种心灵感受性的原则，那么又如何能够包容在更大范围内存在的社会性意义呢？如果仅仅是将大众时代的文化生产视为负面的力量，并赋予其控摄性一切的能量，那么是否也就完全取消了在日常阅读与底层阅读中存有的多样性，甚至抵制性潜能，进而将民众视为一群完全被动的"文化白痴""乌合之众"？如此看来，在一个公众社会开始浮升并成为社会主体的时代语境中，文学文化批评尽管敏锐地发现了某种不良的走向及其对心智建构的影响，但是由于其立足点偏于狭窄，因此也就难以解答与解决各种在多样化层次上呈示出来的问题。就此而言，其批判的效果也会受到很大的限制，并会成为文化研究者如伊格尔顿等陈难的一个对象。从今天的角度看，既然多样性文化已经成为社会文化的一种主流，那么由保守人文主义者提出的价值建议也将重新受到我们的重视，至少可以作为新的社会文化之构建的参考尺度之一，当然不是全部。

顺便说一下，在相关的讨论中，有些学者将文化研究视为一种反精英主义的"民粹"式冲动，这个看法是不够全面的。我们只要看看威廉斯"三种文化"的定义，或他所述的"整体的生活方式"，就可知他是将作为精神的文化也一并包容进其"文化共同体"中的，只不过属于整体生活方式的一部分而已。文化研究抵制的主要是一种藐视民众的独霸式话语，并试图通过调节来恢复文化的平等状态，当然也希望学者能够对更为广泛的社会生活现象保持主动的敏感性。其实，正如文化研究后来所揭示的，在大众文化或流行文化中同样潜藏着某种压迫性的意识形态，比如商业主义、父权制与种族歧视等，对这种匿名式权力的祛魅也是文化研究的工作目标。因而，以精英/大众二元论的模式去判断文化研究的取向，便容易造成对之的误释。

邹：鉴于文化研究在中国大陆泊港的在地情境与发展实际，可以说它一方面呼应了理论界对于文艺理论遭遇困境的现状的反思，为文艺介入现实生活、文学作品构筑新的公共空间、发掘文学性背后的意识形态与文化政治提供了有效路径；另一方面，文艺学界由此展开了围绕文化研究、文化批评、文化诗学的诸种论争。您经历了这些论争，但是正面参与的不多，能否请您简要评析这些论争的源发语境及其产生的结果？联系您的研究实践，谈谈文化研究之于文学研究的意义主要表现在哪些方面？

黄：文化研究被带入中国文学研究的领域中，是一个可隆其重而视之的事件，从某种意义上讲，也改变了自此学科建构以来的基本规则与话语走向，因此在一个时期中引起文学学者的激烈争议，当也在情理之中。文化研究对中国文学理论与批评，即文学研究的深刻影响是多层面的，至少可以从三个方面看之，即它会冲击、移动文学学科的传统边界，导致方法论、观念论等的转变与重塑。但从前一时期发生的争论观之，似更多的还是集中在第一层面上。就文化研究学者看来，随着后现代文化的扩张、多种传播技术的递变，带有一定自主性的大众社会的浮升，传统经典意义上以"自我教育"为宗趣的"文学"正在日趋边缘化，文学对社会生活与心智生活的影响也在逐渐地缩减与退化，因此而有必要将研究的视野转向日趋繁盛的社会文化、大众文学、大众传播方式与日常生活方式等，并将文化研究中的性别主义、后殖民主义、后空间、后地理等理论纳入文学研究的视野中，通过扩域而改造旧的学科模式，拯救学科面遇的危机。这种想法在某个交叉点（即消除固定的边界）上也与美国的"文化诗学"主张相谋和，在差不多同时被引入中国的文艺学界。

当然从今天的眼光看，我认为对文化研究之介入文学研究的意义还可做些更深的解释，根据上述对社会变迁的描绘，如果从文化政治的角度来看，事实上也同时意味着"斗争的主战场已经发生了转移"，因此扩域的意识也自然隐含了某种对责任意识的重新考量，并传递出了某些学者试图借助原有的制度性平台重返新的社会论争的意识。在文化研究学者看来，文化不是一种平面性的知识概念，而是一种充满了社会紧张感，并贯穿着压迫与抵抗的语域，由此观之，则各种知识领域也必然潜在地被连成了一片。对之，反对扩域的学者则认为此种举止背叛了学科的原则，遗弃了人文主义的立场与经典的价值，导致了研究的泛化无归，等等。从目前看来，这场争议已趋于消歇，多元主义的价值深入人心，即所谓各有其理者不必以对方为设限，这一结果还是比较令人满意的，即各自都能在一个相互认同的框架中以包容的方式看待他者，故也可一笑而无碍矣。

从方法论上来看，传统的文学批评主要倚仗的还是一种文本批评的方法，虽然会兼用社会批评与心理美学等的方法，但一般还是以文本批评为旨归的，更毋庸说那些形式主义、解释学、结构主义、现象学的方法等。然而在文化研究那里，虽然其后期因介入话语分析的模式而将"社会"也视为一种"文本"，从而已不同于传统意义上的文本研究，但是从其将"文化"看作一种循环的过程、一种"回路"来看，那么必然会将过去一直忽视的生产与消费（阅读、读者）等环节也纳入其研究程序之中，为此也会将社会学、民族志等方法的使用视为不单单是补充意义上，而且常常是关键意义上的工作模式。生产与消费的机制，是无法从文本中推导出来或以想象与虚构的方式推论之的，而是需要真实地返回到生产与消费的场所之中，以窥其运行的诸种特征与复杂性。举例而言，比如现在的各种文学与影视等作品的产出（包括纯文学及对过去的经典文学的出版、改编、上演等），已在很大程度上不同于旧日的制作模式，作家的写作意愿并不是独立自持的，而是已被纳入了一整套文化生产的环节之中，而这又与消费人群的需求紧密相关，也就是市场的生产与消费开始成为文本生产的导向性力量，这也可解读为"作家死了"与"作品死了"的另一种含义。既然如此，局限于文本的分析已难以揭示出其意义的归属，进而也对文学与文化研究者在视角与方法的取用上提出了新的要求。当然，文本分析依然是有意义的，因为文本是中介，是生产的对象与阅读、消费的依据，不可能存在没有文本的生产与消费，由此而使返回文本成为另一种必要，但同时也不可能存在独立自持与意义闭合的文本，因此而仍然需要将之置于一种更大的机制中，才能更为透彻地发现文本意义产生的诸种规则。

再就是文化研究的引入，也在很大程度上对文学研究中长期凭依的真实性、求真性假设或信念构成了某种祛魅。基于一种普泛通行的传统意识，无论是何种类型的作品（比如现实主义的，抑或象征、抽象、怪诞、魔幻类等的作品），都被看作可以通过实证及细节、系脉等的勘探与分析而取得一种趋向于真实的结论，学术被看作求取知识之真相的全部途径，或事实之真，或思想与情感之真等。然而，文化研究则从对历史运动的观察上看到，历史与观念之间的关系是以一种更为深邃与错综的方式建立起来的，人们的确真实地、个体化地，或群体化地生活在具体、可触的历史中；但是，在历史的运行之下也存在一种或多种支配性的同时也是观念化的力量，这种力量在诸多因素的纠缠、冲撞、整合中逐渐成形，进而支配了历史的运行或构型。从大的范围上来看也可将之称为"意识形态"，它是主观的也是客观的。任何的符号化活动都很难不受到这种观念构建的影响，因此文本不是单单反映出某一个人或群体（书写者）的想法或意志，而是同时也会接受某种观念史的形构，比如像阶级、种族、性别等的确定观念，对自然、人性等的基本认知模式，均会"暗中"支配我们的书写，支配我们对材料、主题的处理，等等。也正因此，在研究表象化呈现的"语言"的同时，也需要去发现控摄这种表象化语言之呈现的"语法体系"，从深层的观念史构成与运作的历史形态中去寻找问题意识，探查调配我们生活表象以及一般书写的隐在逻辑。从微观的角度上看，也就是将每一文本的制作均视为建构的产物（这也包括历史撰写与新闻写作），而不是简单地视之为对心灵与物象的反映，从宏观的角度看，则可视之为观念史运行与对话的产物，因为观念史总是会通过个体的表述而传递出它的特殊诉求。当然，在文化研究那里，揭蔽的行为还只是知识与批判工程的第一步，通过这种揭蔽更重要的是重新组合观念史的力量，借此移动、修正观念史的流动方向。言至于此，我们大体也已经看得比较清楚了，文化研究对文学研究的介入，并不是意在将之再度学科化，或单纯停留在对学科方法论模式的改造上，而是试图将文学研究与批评推入一种有利于社会、文化与历史重建的轨道上。文化研究对其他学科的作用也可作如是之观。

文化研究对文学研究的影响当然并不限于以上所述，尽管这是两种不同的知解与批评模式，但也可以有叉合或交叠，从而推动学科的变化与出新。

邹：借助于"知识分子图书馆""文化与传播译丛""先锋译丛""当代学术棱镜译丛"等大规模的译介传播，文化研究已经成为国内很多人文学者思考和参与社会批判的重要理论资源。同时，学者们也开始警惕文化研究与中国社会现状的适用性问题。作为这方面的研究专家，您认为文化研究与中国大陆的结合点在哪？

　　黄：现在也有学者注意到建立中国特色的文化研究形态的重要性，这是很有意义的。笼统地看，文化研究虽然是一种国际性话语，但其价值最终还是要落实在对本土问题的解答上，由此看来，就有必要产生我们自己的问题意识，建立我们自身的批评与理论体系。本内特在2006年访问中国时，就向我询问过这一问题，甚至几乎后来每次来北京的国外文化研究学者都非常关心这样的问题。毫无疑问，我们已经有些学者正在这一意识的指导下从事中国自己的文化研究，也有做得很好的。当然也会有一些难度。一方面，存在理论资源的转换与消化的问题，而从国外文化研究已经形成的那套理论、命题等看，究竟哪些是能够与中国自身问题的讨论对接的，哪些看似很有理论诱惑力，但事实上又是与中国问题不能对接的，并不是很容易鉴别，因此也要允许试错。另一方面，从文化研究的学术主体来看，中国大陆的文化研究学者有很大一部分来自中文系，有些传播系的学者也受中文系的教育，无论是做文艺理论、比较美学还是传播、影视等研究的学者，其现实关怀往往多是通过文本解读与批评反映出来，或擅长思想史内在理路的分析，缺乏对具体、广泛社会实践的关注，缺乏将理论、经验方式与现实场域结合起来的技术性处理的意识与能力，加之还有学科疆界等的限制，因此他们目前所能够做的，还仅仅是一个侧面的工作。

　　邹：作为一种批判性话语资源的文化研究，在当前中国的语境中很大程度上丧失了批判性，学者们项庄舞剑、意在沛公，往往真正感兴趣的是文化产业。我个人觉得文化研究与文化产业之间的结合存在一定的难度，您是如何看待文化研究与文化产业之间的张力关系？

　　黄：这个问题提得很好。文化产业主要地属于"生产"性的，而文化研究则是解蔽与批评性的，这两者之间从一开始即有较为明显的区别，尽管处理的对象都是文化。在当今的社会氛围中，毫无疑问，生产的冲动要远远压倒批评的意识，并且这种冲动又常常是可合并到主导性的市场意识形态中去的，也会给从事这项活动的人士带来实际的利益。在此种情况下，有些原先从事文化研究的学者也可能转行去做文化产业理论等。但是当生产沿着自己的逻辑一味向前推进的时候，也就更需要文化研究来对之进行诊断，甚至于解毒与消涨。因此，即便是在这个层次上讲，文化研究也是不可缺少的。当然也有一些学者提出了另外一些看法，比如我所见的就有司各特·拉什与哈特利等的观点，他们认为文化研究学者通过介入制度、政策或设计等的环节，可以在一定程度上将自己的理念从一开始即渗透至生产环节之中。这当然不失为一种很好的想法，但关键的一点还是要首先具备文化研究的理念，而这又取决于大学教育所提供的条件。

邹：最后，对于文化研究的脉系问题，有学者提出应当将伯明翰学派的文化研究范式作相对化的理解，您同意这个观点吗？请您推荐几本英国文化研究的权威读本，谢谢。

黄：当然，文化研究不是全智的，不应当将之作为解决问题的完备形式，如果这样，我们就有可能对之保持一种更为平和的心态。文化研究毕竟只是多元话语中的一种，这决定了它仅仅是在相对规定的范围与意义上才是有效的。此外，我们毋宁将之看作一种开放与流动的体系，引用霍尔的一句名言，文化研究也是"不做担保的"，因此它可以与其他的理论体系相交切。比如，尽管文化研究是从质疑人文主义起步的，但发展至今，在某种意义上讲，我认为，文化研究也是可以与人文主义在一定程度上结伴而行的，如此等等。

关于你提到的英国文化研究读本，因为文化研究已经经历了50年的发展历程，留下的著述自然也相当庞大，大致可以将之分为两个系统。一是那些文化研究的直接参与者所撰写的论文与书籍，重要的著作也很多，我们可以称之为"做文化研究"，想要对之做些完整的了解，就需要从最初威廉斯、霍加特、汤普森、霍尔等的著作一步步往下读。在这个系统中，还需要关注 CCCS 所编辑的各种期刊，许多伯明翰学派的重要论文已选在其中，后来由 Hutchinson 在此基础上出版了一套大约十本的文化研究论集，更为集中地反映了中心这些年来的研究思想。与之同时，也需要将50年代以来的其他理论纳入学习与研究的视域，这点我其实在前面也谈到了，文化研究是汲取了所有这些理论成果发展起来的，既然它要实现一种"历史的大联合"，那么就需要对各种有用资源均能保持开放的胸怀，而非画地为牢式地进行知识的建构。二是对文化研究进行反观性研究与介绍的著作，很多学者做过这方面的梳理工作，可称为"研究文化研究"，出版的著述也相当多，现我所知专门介述英国文化研究的，也是较好的著述就是特纳所著的《英国文化研究导论》（*British Cultural Studies*），2002 年新出的第三版是经特纳亲自修订的。但该书在编辑体例上也有不尽如人意之处，比如它将符号与文化关系的理论阐释置于最先，容易给人先入为主的错觉，好像文化研究是在这一思想指导下起步的，或这一理论可以涵盖英国文化研究的整个体系，这与英国文化研究的实际进程或展开的多样化状态是不吻合的；另外，以问题或命题的方式来编排章节，也不容易看到文化研究逐步推进的逻辑，以及各不同时期、不同场域中文化研究论争的复杂面貌。但好像国外的文化研究导论类著作基本上是以这样一种方式来编制的，所以要真正想了解或研究文化研究的实情，还得再次返回对那些原创性著作的系统化阅读中。

新诗的道路与现代文学丰富性的挖掘

——访李怡教授 *

◉ 李　怡　马雪琳 **

【名家档案】李怡，四川大学文学与新闻学院教授、博士生导师。兼任中国现代文学研究会副会长、中国当代文学研究会理事、中国闻一多研究会副会长、四川鲁迅研究会会长。主要从事中国现代诗歌、鲁迅及中国现代文艺思潮研究。代表性著述有《中国现代新诗与古典诗歌传统》《现代四川文学的巴蜀文化阐释》《七月派作家评传》《现代：繁复的中国旋律》《大西南文化与新时期诗歌》《阅读现代——论鲁迅与中国现代文学》《为了现代的人生——鲁迅阅读笔记》《中国现代诗歌欣赏》《日本体验与中国现代文学的发生》《作为方法的民国》等。先后获得"全国百篇优秀博士学位论文奖"、教育部高等院校人文社科成果奖、中国现代文学研究王瑶学术奖、教育部首批新世纪优秀人才，享受国务院特殊政府津贴。

马雪琳（以下简称"马"）：李老师，在您早期的文学研究中，致力于现代新诗研究。1994 年出版的第一部学术著作《中国现代新诗与古典诗歌传统》可谓一次比较集中的成果展示。从 1994 年的第一版、1999 年的再版到 2006 年的台湾新版再到 2007 年的增订版，每一次您都对内容进行了修订和补充。我想不单单是新诗这个话题有无限的延展性，这本著作对您来说也具有特殊的情感，那不断的修订、补充与再版，背后的原因是什么？对您的学术研究又有什么特殊意义？

李怡（以下简称"李"）：对我来说，这本书确实很重要。我始终在寻

＊　本文原载《海南师范大学学报》（社会科学版）2020 年第 3 期。

＊＊　马雪琳，新疆大学中国语言文学学院中国现当代文学专业 2018 级硕士研究生。

找一个最准确表达中国新诗古今关系的方式。这本书一出来影响比较大，因为它是第一本系统研究中国新诗古今关系的著作，过去没有那么详细研究过这个问题，大家都比较留意。但是，很快产生了一个问题，在评价这本书的人当中有一个观点：80年代太强调外国诗歌对中国诗歌的影响，好像使中国诗歌走上了邪路，只有回归传统，新诗才能找到一条路。这个观点让我很警觉：是不是我这本书给人造成了一个印象，就是要为中国新诗发展指出一条路，这条路批判向西方学习而倡导中国新诗回归传统。但这个根本不是我的本意，实质上中国新诗永远都应该在一个开放的姿态下。我想说明的是，不管如何学习西方，都不能忽视骨子里依然有中国自身诗歌传统影响的事实。因为90年代初有一种清算80年代"西化"传统的倾向，其实我的追求和这个倾向没有关系，但可能被人误读。我不愿意被人误读，不愿意被人认为是一个中国新诗发展的保守主义者，我整个要论述的中心都不是说中国新诗只有回归传统才有发展前景，其实书中也提到回归传统并不是一条值得炫耀的路。但当时有的读者不注意这个问题，觉得是在谈古今关系，而且把我的事实描述解读为价值观的倡导，这两个是不一样的。所以后来不断地修订，其实就是不断地要让我的相关思考凸显出来，后来我还在由中国人民大学出版社出版的最新版的"导论"部分专门增加了一段，尝试论述有关传统的不同理解。传统仅仅指的是中国古代的传统，这只是一种理解，中国新诗自身也构成了传统，而且从中国诗歌史的事实来看，一味强调对传统的继承，实质上阻碍了中国新诗的发展。到最后更是这样，我在书中有意把穆旦加进去了，因为穆旦恰恰是一个反传统的诗人，加入穆旦就是想证明我所说的传统含义是很丰富的，所以你说的总趋势就是这个趋势，让人更完整地体会到我的思想和含义，我主要想表达这个意思。

马：您刚才提到在后面的版本中把穆旦加进去了。我还注意到在1999年的版本中，您在"前言"当中引用了穆旦于1941年创作的《赞美》，包括在后记中您以穆旦的一首诗结尾，而且我记得您的本科毕业论文写的也是穆旦。那么，穆旦对您的新诗研究有什么特殊影响？

李：那是非常有价值的。穆旦的创作出现在中国新诗普遍被人挑剔的时候，这时期学界一般对中国新诗成就的评价都不高，有很多批评之词，那么这里就让人对中国新诗这条道路产生怀疑。就像郑敏在 1995 年一篇重要的文章①中所认为的，20 世纪中国新诗，路都走错了，从胡适开始就走错了。我们要证明这条路不是像他们所说的走错了，就必然要找几个成功的例子。80 年代研究穆旦的人很少，穆旦是我很早发现的新诗比较成功的例子。他一直是我心目当中，中国新诗的方向之一，至少是一种成功的可能性。我当时是带着这种可能性来写的中国新诗与古典诗歌的关系，所以当然就不会包含对这个方向的否定。从某种意义上说，穆旦是我心目当中的中国新诗发展的灯塔，有他在前方照亮我们，至少周围显得不那么黑暗，我们也不那么沮丧，这是一个非常重要的存在。

马：对于中国新诗，除了穆旦非常优秀，您认为还有没有其他的诗人和穆旦一样值得我们关注？

李：冯至的诗作、艾青解放前直到抗战时期的诗作，我觉得都有可供挖掘的空间。穆旦、冯至、艾青以及中国新诗派当中一些诗人的一些观点，我说的"一些"指的不是他们的每一首诗都很好。也包括七月派某些诗人的探索，我觉得都是值得我们重视的。

马：根据您前面的论述，我发现您对传统一直很关注。包括您刚才提到中国诗歌传统不仅仅是古典诗歌传统。您的老师王富仁教授认为传统是一个浑融的整体，对于中国现代诗人来说，不仅有古典诗歌的传统还有西方诗歌的传统。那么，对于传统这个问题，您如何看待古典诗歌传统？在现代创作诗歌，我们能够从古典诗歌传统中获得什么样的经验？

李：其实任何一个人，在他的生命当中，都有与生俱来的很多基因。这个基因包括历史的记忆，一方面，历史的记忆作为一种知识性的存在，我们从小学习了很多唐诗宋词，构成我们知识积累的一部分；另一方面，知识性的基因和历史记忆，就像一个人的胃一样，有对原初的唤起你审美快感记忆的特别嗜好。就好比你的外祖母或者你的母亲做的饭一样，当你有一天在某个地方吃到这种口味的饭菜，不需要理由，会在一瞬间有一种特别的亲切感与应和感。那么，我们从小读到的古典诗歌带给我们的意象

---

① 郑敏教授有感于中国当代新诗创作的困境，于《文学评论》1995 年第 6 期发表了《中国诗歌的古典与现代》一文。

和境界，当有一天忽然出现的时候，对你的心里有一个召唤。所以古典传统永远是我们非常内在的一种温馨以及让我们感觉到蕴藉的审美期待。在这个意义上，我们永远无法摆脱古典诗歌传统给我们的深层影响。当然，反过来说，艾略特在《传统与个人才能》中谈到，相对历史的记忆不是放在空中随手就可以抓来，要等待机遇，同时对个人来说还需要付出努力。他讲出了一个非常复杂的艺术发展的辩证法，看着是属于我们的古老的东西，但是，需要我们重新付出努力才能把它挖掘出来。艾略特这句话实际上有两层意思，第一层意思是代表了传统既是存在的又是在流动当中存在的，不是僵死不变的；第二层意思是说也许我们通过一种艰苦的努力可以唤起一种历史的记忆，那么唤起的记忆和历史本来的存在很复杂地纠缠在一起。我觉得艾略特这句话给我们的启示就在于：继承古老的传统绝不是一个懒惰的行为，不像别的学习，我躺在那儿就降临在我身上了。它是需要我们付出的，而且是相当的付出，才能得到精髓。所以说继承传统也需要我们的创造力，没有创造力连传统也继承不了。艾略特这么一说，就把历史复杂的几重关系放在我们面前，我觉得这值得现代的每一个新诗人认真思考。今天往往有误解，以为继承传统就等于保守，就等于把古人的诗拿来放到现代诗歌的追求当中，怎么放得进去呢？只有努力，只有创造才能放得进去。在这个意义上，创造与回归、创造与民族文化复兴，是可以相互通达的关系，并不是对立的，而是很复杂的，这样问题就变得丰富了。

马：您在《中国现代新诗与古典诗歌传统》这本书中反复强调"走向……本体""回到……本身"①，这个主张的提出在"传统/现代"二元对立的关系中找寻到了另一种可能。这与您近些年提倡的"文学的民国机制"② 有相似之处，您主张文学研究应当回到历史现场，把文学具体地放到"民国"或者"中华人民共和国"的具体语境中分析，要从之前强调的"现代性""二十世纪"等宏大概括中解放出来。那么，在我们现在的中国

---

① 李怡：《中国现代新诗与古典诗歌传统》，西南师范大学出版社，1996，第 6 页。
② "文学的民国机制"倡导从民国的经济形态、法律制度、教育等不同角度进入历史，重新梳理文学发展和意义。详细参见李怡《"民国文学"与"民国机制"三个追问》，《理论学刊》2013 年第 5 期。

现代文学研究中，应该如何面对和处理"传统/现代"的关系？

李：我觉得不要太被这两个词束缚住，传统也好现代也好，都存在我们对人生和艺术非常新鲜、富于创造力的发现当中。一个诗人进行创作，是发现前人没有发现过的新趣味、新的语言形态，只要有能力发现别人没有抵达的艺术深层程度，传统和现代尽在其中。"传统/现代"是理论家解释文学现象时用的词语，绝对不能成为指导诗人创作的理论。对于诗人而言，他只需要发现别人没有发现过的东西，不要管什么地方是传统，什么地方是现代，不要用这些词语束缚诗歌创作。在诗歌创作中，把这两个词遗忘最干净的人，是最传统的也是最现代的。相反，把这两个词当作前提，当作一个帽子，天天来思考，最后可能什么都得不到。所以，传统与现代最终活在人的创造力当中。对创造者的呼唤和实际使用某种理论范式研究文学作品，这是完全不同的两件事情。这种理论和那种理论都是一种假设，是为了论述的方便，不应该空洞地论述一个很大的抽象理论框架，文学的鲜活性和创造力是很重要的。

马：在传统与现代的博弈背后实际是不同思想、文化的对抗与磨合。进一步看，现代文学研究不单纯是纯粹文学的研究，还要把它放入更大的社会文化环境中去认识，这样许多文学问题才能得到更好的阐释。您曾提到过，文化是任何一个现代中国艺术家都无法逾越的关隘。传统文化与西方文化艰难的理性对话是磨砺、塑造每一位现代中国艺术家的心灵的炼狱。那您认为，现代文化与文学之间是如何进行互动的？

李：现代文学与文化的对话是不以我们的意志为转移的，它是一种非常自然的，不断发生的过程。过去如此，现在如此，未来还是如此。文学本身就是文化的一个构成部分，是文学的精神生产，最终构成一个时代的文化。同时，文化也部分地影响一个时代文学家的思维方式、思想状况，甚至情感倾向，所以在较大程度上影响着文学。当然在这个问题上，我们应该警惕的是文化决定论。也就是说，有一种观点认为有什么文化就一定会产生什么文学，文学也只能在特定的文化背景当中产生。我觉得这就是文化决定论，反对文化决定论就意味着我们虽然承认文化已经形成的文化环境，对文学的发生发展会有重要的作用，但它不是一成不变的，在这里面有一个最大的动性、可变量就是人的主观性和主体性。实际上，当人的主观性和主体性发生改变的时候，文化才能随之改变，否则文化就永远是凝固的，谈不上有自身的变化，所以说文化可以影响文学，但不能从根本上决定文学，不能彻底地规范文学。在文学的创作过程中，人的主动性始终是最重要的。

马：我了解到您在很早以前进行过戏剧、诗歌的创作，但是您后来转到了文学研究和文学批评上。根据您刚才所说，相对于理论，诗人的创造力很重要，同时人的能动性始终占据重要地位。那么在今后您还会进行相关创作吗？

李：短期之内不会。我现在已经习惯了批评或者研究的思维方式，主要的生活状态已经在这了。但是我早期的创作很重要，让我知道对于一个作家而言什么是重要的，所以说一个理论家首先是要所谓理解之同情。对历史境遇的理解是一方面，更重要的是理解作家与众不同的创作姿态，一定要理解作家在创作当中最在乎什么，不在乎什么，什么东西是最重要的、最拨动心弦的。否则说的都是外行话，说的是与作家创作无关的话。我的创作经历帮助我更多地理解一个诗人、一个作家，但短期之内我主要还是从事文学批评和文学研究。不过没有这个经历也没有关系，可以在研究当中，更多地理解创作的独特姿态，尽最大努力理解他们。

马：这让我想到了最近几年提倡的"文学地理学研究"，研究文学与地理环境的关系，从而感知作家的文学创作。您之前也去过日本，走访郭沫若到过的医院，寻找鲁迅在仙台生活的足迹，这种研究方法，您认为在文学研究中是非常必要的吗？

李：我到那里主要是唤起一种感受，为了想象郭沫若，能够尽可能地还原郭沫若的某些创作心态，不完全是文学地理学研究的理性。到那里是寻找感性，寻求与他的共振点，这点很重要。我觉得文学地理学强调地理，最终也是在特定的空间当中寻找文学的感受，而不是说进行纯客观的理性研究，这不是主要目的。换句话说只有找到了感觉，才能进行理性的研究，是这样一个关系。

马：看来地域性的发掘，不仅对文学阐释非常重要，对文学批评者来说也非常重要。在您之前的"中国现代文学与区域文化研究"中，强调地域性文学和学派的个性，背后其实包含的是您对文化多样性和自主性的主张。最近"地方路径"的提出，我觉得更多强调的是地域和国家之间的共通性，那这两者之间有何种联系？"地方路径"这种研究方式最后的落脚点是什么？

李：两者是有很大的区别的。以前的区域文化和区域文学是在一个国家共同的现代化进程当中，我们有一个假设，就是现代化首先是从少数先进地区、发达城市，比如说北京、上海开始的。然后它们的发展就像投入湖里的涟漪一样，由中心向两边进行扩散，后边的是后发达城市，区域是作为后发达城市对于先进文化的一种接收和反应，并且逐渐向更不发达的城市和区域扩展。这个思路实际上忽略了区域和城市独特的个性。那么，今天提出"地方路径"实质上是提出另外一个思路，其实地方和城市也在不断地展开自己，它们也有改善自己、改变自己，去进行现代性追求的一种可能性和道路。它们的发展实际上也构成了中国整体的一个特征，形成了一个总体的中国性，所以中国性实际上是一个互动的过程，其中当然有先进或者发达的外来文化向其他地区渗透和扩散的过程，但是也有这些地区自身发展的过程，两者构成了一个对流，并且在不断的交流当中构成了地方和中国的现代化。"地方路径"这种研究方式最后的落脚点是丰富我们对中国社会现代化过程当中的各种可能性、各种特点的认识，是把过去被我们忽略、遮蔽的一些特点重新展现出来。比如说现代化，不止有一种道路或者一种模式，它可能还有很多潜在的道路和模式，我想这些模式未来会成为我们现代文学研究的重要资源。

马：关于您之前提倡的"文学的民国机制"研究，一方面深化了对区域文学和文化的理解，另一方面回到中国自身的问题上，在不同的社会空间去阐释中国文学自身发展的路径。到今天"地方路径"的提出，从地方看中国，形成地方和国家、民族的对话，来阐释地方文学的全国性启示意义。这是不是"文学的民国机制"研究的深化？其中有怎样的关系？

李：我分别提出了几个概念：第一个是"文学的民国机制"，第二个是"大文学史观"①，第三个就是"地方路径"。当然，这些概念的提出都

---

① "大文学史观"作为文学研究的视野和方法，强调回到更广阔的社会历史空间中，发掘中国现当代文学的丰富性和可能性。详细参见李怡《开拓中国"革命文学"研究的新空间——建构现代大文学史观》，《探索与争鸣》2015年第2期。

不是偶然的，而是我自身的思考，以及思想逐渐发展的一个结果。我觉得"文学的民国机制"强调回到国家历史形态，尊重历史的丰富性，还原历史的丰富性。可以说，正是这种还原使我们能够更切实地认识现代文学在不同区域的不同的个性。我们就是要通过这种方式呈现文学的丰富多彩，"地方路径"是对"文学的民国机制"的深化。同时，"大文学史观"是我们观察问题的视野和方法论。所以说这几个概念是有机的，都是对我们现代文学丰富性、复杂性以及内在规律的深入把握。

马：对不同地域现代文学个性展现状况的重视，让我想到近年来"一带一路"倡议将新疆的地缘位置凸显出来，经济贸易、文化等都面临着新挑战。在过去，北京、上海这样的大都市是中国文化的代表，而其他一些地域尤其是偏远地域的文化往往会被忽视。在新疆地缘位置凸显的今天，面对新疆这样有着丰富历史和文化的多民族地域，我们可以以一种什么方式进入新疆文学的发现和研究，以及新疆文学如何与其他地域文学进行互动？

李：关于新疆的文学和文化发展状况，现在我还没有太多的资格发表评论。因为我自己没有研究过，但是你提的这个问题很重要。最近我提出一个概念叫"地方路径与中国现代文学研究"。"地方路径"是什么意思呢？过去我们强调中国现代文学研究是从北京、上海开始，没有北京、上海就没有地方，其实这个话既对也不对。对的是中国现代化的发展的确受到少数中心城市的影响，不对的地方在于所有中心城市的影响，都不能替代各个不同地方自我发展的轨迹，实际上这两条道路是同时存在的。每个地方的人们都在探索属于自己的新的生活方式，这往往是每个地方文化和文学发展的真正内在动力。我强调"地方路径"就是要把这两个力量结合起来，重新阐释中国现代文学。我认为过去纯粹以北京、上海为中心的阐释，应该逐渐地和强调地方作用的姿态并存，而且后者起的作用越来越大。

最近我有一系列的文章谈中国文学的地方路径问题，并且组织专栏谈论，我觉得重新发现地方的维度是中国现代文学研究的重大转向。但发现地方不是猎奇般地展示，比如将哪些不为外界熟知的新疆作家推介出去，不是这个含义。发现中国的任何一个地方，反过来说是因为这些地方能够重新发现中国，这就改变了过去把地方作为极其特殊的文化加以叙述的方式，转为强调地方和整个国家、民族处于不间断的对话中，在地方发现了中国，在中国又印证了地方，是在这样的层面上的新对话。在某种意义上，超越了文学地理学的观念，是强调地方的深层次内容，或者说更广大意义上的凸显，我把这种研究叫作"地方路径"研究。以后对包括新疆地区在内的文学现象、文化现象的研究也有必要引入，研究新疆作为中国的地方路径所产生的意义在哪里，换一句话说，要思考和归纳新疆作为方法有何意义。过去强调中国作为方法的意义，今天是将新疆作为研究中国的方法，并加以总结、提升。从地方看中国，看出中华文化独特发展的一条线索，这就是所谓地方文学的全国性启示意义。

捧着一颗心来　不带半根草去

——访徐思益教授

◉ 宫　媛　郑豆豆*

一　引子

徐思益（1927 年 11 月 24 日～2018 年 2 月 23 日），新疆大学中文系教授，是蜚声中外的语言学家和语言教育家。1927 年生于四川仪陇，1958 年于南京大学中文系理论语言学专业副博士研究生毕业，受业于著名语言学家方光焘教授，毕业后主动要求到新疆工作。1958 年起先后任新疆师范学院、新疆大学中文系讲师、副教授、教授、理论语言学硕士研究生导师，中国语言学会一至六届理事，中国逻辑与语言研究会一、二届学术委员，中国语文现代化学会理事，新疆语言学会副会长，新疆汉语学会会长。

徐思益教授曾任第九、第十届全国人大代表，全国民盟中央委员、新疆政协副秘书长、新疆民盟副主任委员。

徐思益教授致力于现代语言学理论的研究，在 60 年的教学与研究事业中，先后发表 100 余篇学术论文和 80 余篇（首）散文、诗词，出版了 19 部专著（包括合著），如 1981 年，他发表了比较客观、科学、严密地描写汉语共时语法体系的《描写语法学初探》，走在了全国同类研究的前列。其学术成就在《中国现代语言学家》《汉语语法学史》《中国理论语言学史》等书中都有评介，他个人也被收入《世界名人录》中。

在徐思益教授和一批语言学专家学者的共同努力下，1980 年，新疆大学中文系语言学硕士学位授予权获得国务院批准。时至今日，该硕士学位

---

* 宫媛，新疆大学中国语言文学学院副教授、硕士生导师；郑豆豆，新疆大学中国现当代文学专业硕士研究生。

授权点已经培养出一批卓有成就的现代语言学研究生。从硕士点到博士点再到国家重点学科，这些成绩的取得都离不开徐思益教授及其团队的努力与付出。60 年来，徐思益教授创造了多项新疆语言学事业的第一，培养了一大批语言学专家学者，开创了边疆语言学研究领域，让语言学这门深邃艰涩的学科成为新疆大学人文学科的排头兵、领军者，一直走在全国现代语言学研究的前沿。

2018 年 2 月 23 日，徐思益先生在乌鲁木齐逝世，享年 91 岁。《光明日报》头版刊出纪念文章《捧着一颗心来 不带半根草去——追记新疆大学教授、著名现代语言学家徐思益》，文章结尾深情写道："徐思益走了，他在这个世上做了一个人必须做的事和喜欢做的事，真正实现了陶行知先生的那句话：捧着一颗心来，不带半根草去。"①

2016 年 11 月 23 日，新疆大学中国语言文学学院宫媛副教授和郑豆豆同学对徐思益先生进行了专访。我们记录下了这珍贵的材料，以此缅怀敬爱的徐先生。

二 个人生平及大学生涯

宫媛、郑豆豆（以下简称"宫、郑"）：您的家庭和您从小到大的求学经历是怎样的？

徐思益（以下简称"徐"）：我的老家和朱德是一个地方，（在）四川仪陇县。父母都是种地的农民，我们那个时候就读《四书》，《四书》知道吧？就是读《大学》《中庸》《论语》《孟子》。中学也是要一级一级地考，考了一辈子（学），我们那时候，考上了就读书，考不上就不读书，当农民去种田。我小时候也干农活，跟着父母，放牛，挖甜菜，砍柴这些都干过。1950 年刚解放那会儿，我报考了四川师范大学中文系，那会儿不分专业方向，就是中文系，你想学什么，老师就教什么，感兴趣的会多教一点。1954 年本科毕业考了研究生，我考的是南京大学。我读了八年大学，

---

① 王瑟：《徐思益：捧着一颗心来 不带半根草去》，《光明日报》2018 年 4 月 5 日，第 1 版。访谈录在整理过程中，参考了王瑟撰写的这篇新闻特稿，特此指出并致谢。

研究生也是四年。我们那时候研究生叫作"副博士"，"副博士"和现在的博士是一样的概念。

宫、郑： 您在南大读副博士时，当时学校的课程设置是怎样的？您从导师身上学到的，对您最有用的东西是什么？

徐： 南大是名校，开设的课程非常多。我的导师是著名语言学家方光焘先生。方先生教我怎么读书，怎么写笔记，读什么书，怎么写文章，怎么做人。他告诫我们要认认真真做学问，要正正直直做人，老师的教诲让我受益终生。

宫、郑： 您现在还能记得方老师在给您上课的时候是怎样带您读书的吗？

徐： 方老师是最严格的。我可以说，我这一生，读了一辈子书，从来没见过这样严格的老师。他给你看（你的）文章，那个标点符号他都要改，而且一个字用错了，他都要把你批评半天。他从来不表扬我，总是说你这里还没弄懂，那里要怎样读，给你指方向，给你指出路。和我同届的本来还有两个研究生，读到中途读不下去，自动退学了。严师出高徒，方先生就像严父一样，正因为他的严格要求，我才能在南大打下扎实的现代语言学基础。

宫、郑： 您会不会觉得老师这样严格，心里有一点委屈？

徐： 不敢委屈，没有丝毫情绪。事实证明，老师的做法是对的，方先生严谨治学，为我们树立了榜样。

三　响应号召扎根边疆的教育事业

宫、郑： 您跟随方先生在南大读了四年，1958 年毕业。我知道当时学校已经决定让您留校工作，是什么原因让您觉得去边疆比留在南大更有意义呢？

徐： 毕业以后，我顺利留校工作。那时正好党中央号召支援边疆，我觉得我到新疆可能更能干出成绩来，于是主动申请到边疆来了。我至今还在说，我是"吐鲁番水平"，就是低水平的，吐鲁番不是有艾丁湖吗？低于海平面，我就是低水平的人，干了一辈子，还没有达到全国水平（笑）。

不过现在学界都还认可我的一些观点和贡献。

宫、郑：您初到新大，是怎样的情况？

徐：当时给我的第一印象就是不像个大学。那时候还没有"新大"这个名字。由原来的干部学校，后来合并成语文学校，又后来变成师范学校，一直到 1962 年并校，才变成新疆大学的。新疆大学校园里的红湖就是我们师生自己修的。

宫、郑：您 1958 年来新疆学院，带的课程有哪些？中文系当时有多少老师？当时学生的学习氛围怎样？

徐：我讲授过很多课程。古代文学、现代文学、写作、语言学之类的课程，都教过。那时候教师人数很少，我工作不久后就担任教研室主任职务，负责课程设置、讲义编写等等。

宫、郑：据我们了解，您 1979 年率先在新疆大学开设语言学名著评介、理论语言学、描写语法学、语言学专题讲座、现代逻辑讲座等现代语言学课程，第一次把现代语言学专业带到了新疆的大学课堂上，让新疆的学生了解了现代语言学的理论知识。您在研究生阶段师从南派语言学鼻祖方光焘先生，继承并发扬了以索绪尔结构主义理论为代表的南派汉语研究传统，1980 年出版了第一部结构主义理论框架的汉语研究著作《描写语法学初探》，之后与李兆同先生合作主编出版了我国第一部语言学教材——《语言学导论》。这两本书当时在国内产生了巨大影响，您自己如何评价这两部著作？

徐：当时最紧缺的就是教材，那个时候没有教材，上什么课，怎么上课，都是教师自己安排和准备。所以，我就开始考虑怎么编写我们新疆大学的语言学教材。我用了几年的时间，写成了这本教材。具体说来，这本书的特点在当时就是理论非常前沿，尝试从语言自身的视角去观察语言符号系统。在深入认识研究语言的基础上确立一套语法研究的方法，客观、科学、严密的描写汉语共时语法体系。该书主要以索绪尔结构主义语言学、布隆菲尔德描写语言学及乔姆斯基生成语言学理论为基础，系统分析描写语法学的对象、观点和方法。主要观点如下。

首先，语言作为符号系统，它是客观实体，由语音形式和语义内容两个要素构成；语言作为表达思想的工具，是社会成员用于交际的外在形式，这一形式表达的就是思想内容。从语言内部结构和语言功能角度来区分语言与言语，把语言的静态共时描写从言语活动中抽取出来，有助于语法研究的精密化。

其次，汉语词类划分不能单纯依据某一个标准，要根据语法形式的分类，从组合关系中找出词的分布特点，在聚合关系中形成各种类聚，再按照不同语言将语义、形态变化相统一，做到"从配置中求会同，从会同中定此类"。

再次，在转换生成理论的基础上运用变换分析法解构汉语特殊短语结构，如双宾结构、兼语结构、连动结构及歧义结构的表层形式差异及深层语义特点。用以说明自然语言的语法规则是有限的，在有限的语法规则框架内可以生成无限的句子。

最后，指出描写语法即从共时层面研究语言的语法，以语言为研究对象，分析语法结构及其功能。使用语言进行交际，以言语为研究对象，揭示语言用意、语言风格和表达技巧。

宫、郑：可以说，您是较早运用生成语法中的转制规则探讨短语结构规则汉语特殊句式，并且认为自然语言的句子是无限量的，用有限的语法规则生成无限的句子，建立一套客观、科学、严密的操作程序，符合描写语法学以形式为立足点的主张。您撰写的这些教材，据我们了解，学界给予的评价是：观点科学，材料翔实，方法周密，习题丰富。国内有几十所院校将其作为授课教材，广大师生反映良好。《光明日报》《中国语文》等权威刊物都作了报道并发表了专家书评，认为它们是除旧布新、洋为中用、去粗取精、填补空白之作。尤其是您的《描写语法学初探》，是一部密切结合汉语实际的语法理论著作，其用意是在深入认识语言的基础上，试图确立一套语法研究的方法，科学、客观、严密地描写汉语共时的语法体系。这项成果还在1985年获得新疆维吾尔自治区首届哲学社会科学优秀著作一等奖。

您潜心现代语言学理论研究，并且对这个领域充满兴趣，您认为这个学科的有趣体现在哪里？

徐：这个学科很难。这个学科管什么呢？上管天文，下管地理，中间管人文。就是说要弄清楚，人是怎样变成人，怎样说话的，考古学、人类学都要知道，等于百科全书。所以我为什么读数学，读逻辑，这些思维科学，是抽象的科学，要用公式把它们表现出来。用数学的方法，用三角、用代数、用数理逻辑。我给学生上课都教数理逻辑的。

宫、郑：语言学如何用数理逻辑讲出来？

徐：语言学是形式科学，它是表现思想感情的。语言学是一种符号科学，符号可以代替一切。符号把人的思想感情和喜怒哀乐都能表达出来。现代科学分三大类：材料科学、能源科学、信息科学，语言学属于信息科学。文科生要学数理化，这是非常有好处的，因为这样可以用语言公式把语言表达出来。文科不能单独学文，不然会缺乏一些逻辑性、公式这种理性的东西。理科也不能一天光做数理化，也还得有一些文学的滋养。学科之间应该是互相交叉的，融会贯通才能成为一个系统。此外，语言学属于信息科学，它是形式科学的一种桥梁科学，可以把其他科学的信息连接起来，使你的知识更加丰富、阅历更加广阔。人的聪明要靠思维，思维能力如果不提高，那就什么都不能发现。没有创新就没有进步。

宫、郑：也就是说，您从事语言学研究，更多地通过这种理性的、逻辑的思维来实现，能否分享下您当时教语言学课程时采用的有效做法？

徐：现代汉语包括语音、词汇和语法等部分，如果完全割裂开来讲授，就不能从整体和全局角度发现语言的规律，这种碎片化的处理模式显然不利于语言教学。因此我着重思考的问题就是如何在语言教学中凸显系统性。

宫、郑：这一时期您还带领新大中文系教师建立语言研究学术团队，培养语言人才，传承语言思想，建设祖国西北边疆。您把一生中的主要精力都投入教书育人上，培养出了大批语言学人才，比如中国传媒大学邢欣教授，邢欣教授已成为国内有影响的专家，她主持的国家语委"十二五"规划重大项目"'一带一路'核心区语言战略研究"是构建"一带一路"语言发展战略的重要研究项目之一。又如北京师范大学荣晶教授、新疆大学高莉琴教授、张新武教授、木哈白提教授、热扎克教授、哈力克教授、马德元教授、李详瑞教授、张洋教授、胡毅教授，新疆师范大学廖泽余教授、王阿舒教授、张全生教授，新疆农业大学邹洪民教授、陈文博教授；年轻学者有：朱晓军、王新菊、李圃、欧阳戎元、宫媛、张咏群、谢新卫等等，这些学者均在本职岗位上为新疆的语言学教学及研究工作做出了重要贡献。新疆的语言学教学研究得以后继有人，不断向好发展，这些都离不开您的悉心栽培。那么这一时期，您除了关注语言本体研究之外，还着重做了哪些探索？

徐：我们同时也关注语言应用效果。一是重视少数民族的国家通用语言文字使用状况。新疆各民族历来就有互相学习语言的优良传统。新中国成立以来，新疆各民族和睦相处，互相学习，互相帮助，共同进步，"少数民族离不开汉族，汉族离不开少数民族，各少数民族之间也相互离不开"的"三个离不开"思想深入人心，各民族就像石榴籽一样紧紧抱在一起。1989年，我带领年轻骨干学者组成团队深入南北疆，对新疆少数民族使用国家通用语言文字情况做了全面调研，顺利完成了"八五"国家社科基金课题"语言的接触和影响"。这一课题的完成为推广国家通用语言文字，为新疆的语言规划和语言政策的制定，促进民族团结、构建绿色语言生态提供了重要的智力支持。

二是关注新疆双语教育。除教学科研之外，我们还注意学习和研究维吾尔语以及其他少数民族语言，我与高莉琴教授共同发表了《关于维吾尔语的重音、声调问题》。我们团队深入南北疆进行田野调查，完成了3个地区、12个专题的调查任务，谈话人数450人，录音带100余盒。著名社会语言学家陈章太教授在给课题做鉴定时这样说："过去学术界对新疆丰富的语言生活状况，尤其是对语言间的接触和影响缺乏扎实的调查研究。徐思益教授主持的国家社科基金'语言的接触和影响'课题，对新疆这一重要现象和问题进行调研分析，并取得可喜成果，填补了学术界的一项空白，同时为应用语言学主要是语言教学、社会语言学、理论语言学和民族学等提供了丰富而重要的资料。"

三是关注新疆语言发展现状与民族团结。我曾撰写过与新疆语言实际有关的数篇论文，如《古代汉语在西域》等，为加强民族团结、维护祖国统一起到了积极的作用。特别是《回疆竹枝词所记民族文化释要》一文，以林则徐流放新疆后所写《回疆竹枝词》为例，分析各民族文化之间的交流交往交融，以文献事实论证了铸牢中华民族共同体意识的历史基础。

所以说，在科研中关注新疆的语言实际。我们虽身处祖国边疆，但学术研究的脉搏却时刻要与学术中心同频共振。我们研究语言学绝不仅仅是谈理论，更重要的是解决实际问题，为党中央的治疆方略提供智库支撑。

宫、郑：1994 年，新疆大学出版社出版了《徐思益语言学论文选》，苏步青为您题写书名，著名语言学家、复旦大学教授胡裕树先生撰写序评。这一时期您依然笔耕不辍，写了哪些文章和著作？

徐：又陆续撰写发表了不少文章，都收在文集里，比如《孔子的语用思想》《重视语用学研究》等 30 多篇文章，2004 年从中选取 20 篇汇集成《徐思益语言学论文选续集》由新疆大学出版社出版。

宫、郑：谈到语用学，我记得您首次提出了"语用场"理论，这一理论学界给予高度评价。

徐：语用场理论就是运用语用场分析言语交际主体的会话含义。语言符号的物质形式表达词语意义，语词组合的结构形式表达语法意义，语句有目的的布局构成文体篇章结构，形成语用场。语用场也是一种形式，更高一层的形式，它表达深层的含义，同时语用场是双向互动的，将说话和听话双方统一于语用场，构成一个完整的言语交际模型。在语用场里，语境五要素缺一不可。

宫、郑：您在新疆工作近 60 年了，一直致力于语言学的研究与教学，桃李满天下。《中国现代语言学家》为您立传，《汉语实用语法大词典》列有您的专项词条，您还作为近百年来中国产生的 320 位著名语言学家之一被收录到《中国现代语言学家传略》（第三卷）中。徐先生您真是一辈子以读书、写书、做研究为乐啊！

徐：是的，我说我是钻到书里去了，就是书呆子，除此之外，我什么都不懂啦（笑）。对我来说，读书，写书，写文章做学问就是快乐的工作，我很快乐！

宫、郑：在您退休后，仍然没有离开语言学学术研究，平均以每年一本专著的形式，活跃在国内语言学研究领域。您把研究视角聚焦在新疆的语言政策和规划，主要涉及双语教育、国家通用语言文字推广、语言服务及语言安全、少数民族语言发展和语言人才培养政策的对接、国家语言安全战略与"一带一路"语言服务的对接等。近几年您有哪些大作出版？

徐：2009 年，商务印书馆出版了《语言研究探索》。2011 年，暨南大学出版社出版了《说话的学问》。2016 年 7 月，还出版了两本书——《语言理论探秘》《语用学理论纲目》。

宫、郑： 您一生酷爱语言学，凡属本专业有价值的书籍和文章都爱不释手，百读不厌，一有心得体会便提笔作文，这种治学精神就是胡杨精神。从您身上我们看到了老一辈新大人积极进取、努力拼搏的精神！作为年轻一代，我们更应该接过前辈的接力棒，不忘初心，继承新大精神，在新时代书写新疆大学的奋进篇章。您对我们这些后继的学生和晚辈，有什么寄语呢？

徐： 我觉得，求真务实，这是根本，对年轻学子来说尤其如此，要沉得住气，厚积薄发。作为新疆语言学事业的后继者，希望你们能抓住大好机遇，不懈努力，争取在"一带一路"倡议下的新疆语言服务、语言生态和谐、国家通用语言文字推广等领域，展现新疆的作为，发出新疆学者的声音，构建具有新疆特色的语言理论体系。

四　后记

徐思益先生曾发下誓言：生命不息，研究不止！他在总结自己的一生时，表达了对新疆这片热土的挚爱：地处边远，学在前沿；锐意进取，勇于开拓；有的放矢，慎思明辨；不拘一格，兼容并包；情系新疆，无私奉献。正是：捧着一颗心来，不带半根草去。

形意结合何其难，言语贯串首创艰。

南派形态广义说，描写语法著经典。

新疆语言开创先，双语调查空白填。

情系家国守新疆，毕生奉献如春蚕。①

---

① 访谈稿在修订过程中，参考了高莉琴教授撰写的《扎根新疆的当代语言学家——徐思益先生》，http://sz.xju.edu.cn/info/1067/10193.htm。

后　记

新疆大学中国语言文学学科历史悠久，积淀深厚，在八十多年的发展历程中，先后涌现出茅盾、赵丹、徐思益等蜚声海内外的知名作家和学者，培养出周涛、丰收、周政保等一大批活跃在文学创作和文艺评论界的优秀人才，成为西部高校中文学科的一颗璀璨明珠。本学科立足新疆区位优势，密切结合国家"一带一路"倡议和"向西推进"发展战略，始终坚持中华文化、中国历史和中国文学的整体视野，在"马克思主义文艺理论在新疆的传播与发展实践研究""新疆文学文献研究""语言资源与国家安全研究""新疆文化旅游资源开发研究"等领域形成了相对稳定且特色鲜明的研究方向。

本学科目前拥有一级学科博士学位授予权和博士后科研流动站；2002年，"中国少数民族语言文学"二级学科被确立为国家级重点学科；2016年，本学科成功入选新疆维吾尔自治区"十三五"重点学科"高峰学科"，在全国第四轮学科评估中获得"B－"档次，进入全国同类高校前40%。本学科的发展建设为创新型本科人才培养提供了坚实的基础，2019年，汉语言文学专业入选国家级一流本科专业建设点，中国少数民族语言文学（维吾尔语言）入选自治区一流本科专业建设点。

本书作为"新疆大学中国语言文学自治区高峰学科丛书"之一，旨在以学术访谈的形式，呈现近年来中国语言文学学科教学科研领域的热点议题，尝试回应或激发学术思想的交锋与论争。真诚感谢北京大学乐黛云教授、四川大学赵毅衡教授、中南大学欧阳友权教授、四川大学金惠敏教授、厦门大学彭兆荣教授、中国社会科学院郑永晓教授、四川大学李怡教授、北京语言大学黄卓越教授、武汉大学赵世举教授、北京大学凌建侯教授、武汉大学张箭飞教授、湖北大学郑晓云教授、新疆大学徐思益教授、潍坊学院刘献彪教授等专家学者的大力支持，他们或在首都关心远在西北边疆的本学科的发展，或欣然担任本学科天山学者特聘教授、主讲教授，或拨冗出席本学科主办的系列讲座及学术会议……感谢新疆大学中国语言文学学院段海蓉、金蕊、沈淑花、宫媛、宋骐远、高晓鹏、李红霞、马雪琳、郑豆豆等师生积极热心的参与。感谢武汉大学文学院博士生导师张延成教授，他在新疆大学中国语言文学学院挂职担任副院长期间，为本学科的发展建设提供了大量无私帮助，本书访谈的部分学者，或在张延成教授的引荐下慨然应允出任本学科天山学者，或克服各种困难莅临边城讲学，或专门挤出时间应邀参加本学科主办的学术论坛……感谢新疆大学中国语言文学学院党委给予本项工作的肯定和指导。感谢新疆维吾尔自治区"十三五"重点学科建设专项计划为本书出版提供经费资助。

需要特别说明的是，本书收录的大部分访谈都曾在《文艺研究》、《社会科学家》、《吉首大学学报》（社会科学版）、《长江丛刊》等刊物正式发表，相关信息均以脚注形式在文中标出，感谢粟世来副主编、阳玉平副主编、李松睿博士、张锦博士、叶李老师为访谈系列付出的艰辛努力。最后要感谢社会科学文献出版社袁卫华编辑，正是他专业到位的眼光和耐心细致的工作，保证了本书能够如期出版。

当然，思想的探索永无止境。当带着发现真相的行旅目的，乘着人文交流的涉渡之舟，在时间的长河中远行时，每一次深入思想漩涡的智慧对谈，都会为涉渡者呈现出一片奇异的景观世界。其实无论是行进中的探索，还是驻足小憩时的欣赏，每一次期待达成时，下一次激动人心的航程已经悄悄整装待发了。

邹　赞　朱贺琴

2020 年 9 月 14 日于新疆大学

图书在版编目（CIP）数据

涉渡者的探索：中国语言文学学术名家访谈录／邹
赞等著． -- 北京：社会科学文献出版社，2020.12
ISBN 978 - 7 - 5201 - 6865 - 6

Ⅰ.①涉…　Ⅱ.①邹…　Ⅲ.①语言学家－访问记－中
国－现代②作家－访问记－中国－现代　Ⅳ.①K825.5
②K825.6

中国版本图书馆 CIP 数据核字（2020）第 121730 号

涉渡者的探索
——中国语言文学学术名家访谈录

著　　者／邹　赞　朱贺琴　等

出 版 人／王利民
责任编辑／袁卫华

出　　版／社会科学文献出版社·人文分社　（010）59367215
　　　　　地址：北京市北三环中路甲 29 号院华龙大厦　邮编：100029
　　　　　网址：www.ssap.com.cn
发　　行／市场营销中心（010）59367081　59367083
印　　装／三河市龙林印务有限公司

规　　格／开　本：787mm×1092mm　1/16
　　　　　印　张：18　字　数：285 千字
版　　次／2020 年 12 月第 1 版　2020 年 12 月第 1 次印刷
书　　号／ISBN 978 - 7 - 5201 - 6865 - 6
定　　价／129.00 元